CONFLICTO POLÍTICO E IDEOLOGÍA EN NICARAGUA (1821-1933)

DE "TIMBUCOS Y CALANDRACAS"
A "LAS PARTIDAS DE POLÍTICOS"

SEGUNDA EDICIÓN

CONFLICTO POLÍTICO E IDEOLOGÍA EN NICARAGUA (1821-1933)

DE "TIMBUCOS Y CALANDRACAS" A "LAS PARTIDAS DE POLÍTICOS"

SEGUNDA EDICIÓN

ABELARDO BALDIZÓN

INVESTIGACIÓN

El doctor Urbino no estaba de acuerdo: un presidente liberal no le parecía ni más ni menos que un presidente conservador, sólo que peor vestido. Sin embargo, no quiso contrariar al arzobispo. Aunque le habría gustado señalarle que nadie estaba en aquel almuerzo por lo que pensaba sino por los méritos de su alcurnia, y ésta había estado siempre por encima de los azares de la política y los horrores de la guerra.

El amor en los tiempos del cólera, Gabriel García Márquez

... el PRI no es un partido ideológico sino de grupos de intereses
El desarrollo y otros espejismos, Octavio Paz,

©Derecho reservado del autor, 2024.
 Fotografía: Alejandro Obando

Se prohíbe la reproducción parcial o total por cualquier modo, sea mecánico, fotocopiado o electrónico, sin la respectiva autorización del autor.

ISBN: 978-1-62375-240-8

AGRADECIMIENTO

El presente trabajo no hubiera sido posible sin el apoyo de un importante número de personas e instituciones con quienes me siento sumamente agradecido. Mi tutora, la profesora y catedrática de la Universidad de Bremen Dr. Delia González de Reufels; quien al aceptar supervisar este trabajo asumió el reto de inculcarle a un politólogo formado en la rigidez metódica de las ciencias políticas, la manera más flexible y detallista de trabajar y pensar de los historiadores. El Profesor y catedrático de la Universidad Católica de Eichstaett-Ingolstadt en Bavaria, el Dr. Thomas Fischer me abrió las puertas de su archivo personal y me ofreció su valioso tiempo a la lectura de esta tesis. Mi querida madre me dio un respaldo vital e imprescindible. Ella sabe que este libro no hubiera visto la luz del día sin su apoyo. Mi padre contribuyó decididamente a financiar esta publicación. Mi querida amiga y lectora Susana Morales, tuvo la gentileza de ofrecer su esmero en leer y corregir el borrador de este texto.

También, deseo darle las gracias al Servicio de Intercambio Académico Alemán (DAAD) por haber financiado por varios años esta investigación, cuyo fruto final tiene en sus manos. No puedo pasar por alto lo crucial que han sido para este análisis de la historia política de Nicaragua: el Instituto Iberoamericano de Berlín IAI, el maravilloso e invaluable Instituto de Historia de Nicaragua y Centroamérica (INHCA) de la Universidad Centroamericana (UCA) en Managua, la maravillosa Biblioteca digital Enrique Bolaños Geyer y el archivo digital "The Sandino Rebellion Nicaragua 1927-1934" creado y mantenido por el Dr. Michael J. Schreoder. Sin el trabajo que realizan todas las personas que le han dado vida a estas instituciones y portales digitales, no hubiese sido posible consultar y analizar toda la documentación histórica y bibliografía en la que se basa esta obra. Por ello, les debo mi más profundo agradecimiento, mi más alta estima y reconocimiento. Su labor de preservación y difusión es para un historiador y un estudioso de la historia de Nicaragua y Latinoamericana un tesoro cuyo valor es incalculable.

INTRODUCCIÓN

En el año 1872, el periodista Carlos Selva, en un artículo titulado "El Modo de Ser Político en Nicaragua", señalaba que la motivación detrás del conflicto de las facciones políticas enfrentadas en aquellos años carecía de fundamento ideológico. En sus palabras: "basta observar las denominaciones de nuestros partidos para conocer que carecen completamente de aspiraciones legítimas".[1] Para Selva, estas denominaciones reflejaban que una de las características de los bandos políticos involucrados en el enfrentamiento político era "la ausencia completa de ideas y principios contrapuestos".[2] En su opinión, las cruentas guerras civiles ocurridas desde la independencia, no habían sido una lucha de facciones políticas con ideas opuestas respecto del bien común. Tal percepción hubiese estado simplemente errada. De acuerdo con este autor, los motivos de los bandos contendientes eran: "pasiones, caprichos e intereses mezquinos".[3] Esta misma ausencia de ideas y principios fue lamentada por el historiador nicaragüense del siglo XIX, Tomás Ayón. En su análisis de la violencia política acontecida en Centroamérica después de la independencia de España, anotó cómo "nada de principios, nada de ideas que sirvieran de estímulo a la lucha fratricida"[4] era el móvil del enfrentamiento. Otro intelectual del mismo siglo, Anselmo H. Rivas, señaló que no obstante ocasionalmente se podía observar a estos bandos "asumir títulos que revelan divergencia de principios";[5] más a menudo ocurría que adoptaban «denominaciones puramente personalistas como: sacasistas y cletinos, argüellinos y cerdistas".[6]

Efectivamente, en los años posteriores a la independencia, la confrontación política central fue la rivalidad de las dos ciudades

---

[1] Carlos Selva, "El Modo de Ser Político en Nicaragua", Revista Conservadora del Pensamiento Centroamericano 16, N° 80 (Mayo 1967): 14.

[2] Ibid.

[3] Ibid.

[4] Tomás Ayón, "Apuntes sobre los acontecimientos políticos de Nicaragua (1811-1824)", *Revista Conservadora del Pensamiento Centroamericano* 32, N° 154 (Enero-Marzo 1977): 104.

[5] Anselmo H. Rivas, "Los Partidos Políticos de Nicaragua", *Revista Conservadora del Pensamiento Centroamericano* 14, N° 70 (Julio 1966): 3.

[6] Ibid.

más importantes del país, León y Granada, que tampoco era una discrepancia ideológica, sino una pugna resultante de la ambición de cada una de convertirse en el centro del poder político de Nicaragua. Sin embargo, debido a que ambas carecían de la fuerza suficiente para vencer definitivamente a la otra, un poblado situado a medio trayecto entre las dos, llamado Managua, terminó convirtiéndose en la capital. El antagonismo entre leoneses y granadinos se mantuvo durante todo el siglo XIX, aunque su intensidad fue decreciendo. En la segunda mitad del siglo, el conflicto entre León y Granada se transformó en la oposición y recurrente guerra entre liberales y conservadores. La pertenencia a cada uno de estos bandos era determinada por la localidad en que habitaba una persona. Por ello, los granadinos eran conservadores y los leoneses, liberales. Como se puede ver, la afiliación política no era un asunto relacionado con ideas o principios políticos. Esta irrelevancia de las ideas y principios políticos, asimismo se notaba en la retórica con la que los dirigentes movilizaban a sus seguidores para participar en las numerosas contiendas bélicas. De acuerdo con Humberto Belli, la convocatoria se hacía con "frases vanas, abstracciones incomprensibles, aunque sonoras y melodiosas al momento de la arenga".[7]

La poca relevancia de las diferencias ideológicas en el conflicto político nicaragüense no fue un fenómeno exclusivo del siglo XIX. Todavía durante los años de la intervención de los Estados Unidos en Nicaragua, de 1912 a 1933, se puede ver cómo las diferencias ideológicas no eran el factor más importante que impulsaba el enfrentamiento entre "las paralelas históricas", tal como liberales y conservadores se referían a sí mismos y a su presencia a lo largo de la historia nicaragüense. Ello lo muestra la declaración que brindó, a finales de la década de 1920, el entonces presidente de república Adolfo Díaz a un periodista de los Estados Unidos. En sus palabras se expresa, con una candidez fulminante, la irrelevancia que tenían las diferencias ideológicas en la disputa política de la época. Así, Díaz dejó dicho respecto de los motivos de las recurrentes guerras entre liberales y conservadores: "Nuestros dos partidos [...] sostienen

---

[7] Humberto Belli, "Un ensayo de interpretación sobre las luchas políticas nicaragüenses: de la independencia hasta la Revolución Cubana", *Revista Conservadora del Pensamiento Centroamericano* 32, Nº 157 (Octubre-Diciembre 1977): 53.

exactamente los mismos principios y nuestras revoluciones no tienen nada que ver con los principios. Se trata de ver quien ocupará la silla presidencial".[8]

Otro ejemplo de lo anterior lo presenta el acuerdo que alcanzaron liberales y conservadores, previo a las elecciones de 1936. Estos comicios eran los primeros sin la presencia militar de los Estados Unidos en Nicaragua y, si se considera el pasado de violencia armada y los fraudes electorales, la situación política resultaba ser muy incierta e inestable. Al mismo tiempo, la economía nacional se encontraba en estado de recesión. En los años 1935 y 1936, se había experimentado una fuerte caída en las exportaciones de café, de 40,786.00 a 28,881.00 libras.[9] En porcentaje, se trataba de una reducción del 29.18% de los ingresos cafetaleros. Para la economía nicaragüense, así como para el resto de países centroamericanos, el café era su producto de exportación más importante. Durante la década de 1920, en la mayoría de los países de América Central, el café y el banano constituían el 70% de las exportaciones; por ello, una caída tan drástica del monto en la exportación de café debió de haber tenido un fuerte impacto en la economía de este pequeño país centroamericano. La crisis se reflejó de manera inequívoca en la reducción del Producto Interno Bruto (PIB), el cual alcanzó su nivel más bajo desde 1920 en 1936, con un monto de 100,622,000 US$ dólares.[10] En estas circunstancias de crisis económica e inminente crisis política, por el vacío de poder que significaba el retiro de las tropas estadounidenses, ni conservadores ni liberales contaban con una propuesta o agenda política para mejorar la situación del país. Inclusive, el acuerdo al que llegaron, previo a la elección de 1936, demostró nuevamente cómo el conflicto entre ambos no se debía a posiciones ideológicas opuestas, sino a la aspiración de adquirir el control sobre el Estado y los beneficios políticos y económicos ligados a éste. Tal como lo formuló el historiador Knut Walter, el acuerdo reflejaba cómo éstos "entendían la política en función de la distribución de empleos y favores y las relaciones entre caudillos

---

[8] En el texto original: "Our two parties, [...], hold to exactly the same principles, and our revolutions have nothing to do with principles. They concern who is going to fill offices". Samuel Crowther, *The Romance and rise of the American tropics* (Garden City, NY: Doubleday, Doran & Company), 326.

[9] Edelberto Torres-Rivas, *Interpretación del desarrollo social centroamericano: procesos y estructuras de una sociedad dependiente* (San José, CR: FLACSO, 1989), 211.

[10] Victor Blumer-Thomas, *The Political Economy of Central America since 1920* (Cambridge: Cambridge University Press, 1988), 308.

y clientelas políticas. No se perfilaba discrepancia fundamental alguna con los liberales en términos ideológicos, menos aún cuando se trataba de algunos principios generales con los cuales pocos estarían en desacuerdo".[11]

El convenio constaba de once puntos. Los primeros seis trataban asuntos sociales como la libertad de culto, el derecho a tener y formar una familia, la prohibición de la usura, entre otros. Los últimos cinco puntos se centraban en la organización del Estado nicaragüense; su objetivo era asegurar la distribución de los puestos políticos desde el nivel nacional hasta el local entre liberales y conservadores. Al "Partido Liberal" se le otorgaba el derecho a seleccionar entre su membresía al próximo presidente. Al "Partido Conservador" se le garantizaba un número fijo de diputados en la Asamblea Nacional, los cuales provendrían de aquellos departamentos que tradicionalmente habían estado bajo su control. Igualmente, a los conservadores se les otorgaba el derecho de ocupar dos cargos ministeriales con sus respectivos viceministros y todos los puestos relacionados. La pretensión de este arreglo era generar un sólido respaldo para el próximo gobierno por parte de los conservadores.[12] En otras palabras, se quería lograr la estabilidad política del país a través de la inclusión de los conservadores en el futuro gobierno. Además, de esta manera se creía evitar la aparición de cualquier desacuerdo o conflicto político que terminaría suscitando la guerra civil u otra forma de violencia, como había ocurrido muchas veces en el pasado. La solución para ponerle fin a la violencia política con la que se dirimía el conflicto político, se pretendía lograr por medio de la repartición del control del Estado y de sus puestos burocráticos, lo cual a su vez, evidencia cómo la disputa no era sobre asuntos ideológicos.

Pregunta de investigación

Lo anteriormente expuesto muestra que el conflicto político en Nicaragua entre liberales y conservadores, durante el siglo XIX e inicios del XX, no se basó -en primer lugar- en la confrontación de diferencias ideológicas, lo cual conduce a la interrogante:

[11] Knut Walter, *El régimen de Anastasio Somoza: 1936-1956* (Managua: IHNCA-UCA, 2004), 84.

[12] Consejo Nacional de Elecciones, *La Verdad Electoral en 1936* (Managua: Talleres Nacionales, 1938), 7-10.

¿cómo se puede explicar esta falta de preponderancia de las diferencias ideológicas en el conflicto político nicaragüense? O más concretamente: ¿qué circunstancias históricas y estructuras sociales condicionaron el funcionamiento del sistema político para provocar la permanencia de este fenómeno desde la independencia de España hasta los años 30 del siglo XX?

Responder estas preguntas es relevante para ampliar el conocimiento disponible sobre las especificidades históricas que condicionaron el funcionamiento del sistema político en los primeros 110 años de formación de lo que hoy se conoce como Nicaragua. Se trata de proporcionar una mejor compresión del funcionamiento del conflicto político nicaragüense en un segmento de su devenir histórico e identificar sus características particulares, especialmente en lo relacionado con su carácter excluyente y violento, fenómeno muy marcado en el período aquí estudiado, en el cual la guerra reaparece incesantemente como método de resolución de las aspiraciones y diferencias políticas, siendo esta misma repetición de la violencia, la constatación de su inefectividad para resolver el conflicto. De modo que es necesario realizar una reflexión a partir de la cual se contribuya a construir alternativas incluyentes y no violentas para dirimir las diferencias y tensiones políticas. En este sentido, esta interpretación de la historia política de Nicaragua desea contribuir a mirar hacia el pasado para estimular que en el presente emerjan otras formas de hacer política. Se trata de un esfuerzo necesario para cumplir dos propósitos: ver hacia atrás, con el objetivo de que el pasado no reaparezca en el futuro envuelto en otro velo, y meditar sobre el camino recorrido para apreciar lo logrado.

Diferencias ideológicas, conflicto político y jerarquía social: de la independencia a la rebelión de Sandino

La respuesta ofrecida en esta investigación considera que la poca importancia de las diferencias ideológicas en el conflicto político en Nicaragua, desde la independencia de España hasta la década de 1930, se da por la ocurrencia simultánea de dos elementos: Primero, la no aceptación de la divergencia de criterio, que se mantiene como una constante antes, durante y después de la separación del imperio español, en el transcurso del intento de establecer la

Federación Centroamericana, hasta llegar a la rebelión de Sandino, concluida a mediados de los años 30 del siglo XX. La persistencia de esta aspiración a imponer una sola opinión, significó que las diferencias ideológicas no eran aceptadas. La represión política u otras formas de violencia para lidiar con el adversario eran la norma, pues toda divergencia era considerada sumamente negativa y su supresión, una necesidad insoslayable y perentoria. Lo anterior llevó a procurar permanentemente excluir al oponente que presentaba una posición contraria a la propia, práctica realizada en igual medida por liberales y conservadores durante sus períodos de gobierno respectivos. La diferencia de criterios en sí misma era percibida como la fuente de la inestabilidad del sistema político y el origen de los males que aquejaban al país.

Al mismo tiempo, la realización de la estabilidad deseada se equiparaba con la eliminación de la divergencia de criterio presentada por el oponente quien, al mismo tiempo, era descrito como el lado negativo de la confrontación. Por ello, se interpretaba el conflicto político como el enfrentamiento entre los buenos contra los malos. Tal percepción antitética se manifestó en el uso de apelativos, epítetos y descripciones extremadamente negativos para referirse el uno al otro. Su fin era deslegitimarlo y negarle el derecho a involucrarse en el quehacer político. Los epítetos de "febriles" y "serviles", usados por los bandos en pugna durante los años posteriores a la independencia, lo demuestran. Así también lo hacen los apodos despectivos, "timbucos" (cerdos gordos) y "calandracas" (personas ridículas y despreciables), usados en Nicaragua en el período que va desde la separación del Proyecto Federal Centroamericano hasta el establecimiento de la "República Conservadora". Una vez que en Nicaragua se adoptaron las etiquetas de Conservadores y Liberales, en la segunda mitad del Siglo XIX, desaparecieron estos calificativos peyorativos pero no la pretensión de exclusión y deslegitimación del contrincante político. En consecuencia, prevalece la dinámica violenta de exclusión mutua, ya que ambas partes estaban recurrentemente procurando excluir al oponente. El fracaso de la Federación Centroamericana encuentra aquí uno de sus elementos constitutivos; también, las reiteradas guerras civiles ocurridas durante el siglo XIX e inicios del XX demuestran cómo esta dinámica convertía al enfrentamiento bélico en el único mecanismo con el cual se podía lograr el cambio de gobierno. Así fue el caso con la llegada al poder de los liberales en 1893, de los rebeldes libero-conservadores en 1909 y nuevamente de los liberales tras la Guerra Constitucionalista en la década de 1920; a la vez, esto obstruía la posibilidad de que los procesos electorales cumplieran su función de manera pacífica.

Esta dinámica violenta de mutua exclusión fue reforzada por el marcado carácter personalista de la política nicaragüense, de la cual el caudillismo fue una expresión. El personalismo implicó que la principal forma de involucrarse en política era por medio de los lazos personales. Así, se pertenecía a un partido, bando o facción por el vínculo establecido con las personas que lo integraban y lideraban. Las ideas y los principios no eran relevantes para generar esta pertenencia, sino la relación que se tenía con las personas en particular. Por esta razón, se adoptaron frecuentemente denominaciones derivadas de los apellidos o nombres de un líder político, con lo que se quería constatar la existencia de una auténtica relación personal con éste. Al mismo tiempo, este personalismo torna el conflicto político en una lucha entre amigos y enemigos. Los amigos son aquéllos que pertenecen al propio bando o grupo político, y los enemigos, al contrario. Simultáneamente, los amigos son el lado positivo y legítimo (los buenos) y los enemigos, el lado negativo e ilegítimo (los malos) del enfrentamiento.

En esta peculiaridad del conflicto político nicaragüense, se manifiesta también la no distinción entre lo público y lo privado, por lo cual las relaciones políticas son simultáneamente relaciones personales de afecto e inclusive de parentesco. Además, un fin importante del quehacer político era obtener un rédito personal (privado), debido a que se consideraba que el control del Estado otorgaba el derecho a usufructuar sus recursos como un patrimonio personal. De esta manera, el Estado se convertía en una posesión privada. Dentro de este contexto, la idea del bien común y de cómo realizarlo no era un problema de primer orden, pues, en primera instancia, se buscaba el bienestar personal o del grupo al que se pertenecía y no el de una comunidad política incluyente (la nación). Dicho bienestar personal no se alcanzaba con la defensa de un proyecto político fundamentado en ideas o principios, sino con la relación que se tenía con las personas que controlaban el Estado y sus recursos. A la vez, el bienestar personal no se ligaba al bienestar de todos los nicaragüenses y, en especial, al de los estratos bajos.

En todo esto jugó un papel importante la estratificación del entorno social del sistema político, manifiesta en la concepción jerárquica del orden social que persistió durante todo el período estudiado. A finales del colonialismo español, esta jerarquización se expresaba, entre otras cosas, en los distintos derechos y deberes que tenían indígenas, mestizos, mulatos, zambos, criollos y españoles. Después de la independencia, la continuidad de la estratificación se evidenció en el predominio político, casi ininterrumpido, de las mismas familias hasta los años 30 del siglo XX. Asimismo, se manifestó en la visión moralizante según la cual los mestizos e indígenas eran inferiores a los miembros de estas familias, que se consideraban descendientes de los integrantes del estrato alto español, dominante durante el período colonial. Apelar a esta descendencia era igualmente importante para justificar y legitimar su posición social privilegiada y excluyente en relación con los otros estratos. No obstante, a inicios del siglo XX, esta dominación "oligárquica" entraría en crisis. La guerra de 1912, bautizada por la vertiente conservadora de estas familias y por los funcionarios del Departamento de Estado de los Estados Unidos como Guerra de Mena, fue el inicio del fin del control absoluto de estas familias sobre el Estado nicaragüense. El irrumpir en la política de individuos no provenientes de tales familias, como fueron Luis Mena, Bartolomé Martínez, José María Moncada y Augusto C. Sandino, muestran esta pérdida de dominio exclusivo. De igual forma, se evidencia en el paulatino decrecimiento de la importancia del Partido Conservador en la política nicaragüense, tras la Guerra Constitucionalista de 1926 a 1927.

Esta estratificación social del sistema político fue tan fuerte que condicionó y reprodujo internamente el orden jerárquico de su entorno, lo cual se tradujo en un acceso desigual y excluyente al sistema político. Las jerarquías clientelistas, en cuya cúspide se encontraba generalmente un caudillo, se basaban en esto. Al mismo tiempo, tal jerarquización fomentó el personalismo político, ya que permitió ignorar las demandas y los intereses de la mayoría de la población, lo cual promovió que para legitimar el poder político de un líder/caudillo fueran más importantes las relaciones personales. En esta situación, la satisfacción de los intereses de la mayoría de la población era irrelevante para llegar al poder y mantenerlo, pues su apoyo voluntario no representaba un requisito imprescindible para lograrlo. El reclutamiento forzoso en base al cual se garantizaba el número de soldados requeridos en las contiendas bélicas constituye un indicio de esto. Asimismo, la rebelión de los matagalpas en 1881 debido a la construcción del telégrafo, la expulsión de los jesuitas y la prohibición de la elaboración de la chicha, dejan claro cómo la oposición violenta era la única forma en que los estratos bajos, excluidos de la toma de decisiones políticas, podían hacer ver sus intereses a quienes ostentaban el poder. Una forma adicional en que se reprodujo esta noción jerárquica y vertical en el sistema político, fue con la contraposición entre "pueblo" y "oligarquía". Así, el concepto de pueblo, adoptado tanto por los liberales como por los conservadores, se asociaba exclusivamente a los estratos bajos y dejaba por fuera a las familias que desde antes de la independencia habían dominado el país. En esto se revela una vez más que no existía la idea de una comunidad política horizontal (la nación), sino jerárquica.

Otro elemento del entorno social del sistema político, que condicionó su funcionamiento, fue la incompleta pacificación del territorio, cuyo control proclamaba detentar el Estado nicaragüense. Este fue un problema que surgió inmediatamente con la independencia y que aminoró el rápido establecimiento de un poder político centralizado. La incapacidad de la Federación Centroamericana de lograr esta pacificación fue un elemento central que condujo a su fracaso, ya que le impidió llegar a tener un dominio soberano como Estado en Centroamérica y con ello asegurarse su permanencia en el tiempo. Además, este constante estado de guerra reforzó la dinámica violenta de exclusión mutua, propia del enfrentamiento político nicaragüense y las consecuencias que le acompañaban.

Estado de la cuestión

La literatura que se ha ocupado de estudiar la historia política de Nicaragua no ha prestado atención a este tema; el fenómeno se ha visto como algo dado. Como consecuencia, no ha existido la intención de problematizar y explicarlo. Los primeros estudiosos del pasado político de Nicaragua se limitaron a narrar los eventos políticos desde la perspectiva de uno de los dos bandos enfrentados. El primer representante de esta forma de ver la historia nicaragüense fue Tomás Ayón quien, a petición de un presidente conservador, intentó escribir una historia completa de Nicaragua desde el período precolombino hasta la mitad del siglo XIX.[13] A él le siguieron, José Dolores Gámez[14], Francisco Ortega Arancibia[15] y Jerónimo Pérez[16] quienes, igualmente, presentaron un enfoque centrado en dilucidar cómo acontecieron exactamente los sucesos políticos durante el siglo XIX. Su atención estaba puesta en saber quién hizo qué cosa, cuándo, cómo y dónde. Este enfoque persistió durante gran parte del siglo XX, hasta la aparición de una corriente historiográfica marxista, cuyos pioneros se considera que fueron Edelberto Torres-Rivas[17] y Jaime Wheelock Román.[18] Según esta perspectiva, el conflicto político en Centro América y en Nicaragua fue producido por los intereses encontrados de las clases sociales asociadas a diferentes fases del desarrollo económico. Los conservadores representaban el "sector de los latifundistas"[19] y el modo de producción pre-capitalista; los liberales eran "una nueva clase empresarial" surgida con la transformación de "las relaciones de producción" del sector agrícola, que buscaba establecer un "capitalismo agrícola".[20] De esta manera, la confrontación política se dio como un reflejo político de los cambios ocurridos en las formas de producción económicas. En consecuencia, se asumió como algo dado que cada bando estaba dotado de su "matriz ideológica", propia a sus intereses de clase. La veracidad de lo anterior y cuán idóneo fue aplicarlo al estudio de la historia de Nicaragua, no ha sido cuestionado.

[13] Tomas Ayón, *Historia de Nicaragua desde los tiempos más remotos hasta el año de 1852* (Madrid: La Escuela Profesional de Artes Gráficas, 1956).

[14] José Dolores Gámez, *Historia de Nicaragua: desde los tiempos prehistóricos hasta 1860, en sus relaciones con España, México y Centro-América* (Madrid: La Escuela Profesional de Artés Gráficas, 1955).

[15] Francisco Ortega Arancibia, *Cuarenta años (1838-1878) de historia de Nicaragua: guerras civiles, vida íntima de grandes personajes políticos, formación de la república* (Managua: Fondo de Promoción Cultural, 1974).

[16] Jerónimo Pérez, *Obras históricas completas* (Managua: Fondo de promoción cultural, 1975).

[17] Edelberto Torres-Rivas, Interpretación del desarrollo social centroamericano: procesos y estructuras de una sociedad dependiente (San José, CR: EDUCA, 1971).

[18] Wheelock, Imperialismo y dictadura: crisis de una formación social (México: Siglo 21, 1975).

[19] Edelberto Torres-Rivas, *Interpretación del desarrollo social centroamericano*, 35.

[20] Jaime Wheelock Román, *Imperialismo y dictadura*, 122.

Más recientemente, se han publicado análisis históricos desde otros enfoques, como el ya clásico estudio de E. Bradford Burns sobre la transición de Nicaragua de una provincia dentro del imperio colonial español a un Estado independiente, que ofrece una lectura de la formación del "Estado Nación" nicaragüense, como la confrontación entre los patriarcas que dominaban el país y el pueblo, de la cual resultaban victoriosos los primeros, al imponer exitosamente un modelo de desarrollo en su beneficio.[21] Esta perspectiva de los patriarcas imponiéndose a los subalternos, ha sido refutada por Justin Wolfe, para quien el proceso de formación del Estado nicaragüense en el siglo XIX era un proceso de negociación desbalanceado a favor de la élite gobernante.[22] Otra aproximación a la política del siglo XIX se ha centrado en describir el origen de las instituciones políticas existentes en este período y cómo las familias notables llegaron a controlar el quehacer político.[23] Tal enfoque se puede catalogar como institucionalista, pues se ha concentrado en estudiar el origen histórico, las características y el funcionamiento de las instituciones políticas. Uno de sus representantes es Arturo Cruz, cuyo análisis de los gobiernos conservadores de 1858 a 1893, se propone explicar el inicio, establecimiento y final de lo que se ha conocido en la historiografía nicaragüense como "la república conservadora".[24]

Por otro lado, se ha optado por aproximarse a la historia política de Nicaragua usando el concepto de cultura política, con el objetivo de identificar "los códigos culturales que rigen las relaciones de poder";[25] tales códigos son las ideas y los valores que generan las acciones políticas. Una de estas ideas y valores son los prejuicios raciales de los criollos hacia el "campesinado indígena y mestizo" que les impidió lograr unir las "sociedades fracturadas" heredadas de la colonia. Así, se consideraba que la exclusión de los indígenas y mestizos era producida por los prejuicios, es decir, por las ideas

---

[21] E. Bradford Burns, *Patriarch and Folk: the Emergence of Nicaragua, 1798-1858* (Cambridge, Mass: Harvard University Press, 1991).

[22] Justin Wolfe, *The Every Day Nation-State. Community & Ethnicity in Nineteenth-Century Nicaragua* (Lincoln/London: University of Nebraska Press, 2007).

[23] Xiomara Avendaño Rojas, *Elecciones indirectas y disputa del poder en Nicaragua: el lento camino hacia la modernidad* (Managua: Lea Grupo Editorial, 2007).

[24] Arturo J. Cruz, *Nicaraguan's Conservative Republic, 1858-93* (London: St. Anthony's Oxford, 2002).

[25] Frances Kinloch Tijerino, *Nicaragua: Identidad y cultura política, 1821-1858* (Managua: Fondo Editorial Banco Central de Nicaragua, 1999), 4.

que los criollos tenían sobre ambos. La debilidad de este enfoque radica en que no problematiza a qué se debían estos prejuicios y cómo generaban la exclusión social de indios y mestizos. El esquema del análisis puede resumirse en la siguiente fórmula: la exclusión era causada por los prejuicios; erradicados los prejuicios, se eliminaría la exclusión. La pregunta de por qué existían estos prejuicios se ha respondido señalando su procedencia del pensamiento antropológico ilustrado europeo. Con tal explicación, se pasó por alto las consecuencias, en términos de exclusión social, que tenía el esquema jerárquico mantenido después del período colonial, y su relación con estos prejuicios. Por ello, se ignoró cómo estos esquemas raciales del pensamiento antropológico ilustrado europeo, únicamente resultaban propicios para asegurar la persistencia de la exclusión, pero no la generaron. En otras palabras, este pensamiento no fue el que produjo la exclusión de indígenas y campesinos; más bien, ayudó a justificarla y a mantenerla en pie. La exclusión en sí se dio gracias a la concepción jerárquica del orden social, que se legitimó con auxilio de este pensamiento.

Asimismo, no se profundizó el análisis del conflicto político y la importancia que tenían -o no tenían- en éste las diferencias ideológicas. Únicamente se señaló como los factores que ocasionaban las divisiones étnicas procedentes del régimen colonial, la defensa de los intereses y de las soberanías locales que, posteriormente, se convirtieron en "divisiones partidarias".[26] Tales divisiones se resumieron en la distinción de centralista y autonomista,[27] y entre quienes aspiraban a implementar "prácticas republicanas" y aquellos aferrados a "lo viejo", definido esto como "la cultura política tradicional".[28] Sin embargo, como se verá más adelante, estas divisiones no resultaban ser tan simples, y cada facción reprodujo y mantuvo las nociones y los esquemas excluyentes y jerárquicos vigentes durante la dominación española.

Una interpretación de la historia política de Nicaragua más contemporánea tampoco se ha planteado la cuestión de la ideología. Su interés ha sido analizar cómo, a través de la historia, el pensamiento político de "las élites" ha contribuido a mantener el tipo de Estado

[26] Ibid., 5.
[27] Ibid., 48.
[28] Ibid., 5.

existente en Nicaragua. Dentro de este esquema de análisis, el conflicto político ha sido resultante de la incapacidad de la élite "para identificar y articular aspiraciones e intereses colectivos *nacionales*".[29] A la vez, esta incapacidad ha sido generada por un pensamiento político catalogado como "imitativo y superficial",[30] el cual no logró esclarecer "las tensiones sociales primarias"[31] causantes del conflicto entre los bandos políticos. Por ello, el "significado" de este conflicto y de las tensiones sociales subyacentes "permanece enterrado en el imaginario mítico-religioso" existente en Nicaragua.[32]

Según este autor, la consecuencia ha sido que importantes problemas sociales, como por ejemplo, la discriminación de la que ha sido víctimas la población afro-descendiente y el rechazo continuo a lo que es visto como indígena, ha sido persistentemente ignorado. Como continuidad histórica importante que ha contribuido a mantener esta situación, se identifica el providencialismo religioso, es decir, la doctrina según la cual el devenir histórico es "un proceso gobernado por Dios, hasta en sus últimos detalles".[33] Su repercusión en el pensamiento político nicaragüense ha sido contribuir "a la reproducción de las visiones pre-moderna y pragmática-resignada que han dominado el desarrollo político-institucional del país".[34] Con esta idea de visión pragmática-resignada, se quiere decir que el pensamiento político de la élite en Nicaragua se ha caracterizado por asumir que "la realidad existente establece los límites de lo posible".[35] En otras palabras, el pragmatismo resignado es la noción de la realidad como algo que no puede ser alterado o transformado por la voluntad humana. Problemática resulta esta hipótesis, al presentar una respuesta demasiado simple que no indaga los múltiples aspectos constitutivos del pensamiento político nicaragüense y cómo éstos condicionan la forma de operar del Estado y el conflicto

---

[29] Andrés Pérez-Baltodano, *Entre el Estado Conquistador y el Estado Nación: Providencialismo, pensamiento político y estructuras de poder en el desarrollo histórico de Nicaragua* (Managua: IHNCA/Fundación Friedrich Ebert, 2003), 763.

[30] Ibid., 760.

[31] Ibid.

[32] Ibid., 761.

[33] Ibid., 762.

[34] Ibid.

[35] Ibid., 106.

político. El atribuirle al pensamiento nicaragüense la peculiaridad de ser superficial, es decir, poco complejo y, además, por esa razón argumentar que éste no logra entender las tensiones sociales existentes en el país para generar un consenso, no es ofrecer una explicación de cómo uno repercute sobre el otro.

Así se establecen relaciones de condicionalidad sin dilucidar de qué manera funcionan. Ello requiere de un análisis más detallado del conjunto de significados que componen el lenguaje usado en la comunicación política, y de la manera en que éstos estructuran el funcionamiento del sistema político. No basta decir que un intelectual tiene "una visión idealizada, romántica y hasta ingenua", como se critica el pensamiento del guatemalteco José Cecilio del Valle,[36] pues ello no muestra la relación que existe con el funcionamiento del Estado o el conflicto político o con la estructura de su entorno social. La indagación, al limitarse a señalar un componente del pensamiento político nicaragüense, obvia tres aspectos. Primero, cómo otros elementos de este pensamiento condicionan al Estado y al conflicto político; segundo, cómo éstos se condicionan mutuamente; y tercero, cómo tal condicionamiento contribuye a producir y reproducir la forma de operar del Estado y el conflicto político. Así, por ejemplo, decir que los criollos no forjaron un sentido de la realidad indígena porque después de la independencia de España negaron "la historia de España en América" y remitir a que el pensamiento europeo usado por éstos contribuyó a ello,[37] es no tomar en cuenta las nociones de los primeros sobre los segundos y cómo éstas condicionaban las relaciones entre ambos y el funcionamiento del sistema político. Además, pasa por alto la manera cómo estos criollos utilizaron este pensamiento europeo para producir y reproducir el orden social jerárquico heredado de la colonia y, con ello, mantener vigente la exclusión de los indígenas, al tiempo que legitimaban su propia posición privilegiada.

La literatura dedicada a la historia de Nicaragua en la primera mitad del siglo XX tampoco se ha interesado por la poca importancia de las diferencias ideológicas en el conflicto político. Knut Walter, en su estudio sobre el régimen de Somoza, analiza

[36] Ibid., 99.
[37] Ibid., 102.

el desarrollo del Estado con la llegada de Anastasio Somoza García al poder. Su interés se centra en dilucidar cómo los diferentes intereses de los actores involucrados en el conflicto político sentaron las bases para "el Estado moderno" en Nicaragua. Especial atención se da a las modificaciones ocurridas en el sistema político nicaragüense con la llegada de Somoza al poder, hasta su muerte en 1956.[38] Autores como Thomas J. Dodd y Michel Gobat han analizado la dominación de los Estados Unidos de Norteamérica sobre Nicaragua y sus repercusiones en el país. El primero hizo una descripción del intento de los Estados Unidos de pacificar y estabilizar la política nicaragüense en los años que van de 1927 a 1933.[39] El segundo se interesó más por la perspectiva de la élite en Nicaragua dentro de esta relación de imposición y sumisión. Así, presenta cómo en el siglo XIX y durante los años de la intervención militar y financiera de los Estados Unidos en Nicaragua de 1912 a 1933, la élite nicaragüense pasó de favorecer con gran entusiasmo la influencia de Estados Unidos en el país a resistirla.[40] Otra vertiente de la historiografía se ha dedicado a recuperar la historia de los subalternos. Éste es el caso de las investigaciones de Jeffrey L. Gould sobre el movimiento obrero[41] y las comunidades indígenas de la costa del Pacífico, del centro y el norte de Nicaragua.[42] Igualmente, se ha estudiado cómo los cambios ocurridos en los regímenes de propiedad desde las tres últimas décadas del siglo XIX hasta 1930, alteró las relaciones laborales y de género en las comunidades rurales.[43]

Método y Fuentes

La presente investigación, en su análisis de las fuentes históricas con las cuales se valida el argumento anteriormente expuesto, sobre la poca relevancia de las diferencias ideológicas en el conflicto político nicaragüense, parte de dos premisas interrelacionadas.

---

[38] Walter Knut, *El régimen de Anastasio Somoza*, 16-17.

[39] Thomas J. Dodd, *Managing Democracy in Central America. A Case Study: United States Election Supervision in Nicaragua, 1927-1933* (New Brunswick: Transaction Publishers, 1992).

[40] Michel Gobat, *Confronting the American Dream. Nicaragua under U.S. imperial rule* (Durham/London: Duke Univ. Press, 2005).

[41] Jeffrey L. Gould, *To lead as equals: rural protest and political consciousness in Chinandega, Nicaragua, 1912 - 1979* (Chapel Hill: University of North Carolina Press, 1990).

[42] Jeffrey L. Gould, *To Die in This Way: Nicaraguan Indians and the Myth of Mestizaje, 1880-1965* (Durham/London: Duke Univ. Press, 1998).

[43] Elizabeth Dore, Myths of modernity. *Peonage Patriarchy in Nicaragua* (Durham/London: Duke University Press. 2006).

Primero, que la sociedad existe gracias a la comunicación, pues únicamente por medio de la comunicación se pueden coordinar las interacciones entre los individuos. Esto quiere decir que la comunicación es la operación social más básica o esencial a partir de la cual se estructuran las interacciones sociales. Con palabras de Niklas Luhmann: "únicamente la comunicación, y no la acción, es una operación social insoslayable que se echa a andar siempre que se forma una situación social".[44] De lo anterior, se concluye que los sistemas sociales existen gracias a la comunicación. Dicho más llanamente, sin la posibilidad de comunicarse, no existe la sociedad. O como diría Luhmann: "sin comunicación no pueden haber relaciones entre los seres humanos".[45]

En este sentido, toda reflexión cuyo objetivo sea entender cómo funciona un sistema social -que en el presente caso es el sistema político de Nicaragua- debe realizar un análisis de la comunicación que lo constituye, pues ésta hace posible que múltiples personas logren interactuar, al atribuirle a sus interacciones un sentido o significado compartido.[46] A través de este significado compartido o común, se constituye el sistema social. En esto, el lenguaje resulta crucial, al ser el principal medio de comunicación con el cual se logran compartir los significados de las diferentes interacciones y por ende coordinarlas, reproducirlas en el presente y el futuro, o interrumpirlas temporal o definitivamente. Por esta razón, se presta aquí especial atención al lenguaje usado para describir el quehacer político (la política), sobre todo en el enfrentamiento con el oponente político. Se trata de ver cuáles son los significados y el sentido con el que se concibe al adversario y la interacción con éste. Además, se pretende indagar las concepciones existentes en el período estudiado sobre el acto de ejercer el poder político y lo que

---

[44] En el original: „nicht die Handlung, sondern nur die Kommunikation ist eine unausweichlich soziale Operation und zugleich eine Operation, die zwangsläufig in Gang gesetzt wird, wenn immer sich soziale Situationen bilden". Niklas Luhmann, „Was ist Kommunikation?," en *Soziologische Aufklärung 6: Die Soziologie und der Mensch. 2 Auflage*, Niklas Luhmann (Wiesbaden: VS Verlag für Sozialwissenschaften, 2005), 110.

[45] En el original: „ohne Kommunikation gibt es keine menschliche Beziehungen". Ver: Niklas Luhmann, „Die Unwahrscheinlichkeit der Kommunikation," en *Soziologische Aufklärung 3: Soziales System, Gesellschaft, Organisation. 4 Auflage*, Niklas Luhmann (Wiesbaden: VS Verlag für Sozialwissenschaften, 2005), 29.

[46] Niklas Luhmann, „Interaktion, Organisation, Gesellschaft: Anwendungen der Systemtheorie" en *Soziologische Aufklärung 2: Aufsätze zur Theorie der Gesellschaft. 5 Auflage*, Niklas Luhmann (Wiesbaden: VS Verlag für Sozialwissenschaften, 2005), 9.

significa estar involucrado en política. Este conjunto de significados y sentidos relacionados con la política son los que estructuran la forma de operar del sistema político, en un momento en particular y en su devenir histórico.

La segunda premisa parte de la presunción de que todo sistema social posee un entorno social, el cual se forma cuando el sistema se diferencia de éste. Tal premisa se puede catalogar como la diferencia sistema/entorno. En concreto, significa que ningún sistema social existe en el vacío. Para la sociedad, el entorno es la naturaleza o el mundo material; para el sistema político, es la sociedad misma. De ahí que el sistema político existe dentro de un entorno social a cuya influencia y condiciones se encuentra expuesto y que lo afectan en mayor o menor medida. De interés para los objetivos de esta investigación son dos interrogantes: ¿cómo está estructurado el entorno social del sistema político nicaragüense? y ¿qué repercusiones tiene esto sobre su forma de operar? La manera en que podría estar estructurado el entorno social depende de cuán alto sea su grado de diferenciación interna. De acuerdo con la teoría de sistemas, "sólo se ha desarrollado un número limitado de formas de diferenciación".[47] Para ser más preciso, se considera que han surgido tres formas de diferenciación social: la segmentación, la estratificación y la diferenciación funcional.[48] Dado el nivel de complejidad social existente en Nicaragua durante el período aquí estudiado, las formas de diferenciación social relevantes para este análisis son las dos últimas.

Cada una de estas formas de diferenciación social son el resultado de cómo se combinan dos dicotomías asimétricas, como son las diferencias: "sistema/entorno e igualdad/desigualdad".[49] En las sociedades estratificadas, hay igualdad dentro de cada estrato pero no entre los estratos. Un ejemplo claro lo presenta la estratificación social existente durante el colonialismo español. En este caso, los españoles peninsulares eran considerados iguales unos a los otros y, en consecuencia, poseían los mismos derechos.

---

[47] En el original: " only a very limited number of forms of differentiation have been developed". Ver: Niklas Luhmann, "Differentiation of Society," *The Canadian Journal of Sociology/Cahiers canadiens de sociologie*, 2. N° 1 (Winter 1977): 33.

[48] Ibid.

[49] Ibid.

A su vez, los españoles nacidos en América (los criollos), no eran vistos como iguales a los peninsulares y, por ende, no tenían los mismos derechos que éstos. Sin embargo, gozaban de mayores privilegios en comparación con los mestizos e indígenas. Tal diferencia de derechos y privilegios muestra cómo los integrantes de cada estrato eran iguales entre sí, pero desiguales respecto de quienes pertenecían a otro estrato. Ello se debe a la concepción jerárquica de sí misma, presente en una sociedad estratificada.[50] Como resultado, se torna poco probable que los tópicos de interés para los estratos inferiores lleguen a ser un tema relevante en la comunicación del estrato superior. Un reflejo de esta irrelevancia comunicativa de los estratos bajos consiste en su incapacidad de influir en el proceso de toma de decisiones políticas. Por esta razón, el único método a su alcance, con el cual pueden hacerse notar, es la protesta violenta.[51]

A su vez, en la diferenciación funcional, la desigualdad se encuentra en las distintas funciones que cumple cada sistema social (la economía, la religión, la política, entre otros). La igualdad radica en el hecho que cada individuo tiene potencialmente igual acceso a cada uno de estos sistemas sociales, debido a que la sociedad no se diferencia internamente según rangos o estratos sociales, de acuerdo con una noción jerárquica de sí misma. Muy importante en este tipo de diferenciación social es la idea de que todos sus miembros son iguales. A partir de esta noción de igualdad de todos sus integrantes, se da la posibilidad de poder participar en cada sistema social. Cómo exactamente cada persona participa en los distintos sistemas sociales y accede a ellos, depende de sus destrezas y conocimientos. Por ejemplo, en el sistema judicial, no todas las personas pueden ser jueces; ello está en dependencia de su preparación y conocimiento de la ley.[52] Al contrario, en una sociedad estratificada, solamente quienes pertenecen al estrato superior pueden desempeñar la función de juez. La estratificación social y la diferenciación funcional, son dos maneras en que la sociedad se describe a sí misma e implican dos formas de ver la igualdad y la desigualdad de sus integrantes. Por esta razón, el

---

[50] Niklas Luhmann, *Die Gesellschaft der Gesellschaft* (Frankfurt am Main: Suhrkamp Verlag, 1998), 679.

[51] Niklas Luhmann, "Differentiation of Society," 34.

[52] Rainer Walz, „Theorien sozialer Evolution und Geschichte" en *Geschichte und Systemtheorie: Exemplarische Fallstudien*, edit. Frank Becker (Frankfurt am Main/New York: Campus Verlag, 2004), 57.

estudio del entorno social del sistema político se centra en dilucidar cómo se percibía y se describía la realidad social en Nicaragua que, al mismo tiempo, era el entorno del sistema político durante el período seleccionado.

Como se puede ver, a partir de estas dos premisas teóricas, el análisis de la historia de Nicaragua, desde la independencia hasta la década de 1930, tiene dos objetos de estudio. Primero, el lenguaje utilizado en la comunicación política para describir el quehacer político. Dicho de manera más precisa, se pone atención al sentido compartido con el cual se estructura el sistema político, manifiesto en el lenguaje usado para hablar sobre la política y los acontecimientos políticos. El segundo es la forma de diferenciación social del entorno del sistema político. Aquí, el interés está en la concepción predominante del orden social y de las diferencias sociales entre los nicaragüenses. Concretamente, se indagan en los conceptos e ideas con los cuales se establecen las diferencias sociales y el orden social, con el fin de identificar sus implicaciones en términos de las ideas de igualdad y desigualdad, y sus consecuencias tanto para generar la inclusión/exclusión en el sistema político, como para estructurar la dinámica del conflicto político en Nicaragua desde la independencia hasta los años 30 del siglo XX.

El examen de este entorno social fue igualmente el criterio utilizado para delimitar el período histórico del cual se ocupa este trabajo. Así, se considera que el entorno social del sistema político mantuvo las mismas características estructurales desde la independencia hasta la década de 1930. Una primera particularidad fue la pacificación incompleta del territorio del Estado nicaragüense, lo cual significó que éste no poseía la capacidad de arrogarse el monopolio de la violencia física dentro de su territorio. Como resultado, se dio un ambiente favorable para que se organizaran levantamientos armados en contra del gobierno de turno, pues gracias a esta debilidad del Estado nicaragüense, existía una alta probabilidad de culminarlos con éxito. Ello tuvo su fin con la organización de la Guardia Nacional por parte de los Estados Unidos en los años 30 del siglo XX, tras desarmar a liberales y conservadores. En adelante, no sería posible realizar con la misma facilidad una rebelión armada para llegar al poder. En segundo lugar, es en la década de 1930 que las familias oligárquicas, como los Chamorro y los Sacasa, por mencionar dos ejemplos, pierden definitivamente su dominio exclusivo y excluyente sobre el sistema político nicaragüense, al irrumpir en éste políticos pertenecientes al estrato medio, quienes desafiaron abiertamente esta pretensión monopólica. Dos ejemplos fueron Bartolomé Martínez y José María Moncada.

Los dos objetos de estudio mencionados tuvieron una importante repercusión en la selección de las fuentes históricas utilizadas, al dificultar la delimitación clara del corpus con el cual se trabaja. De ahí que las fuentes históricas empleadas se caractericen por su heterogeneidad. Dentro de éstas, se encuentran: cartas y diarios personales, correspondencia diplomática, reportes oficiales, memorias de importantes políticos de la época, reportes de viajeros, periódicos, discursos, proclamas y manifiestos políticos, leyes, reportajes periodísticos, estudios académicos y obras literarias. También se utilizan fuentes orales como son los testimonios de los soldados de Sandino, todavía vivos, recolectados en la década de 1980.[53] De ahí que este tipo de fuente histórica se emplee solamente, de manera muy limitada, en el acápite sobre la lucha de Sandino. Para los períodos anteriores, debido a la cantidad de años transcurridos, no fue posible ubicar testigos oculares, razón por la cual se puede decir que no existen fuentes históricas orales. A su vez, las fuentes textuales pueden ser dividas en dos tipos: las producidas durante el período histórico en cuestión y aquéllas escritas posteriormente. Las últimas están referidas sobre todo al caso de las memorias y autobiografías, cuyos autores redactaron o dictaron una vez retirados de la vida política. Tales documentos obedecen a dos propósitos: dejar un registro de los acontecimientos históricos considerados como los más relevantes y ofrecer la propia versión de estos sucesos para contrarrestar la narración del adversario político, en la cual el pasado no es representado con suficiente veracidad por tener motivaciones tendenciosas. Sin embargo, en ese mismo acto se ignoran las propias motivaciones y las alteraciones en lo contado, introducidas por éstas. Partiendo de esta característica común a todas las fuentes producidas después de los hechos históricos, aquí se pretende superar este sesgo de cada una de las fuentes producidas en retrospectiva de dos maneras.

---

[53] Instituto de Estudios del Sandinismo, *Ahora sé que Sandino manda* (Managua: Nueva Nicaragua, 1986).

Primero, con la consulta de una gran cantidad de documentos producidos durante el desarrollo de los acontecimientos históricos; y en segundo lugar, contrastando las versiones ofrecidas por los diferentes bandos involucrados en el conflicto político. De tal manera, se espera tener la mejor aproximación posible a los acontecimientos y a la forma como fueron vistos en su momento.

Organización

Debido al interés del presente estudio de explicar el acontecer de un mismo fenómeno durante el transcurso de un período histórico, se ha optado por organizar la exposición del argumento siguiendo un orden cronológico. Por esta razón, el primer capítulo se inicia con un análisis de cómo se dio la independencia centroamericana de la corona española. El interés se centra en mostrar cómo este acontecimiento no representó una ruptura con el pasado colonial, sino su prolongación levemente alterada, en cuanto se mantuvo intacta la estratificación social instituida durante el dominio español, con la única diferencia que los criollos pasaron a sustituir a los españoles peninsulares como estrato dominante situado en la cúspide de la jerarquía social. Igualmente, se analiza el intento fallido de lograr convertir lo que anteriormente fue el Reino de Guatemala en un Estado y en una Nación con el proyecto de la Federación Centroamericana.

En el capítulo dos, se trata la política nicaragüense durante el siglo XIX, desde la separación de la Federación Centroamericana en 1838 hasta el derrocamiento del presidente liberal José Santos Zelaya por una rebelión libero-conservadora en 1909. Se comienza describiendo la situación de perenne guerra civil entre las dos ciudades más importantes de Nicaragua, como eran León y Granada, y entre timbucos y calandracas, que eran las dos facciones políticas en pugna de la época, para pasar a abordar el impacto que tuvo el episodio de la llegada a la presidencia del estadounidense William Walker. Con su llegada a la presidencia, se puso en peligro la dominación de los integrantes del estrato superior a tal grado, que se suspendió temporalmente la confrontación entre estas dos ciudades con el objetivo de sacarlo del poder. Una vez logrado esto, se iniciaron más de tres décadas de dominio del estrato superior granadino. En esta parte, se resalta cómo la estratificación social era la forma de diferenciación social existente en Nicaragua y cómo ello se reflejaba en la exclusión de la gran mayoría de la población. Además, se señala la falta de diferenciación entre el ámbito público y el privado, lo cual contribuyó a que el sistema político fuera marcadamente personalista y los recursos estatales se utilizaran para el enriquecimiento de quienes controlaban el débil aparato estatal. Esta debilidad del Estado nicaragüense hizo posible la llegada al poder del liberal José Santos Zelaya, quien instituyó un liberalismo sin libertad.

El capítulo tres se ocupa de la llega de los rebeldes libero-conservadores al poder en Nicaragua con la ayuda de los Estados Unidos. Se muestra cómo éstos continuaron reproduciendo la forma excluyente de operar del sistema político nicaragüense y cómo ello condujo a que la violencia armada se mantuviera como el único mecanismo para lograr la alternancia en el poder. Un factor importante que permitió mantener esta pretensión de monopolio y exclusión del sistema político, principalmente de las familias criollas granadinas aglutinadas en "el Partido Conservador", que desde los tiempos de la colonia habían sido parte del estrato superior, fue la intervención de los Estados Unidos. Como consecuencia directa, este período se caracterizó por guerras civiles entre los conservadores granadinos en el poder y los liberales excluidos. Un elemento significativo de esta confrontación y que marcó especialmente la Guerra de 1912, fue la aspiración de individuos provenientes del estrato medio de ser integrados al estrato superior. Al final, estos advenedizos lograron su cometido; no obstante, ello no condujo a la superación de la estratificación social y su concepción jerárquica del orden social y del sistema político.

El último y cuarto capítulo aborda los años que van desde el golpe de estado perpetrado por los conservadores allegados al caudillo Emiliano Chamorro, conocido como El Lomazo, pasando por la Guerra Constitucionalista, hasta llegar a la rebelión nacionalista de Augusto C. Sandino. Aquí se presta especial atención a la forma de operar del sistema político nicaragüense. Se comienza exponiendo cómo la violencia armada es el único mecanismo con el cual se concibe poder obtener el cambio de gobierno. Una condición favorable a esto era la posibilidad de organizar rápidamente un ejército ligado a uno u otro bando político. Conscientes de esto, parte de la estrategia de dominación y pacificación de los Estados Unidos fue crear una fuerza armada independiente de cualquier bando político. La expectativa estadounidense era desmilitarizar el conflicto político en Nicaragua; sin embargo, dicho proyecto fracasó por ir en contra de la forma de operar del sistema político nicaragüense. De ahí que la respuesta al cambio de gobierno violento producido por el golpe de estado de Chamorro, fuese una nueva guerra civil, de la cual los conservadores en el largo plazo salieron derrotados al ser el inicio de su gradual paso a la irrelevancia política durante el resto del siglo XX. Hecho una vez el examen de este enfrentamiento bélico y su culminación en el Acuerdo de Tipitapa, se pasa a indagar el carácter revolucionario del movimiento armado de Sandino, el cual se identifica en su forma divergente de hacer política en comparación con los otros políticos contemporáneos.

La conclusión presenta los principales hallazgos de la investigación respecto de la poca relevancia de las diferencias ideológicas en el conflicto político nicaragüense durante el período estudiado. Dos son los puntos centrales; primero, la persistencia de la estratificación social en Nicaragua durante el siglo XIX e inicios del siglo XX; y en segundo lugar, la forma de operar del sistema político de Nicaragua, que es condicionada por la estratificación social persistente en el entorno. A partir de esta síntesis, se presentan algunas interrogantes, resultantes del presente estudio, que podrán ser tratadas por futuras indagaciones de la historia nicaragüense. Al final, se cierra con una escueta reflexión sobre las implicaciones de los resultados para el presente político de este país centroamericano.

CAPÍTULO I

EL LEGADO DEL PASADO:
LA POLÍTICA Y LA ESTRUCTURA SOCIAL EN CENTROAMÉRICA
ANTES Y DESPUÉS DE LA INDEPENDENCIA

La independencia de Centroamérica
y el pasado colonial

Durante el dominio colonial español, Guatemala, El Salvador, Honduras, Nicaragua y Costa Rica, así como Chiapas (actualmente parte de México), formaban lo que entonces era denominado como el Reino de Guatemala o la Capitanía General de Guatemala. Este Reino, a su vez, pertenecía al Virreinato de la Nueva España;[1] no obstante, su gobierno era independiente de México y respondía directamente a España. Por ello, cuando aquí se habla de América Central o Centroamérica, se hace referencia a los países que pertenecieron al Reino de Guatemala, dejando por fuera a Chiapas. Igualmente, se excluye a Panamá y Belice, ya que en el momento de la independencia de América Central, el primero pertenecía al Virreinato de Nueva Granada, y Belice era una colonia británica que nunca estuvo bajo el control de la Corona española. Dentro del Imperio Colonial Español, el Reino de Guatemala ocupaba una posición marginal y, de sus seis provincias, Nicaragua y Costa Rica eran las de menor importancia. La población indígena de ambas, en comparación con el resto de la Capitanía, era más pequeña. Además, no había una abundancia de recursos valiosos como el oro o la plata. A finales del siglo XVIII, los principales productos de exportación de Nicaragua eran el ganado, el añil y el cacao.[2] En el año 1800, el 69 por ciento de las exportaciones de esta provincia se destinaba al resto de provincias del Reino, y su población no llegaba a la mitad del número de habitantes de la provincia de Guatemala.[3]

En el proceso de independencia, la posición marginal de Centroamérica jugó un papel importante y le imprimió un rasgo singular: la ausencia de un conflicto violento. En esta región, la

---

[1] Stephen Webre, "Audiencia of Guatemala," en Barbara A Tenenbaum, edit. *Encycolpedia of Latin American History and Culture*, (New York: Simon & Schuster, 1996), 3: 129.

[2] E. Bradford Burns, *Patriarch and Folk: the Emergence of Nicaragua, 1798-1858,* (Cambridge, Mass: Harvard University Press, 1991), 8.

[3] Carolyn Hall y Hector Pérez Brignoli, *Historical Atlas of Central America* (Norma: Univ of Oklahoma Press, 2003), 86.

emancipación de España se produjo sobre todo como una reacción a los sucesos ocurridos en México, donde la independencia se logró en 1821, tras una década de guerra, iniciada con el "Grito de Dolores". Esta particularidad de la independencia centroamericana contrastó con lo acontecido en el resto de la América española.[4] Tal como ha señalado Lynn V. Foster, durante los años convulsos de guerra pro independentista -que van de 1808 a 1821- vividos en las otras regiones del Imperio Español, la situación en el Reino de Guatemala permaneció calma y estable.[5] Efectivamente, en esta coyuntura, Centroamérica permaneció fiel a España hasta 1821, y se declaró independiente únicamente porque el proceder de la provincia de Chiapas, que se unió al "Plan de Iguala"[6] con el que México declaraba su independencia de España, la forzó a dar este paso, pues la afiliación de Chiapas a este plan desmembró de facto el territorio de la Capitanía General de Guatemala y puso en crisis la legitimidad de las autoridades españolas. El Plan de Iguala era el programa con el que el coronel Agustín de Iturbide y otros querían conseguir pacificar y reunificar a México. Fue publicado el 24 de febrero en la ciudad de Iguala y constaba de tres principios, denominados las "tres garantías": Religión, Independencia y Unión. En la práctica, estas "tres garantías" significaban el resguardo del poder de la iglesia católica y la posición social de los criollos. La intención del Plan de Iguala era convertir a México en una monarquía constitucional, en la cual los criollos y los españoles fueran considerados iguales.[7]

Por tal razón, la independencia de Centroamérica fue principalmente producto de la incapacidad de la Corona Española de mantener la unidad de su territorio. Como sostiene Héctor Pérez Brignoli, en Centroamérica la "independencia sobreviene, así, impuesta por las fuerzas externas más que por la voluntad de las clases o grupos autóctonos".[8] Ello no significa que no existiera

[4] Víctor Hugo Acuña Ortega, "Las concepciones de la comunidad política en Centroamérica en tiempos de la independencia, 1820-1823," en *Relatos de nación. La construcción de las identidades nacionales en el mundo hispánico, Tomo I*, edit. Francisco Colom González (Madrid: Iberoamericana/Vervuert, 2005), 252-53.

[5] Lynn V. Foster, *A Brief History of Central America*, 2ª ed. (New York: Facts On File, 2007), 132.

[6] Acuña Ortega, "Las concepciones de la comunidad política en Centroamérica en tiempos de la independencia", 251.

[7] Christon I. Archer, "Plan of Iguala", en *Encyclopedia of Latin American History and Culture*, edit. Barbara A. Tenenbaum. (New York: Simon & Schuster Macmillan, 1996), 4: 420.

[8] Héctor Pérez-Brignoli, *Breve Historia de Centroamérica* (Madrid: Alianza Editorial, 1985), 60.

el descontento en la población centroamericana hacia el dominio español; sin embargo, este descontento era una reacción a las condiciones impuestas por la Corona y no pretendían abolir el régimen colonial. Su punto más álgido se dio con los levantamientos de 1811 en Nicaragua y en 1814 en El Salvador. Estas sublevaciones, aunque demandaban la abolición de la esclavitud y la liberación de todos los prisioneros,[9] estaban dirigidas sobre todo en contra de las políticas fiscales del régimen colonial y a favor de remover a los gobernantes del Reino de Guatemala.[10] Igualmente importante era la regulación del comercio y la posición privilegiada que los comerciantes de la ciudad de Guatemala tenían dentro del sistema comercial monopolístico, el cual obligaba a las provincias a tener relaciones comerciales con España, exclusivamente a través de la Capitanía General (la Ciudad de Guatemala). En otras palabras, todas las exportaciones procedentes de las provincias del Reino estaban forzadas a pasar por la Ciudad de Guatemala, antes de ser enviadas a la península ibérica. Como resultado, se dieron tensiones entre los comerciantes provenientes de España, que vivían en la Cuidad de Guatemala, y los productores de las otras provincias. Esta situación, mezclada con el resentimiento de los españoles americanos (criollos) con los españoles peninsulares, apodados "gachupines"[11] o "chapetones",[12] generó las revueltas.

Tal rabia en contra de los comerciantes de la Ciudad de Guatemala y las autoridades de gobierno era una consecuencia del estatus privilegiado de los españoles procedentes de la península ibérica dentro de la jerarquía social del imperio colonial. Por lo general, éstos ocupaban los rangos más altos de la burocracia colonial, así como en la jerarquía eclesiástica. Dos buenos ejemplos de lo anterior eran el capitán general del Reino, José de Bustamante y Guerra, y el último obispo de Nicaragua, Nicolás García Jerez, nombrado por el rey español. Antes de llegar a Nicaragua, García Jerez había sido presbítero del convento Santo Domingo en Cartagena de Indias;

[9] Antonio Esgueva Gómez, *Taller de Historia. Nicaragua en los documentos, 1523-1857. Tomo I*, (Managua: IHNCA, 2006), 53.
[10] Acuña Ortega, "Las concepciones de la comunidad política en Centroamérica en tiempos de la independencia", 252.
[11] Juan Carlos Solórzano F., "Centroamérica a finales de la dominación hispánica. 1750-1821: Transformación, desarrollo y crisis de la sociedad colonial," *Revista de Historia*, N° 1 (Enero-Junio 1990): 56.
[12] Acuña Ortega, "Las concepciones de la comunidad política en Centroamérica en tiempos de la independencia", 273.

también había desempeñado el cargo de arzobispo de Valencia, Zaragoza y Santa Fe de Bogotá, y recibió la Orden de Isabel la Católica, lo cual demostraba su lealtad a la Corona Española. Bustamante y Guerra, por su parte, era un militar procedente de la región de Cantabria, leal a la corona y un decidido defensor del poder español en América; previo a su arribo a América Central, Bustamante había servido en Montevideo.

La estratificación social de Centroamérica antes de la independencia

Esta posición privilegiada de los peninsulares era parte de la jerarquía social existente en Centroamérica, al final de la dominación colonial española. Dicha jerarquía se conformaba de cinco estratos: los indios, los mulatos/zambos, los mestizos, los criollos (españoles americanos) y los españoles peninsulares. El orden de estos rangos dependía de la cercanía cultural y étnica de sus integrantes a lo español.[13] Al respecto, Severo Martínez Peláez señala que "el origen hispano daba superioridad -así se decía- más superioridad [...] cuanto más puro y cercano fuera ese origen",[14] de ahí que en la cúspide se encontraran los nacidos en España. Por debajo estaban los criollos, es decir, las personas de padres españoles nacidos en América, seguidos por los mestizos, los mulatos/zambos y los indios en la base (ver Figura 1).

Figura 1. *Los estratos sociales en el Reino de Guatemala antes de la independencia*

---

[13] James Lockhart, "Social Organization and Social Change in Colonial Spanish America," en *The Cambridge History of Latin America: Colonial Latin America*, edit. Bethell, Leslie (London: Cambridge University Press, 1984), 2: 285-288.

[14] Severo Martínez Peláez, *La Patria del Criollo: Ensayo de interpretación de la realidad colonial guatemalteca* (México, D.F.: Fondo de Cultura Económica, 1998), 88.

Los españoles y los criollos constituían una pequeña minoría. Para el año 1778, la población de Centroamérica fue contabilizada en un total de 820.145 personas. La mitad de éstas eran indígenas y habitaban, en su gran mayoría, en las provincias de Chiapas y Guatemala. En ambas regiones, el 80 por ciento de la población pertenecía a este grupo étnico. En los casos de El Salvador y Nicaragua, el 50% eran indígenas. Después de los indígenas, el segundo grupo poblacional más grande eran los mestizos o ladinos[15] (las personas de raza mixta). El país con la mayor cantidad de mestizos, ladinos y negros libres era Costa Rica, con el 85 por ciento de la población catalogada como ladinos. Los españoles eran sólo una pequeña proporción del total de la población; en ninguna de las provincias había más de un 7 por ciento; en Chiapas y El Salvador, los españoles representan menos del 5 por ciento.[16] No obstante, los criollos y los españoles eran el estrato más rico;[17] su riqueza se derivaba principalmente de la explotación de la población indígena. Tres elementos componían este sistema de explotación: el tributo, el trabajo forzoso y el intercambio comercial obligatorio con los españoles.[18] El único beneficio que obtenían los indígenas de este sistema era que se les otorgaba cierto grado de libertad para gobernarse.[19]

La concentración de la riqueza -como resultado de este sistema de explotación- y su aceptación como un orden natural, muestran que la estratificación era la estructura social de América Central. Por eso, la ocurrencia de esta distribución desigual de los recursos

---

[15] El significado del término ladino tiene una historia compleja. Aquí el concepto es aplicado a los "Indios de Centroamérica y otros lugares que han adoptado formas españolas de vestir y comportarse/Indians in Central America and elsewhere who have adopted Spanish forms of dress and behavior". Robert M. Levine, *Race and Ethnic Relations in Latin America and the Caribbean: an Historical Dictionary and Bibliography*, (London: The Scarecrow Press, 1980), 74. Durante el siglo XIX en Nicaragua, ladino se convirtió en el vocablo usado para referirse a toda persona no indígena. Jeffrey L. Gould, *To Die in This Way: Nicaraguan Indians and the Myth of Mestizaje, 1880-1965* (Durham: Duke Univ. Press, 1998). Una discusión más amplia del término se encuentra en, Arturo Tarrecena Ariola, Guatemala: del mestizaje a la ladinización, 1524-1964. http://lanic.utexas.edu/project/etext/llilas/vrp/arriola.html (visitado 7.03.2012). Y en, David Díaz Arias y Ronald Soto Quirós, "Mestizaje, indígenas e identidad nacional en Centroámerica: de la Colonia a las Repúblicas Liberales," Cuadernos de Ciencias Sociales, N°. 143 (San José, CR: FLACSO, 2007).

[16] Carolyn y Pérez Brignoli, *Historical Atlas of Central America*, 86.

[17] Solórzano F., "Centroamérica a finales de la dominación hispánica", 42.

[18] Ibid., 39.

[19] Elizabeth Dore, *Myths of modernity. Peonage and Patriarchy in Nicaragua* (Durham/London: Duke University Press, 2006), 34.

no es sorprendente, como tampoco lo es la sanción y la promoción -por parte del régimen colonial- de la explotación de todos aquellos que no eran considerados españoles o criollos. Esto es sustancial a la estratificación social, cuya continuidad y reproducción como estructura social requiere de la existencia de lo anteriormente descrito. Su consecuencia es que genera un estrato superior, en términos numéricos pequeño, capaz de imponer su posición privilegiada al resto.[20] El caso del colonialismo español en Centroamérica constituye un buen ejemplo. Aquí, una minoría étnica, integrada por aquellos considerados como españoles, gobernaron sobre el resto de la población, sin enfrentarse a ninguna oposición o resistencia que pusiera en peligro su dominación.[21] El principal criterio para justificar esta estratificación social y su sistema de explotación era la cercanía a la cultura española y al fenotipo europeo. Esta norma, en la que se basaba la jerarquía social, se justificaba con las ideas de la superioridad moral atribuidas a los europeos y en el estado más civilizado de Europa. Todos los demás eran vistos como moral y culturalmente inferiores; desdeñosamente, se les llamaba salvajes.

La posición de un individuo en la jerarquía social era fija y le negaba el acceso a la tierra, o a ser nominado a un puesto político o religioso. La situación de aquellos de raza mixta, como los mestizos, era especialmente difícil. Su aparición, resultante de la copulación entre españoles, indígenas y africanos, era algo no previsto por las normas jurídicas del régimen colonial. En el inicio de la dominación colonial, en términos legales, sólo existían dos grupos, definidos como la "república de españoles" y la "república de indios". Así se denominaba a las dos entidades políticas a las que pertenecían españoles e indígenas. Los dos conceptos implicaban dos cuerpos legales separados.[22] Para quienes resultaban de la mezcla de estas dos repúblicas, el orden social colonial no tenía contemplado un lugar. La Corona española no consideró la posibilidad de que emergiera un sector mixto de la población. Cuando éste apareció y su número aumentó, sus miembros fueron vistos como una amenaza al orden

---

[20] Niklas Luhmann, *Die Gesellschaft der Gesellschaft*, vol 2. (Frankfurt am Main: Shurkamp Verlag, 1997), 680.

[21] Germán Romero Vargas, "Las Estructuras sociales de Nicaragua en el siglo XVIII," *Boletín Americanista*, no 41(1991): 71.

[22] Abelardo Levaggi, "República de Indios y República de Españoles en los Reinos de Indias," *Revista de Estudios histórico-jurídicos*, N° 23 (2001): 419-428. http://dx.doi.org/10.4067/S0716-54552001002300009 (visitado 29.05.2015).

social establecido. A menudo, se hacía referencia a ellos con palabras peyorativas, como "malhechores, vagabundos e ignorantes".[23] Por lo general, tenían que ganarse la vida convirtiéndose en sirvientes de los españoles y los criollos, o dedicarse a trabajos de tipo artesanal, como ser un herrero o un talabartero; otros se dedicaban a la agricultura y entregaban parte de su cosecha al dueño de la propiedad. En resumen, eran personas sin tierra, obligados a viajar de un lugar a otro para desempeñar trabajos de poca remuneración.[24]

La característica central de la estratificación social, como la existente en Centro América durante el período colonial, es estar fundamentada en la idea de la sociedad constituida de manera jerárquica (Ver Figura 1), pues se estima imposible erigir alguna forma de orden sin recurrir a la diferenciación entre estratos sociales inferiores y superiores.[25] Este orden jerárquico es la distinción primaria con la que se realiza la diferencia social. Con ella, se regula la inclusión y exclusión de una persona en la política, las instituciones religiosas y la distribución de la riqueza. En concreto, significa que la pertenencia a un estrato social determina cuánto poder político o riqueza se puede llegar a tener. En palabras de Niklas Luhmann, la estratificación social requiere para garantizar su permanencia "una distribución desigual de la riqueza y el poder".[26] Una forma de mantener en pie este acceso desigual y restringido es por medio de la práctica de la endogamia entre quienes pertenecen al estrato superior,[27] lo cual fue practicado por criollos y españoles, quienes estaban estrechamente relacionadas entre sí por lazos familiares.[28] Por lo general, los individuos que pertenecían al mismo grupo étnico se casaban entre sí; estos matrimonios también permitían ampliar el

---

[23] Díaz Arias y Soto Quirós, "Mestizaje, indígenas e identidad nacional en Centroamérica," 29.

[24] Frances Kinloch Tijerino, "Cleto Ordóñez: Boceto biográfico de un caudillo popular," *Revista de Historia*, N° 1 (Enero-Junio 1990): 65.

[25] Luhmann, *Die Gesellschaft der Gesellschaft*, 679.

[26] En el original: "unequal distribution of wealth and power". Niklas Luhmann, "Differentiation of Society," *The Canadian Journal of Sociology/Cahiers canadiens de sociologie*, 2. N° 1 (Winter 1977): 33.

[27] Luhmann, *Die Gesellschaft der Gesellschaft*, 680.

[28] Solórzano F., "Centroamérica a finales de la dominación hispánica", 42. Al observar a las élites de Centroamérica y Nicaragua, se nota cómo esto acontece aun en la actualidad, lo cual permite considerar que todavía persiste cierto grado de estratificación social. Ver: Marta Elena Casáus Arzú, „Das Überleben der Machteliten in Zentralamerika vom 16 bis zum 20 Jahrhundert," en *Zentralamerika heute. Politik, Wirtschaft, Kultur,* edits. Kurtenbach, Sabine et al. (Frankfurt am Main: Vervuert Verlag, 2008), 147-166.

poder político y económico de las respectivas familias. La práctica común era que las hijas de las familias españolas ya establecidas, se casaran con los recién llegados de España, quienes en su mayoría eran hombres.[29] Así, el matrimonio posibilitaba ascender de un estrato a otro. Sin embargo, su principal función era garantizar el absoluto control de los españoles del poder político y económico, lo cual a su vez generaba la exclusión del resto de la población.[30]

La situación de exclusión y estigmatización de la población indígena era otra expresión de la estratificación social. En la época de la independencia de Centro América, un indio no podía formar parte de la jerarquía de la Iglesia católica. Tampoco se le permitía ser militar o miembro de la burocracia estatal, pues los indígenas, españoles, criollos, mestizos y mulatos no eran vistos como iguales. De los indios se tenía una imagen negativa; para referirse a ellos, se usaban términos desdeñosos. "El ser Indio", era sinónimo de "ignorante", "inculto", "salvaje", "haragán" y "malicioso".[31] Desde este punto de vista, ellos eran naturalmente inferiores y, por ende, la posición privilegiada de los españoles en la jerarquía social de la Centroamérica colonial era legítima.

En este contexto, existía poco espacio para ascender de un estrato a otro. Ser parte de la minoría dominante era únicamente posible, si se pertenecía a una de las familias situadas en la cúspide de la pirámide social. El ingreso a una de estas familias se lograba sólo a través del matrimonio. Al mismo tiempo, estas familias del estrato superior se casaban exclusivamente entre ellas o con nuevos ricos.[32] De este modo, reproducían la exclusión de los estratos inferiores, al restringir el ascenso social, y reafirmaban los criterios legitimadores de la estratificación. A su vez, la Corona española deseaba impedir los matrimonios entre los estratos y, con ello, los movimientos ascendentes en la jerarquía social. Para lograr este cometido, se prohibió a los miembros de las fuerzas armadas casarse con quienes no fuesen consideradas

---

[29] Romero Vargas, "Las Estructuras sociales de Nicaragua en el siglo XVIII", 74.

[30] Ibid., 72.

[31] R. R. Baldovinos, edit, *Encliclopedia de El Salvador*, vol 1. (Barcelona: 2000), 207. Citado en Luis Ernesto Ayala Benítez, *La Iglesia y la Independencia de Centro América: El Caso de el Estado de El Salvador (1808-1833)* (Roma: Gregorian University Press, 2007), 24.

[32] Lockhart, "Social Organization and Social Change in Colonial Spanish America", 267.

españolas.³³ En resumen, Centroamérica -en el momento de la independencia y después- era lo que Niklas Luhmann definiría como un sistema social cuya forma interna de diferenciación era la estratificación social.³⁴

---

[33] Asuncion Lavrin, "Women in Spanish America Colonial Society," en *The Cambridge History of Latin America: Colonial Latin America*, edit. Bethell, Leslie (London: Cambridge University Press, 1984), 2: 325.
[34] Luhmann, *Die Gesellschaft der Gesellschaft*, 685.

La no diferenciación entre religión y política: antes y después de la independencia

Otra característica de la estratificación social es la no diferenciación entre la religión y la política. Esto significa que la legitimidad de los gobernantes y del orden social, se concibe como derivada de un factor exógeno al sistema político y, por ende, como producida por una entidad no política (Dios). Ello se traduce en que tanto el orden social como la forma de operar del sistema político, son vistas como inalterables, al no estar bajo la influencia de la voluntad humana. Al mismo tiempo, todo intento de transgredir o modificar el status quo político y el orden social es un desacato a esta voluntad divina, y trae consigo repercusiones negativas insoslayables e incontrolables que se conceptualizan como castigo divino. La consecuencia es que se inhibe o se anula la posibilidad de estructurar el orden social y el sistema político de otra forma. La persistencia de este fenómeno en América Central evidencia cómo la estratificación social continuaba siendo la forma de diferenciación vigente antes y después de la independencia; de ahí que no se distinguiera entre los asuntos relacionados con la política, la religión o la economía. No existía la necesidad de tal diferenciación, ya que la pequeña minoría (el estrato superior), estrechamente vinculada por lazos de parentesco entre otros nexos, poseía el control absoluto de la política, la religión, las artes, el sistema judicial y la economía[35] y lo imponía sin problemas.

En la modernidad o, para usar la terminología de la teoría de sistemas sociales, en la diferenciación funcional,[36] la legitimación del estatus quo político se da a partir de nociones políticas y no religiosas, como la idea de que el derecho a gobernar reside en la voluntad del pueblo, definido como el soberano. El poder político se deriva de la voluntad popular y no de la voluntad divina, es

---

[35] Franz-Josef Arlinghaus, „Mittelalterliche Ritual in systemtheoretischer Perspektive. Übergansriten als basale Kommunikationsform in einer stratifikatorisch-segmentären Gesellschaft," en Becker, Frank, edit. *Geschichte und Systemtheorie: Exemplarische Fallstudien* (Frankfurt am Main: Campus Verlag, 2004), 114.

[36] Luhmann, Die Gesellschaft der Gesellschaft, 743.

decir, se usa un concepto político y no uno religioso para legitimar el estatus quo. Tal cambio implica también que la política y la religión son vistas como dos ámbitos separados. Por esta razón, lo que acontece en un sistema no puede ser legitimado recurriendo al lenguaje del otro sistema. Aquí, la comunicación política se basa en su propia terminología, no necesita recurrir a argumentos religiosos para justificarse a sí misma o para explicarse. Como aclara Frank Becker, cada sistema social (la política, la religión, la economía y otros) tiene su propia manera de acercarse a la realidad. Sólo ven y operan en base a lo que es relevante para ejercer su función como sistema social.[37] En el caso de la religión, su función es darle el sentido supremo a todo, es decir que proporciona a la sociedad una realidad última y definitiva cargada de significado.[38] A su vez, la función de la política es mantener disponible la capacidad de generar decisiones que son vinculantes para toda persona que pertenece a una colectividad política; de ahí que se hable de decisiones que son colectivamente vinculantes.[39] Es decir, la política lo que hace es producir decisiones que afectan a toda persona que pertenece a una unidad política; esta unidad puede ser llamada Estado o municipio, por ejemplo.

Para poder llevar a cabo su función, cada sistema necesita simplificar la manera como se procesa la diversidad de sentidos y significados requeridos en su funcionamiento. Esto se logra en base a códigos binarios que apiñan estrechamente y simplifican el conjunto de sentidos implícitos en la comunicación. Por lo tanto, los sistemas sociales funcionan en base a sus propios códigos binarios.[40] A la vez, tienen sus propias y únicas formas de observarse y comunicar sobre sí mismos y sobre su entorno. En otras palabras, se diferencian en cómo entienden y procesan la complejidad de la sociedad. Para la religión, todo es una cuestión de ser clasificado en términos de santo o profano. A su vez, para la política, el problema fundamental es el poder y la

---

[37] Frank Becker, „Einleitung Geschichte und Systemtheorie - ein Annäherungsversuch," en Becker, Franz, edit. *Geschichte und Systemtheorie*, 9.

[38] Niklas Luhmann, "Society, Meaning, Religion: Based on Self-Reference," *Sociological Analysis* 46, N° 1 (primavera 1985): 5.

[39] Niklas Luhmann, *Die Politik der Gesellschaft* (Frankfurt am Main: Suhrkamp, 2000), 84.

[40] Becker, „Einleitung Geschichte und Systemtheorie - ein Annäherungsversuch", 9. Luhmann, *Die Gesellschaft der Gesellschaft*, 748.

capacidad o incapacidad de ejercerlo, es decir, tener o no tener poder. Para que esto se dé, se requiere que la diferenciación social se oriente según la función que cumple cada sistema social. En la estratificación, la diferenciación social se da de acuerdo con un esquema jerárquico que crea un orden social, en el cual se diferencia según rangos superiores e inferiores. En América Central, el colonialismo español impuso un orden de este tipo.

Esta fusión de religión y política durante el periodo colonial, le otorgaba una gran importancia a la Iglesia católica. Para los pobladores de las colonias españolas en América, la religión era su principal fuente de sentido. Dicho de otra manera, la religión les permitía explicar el mundo circundante. Por ello, la Iglesia católica dictaba el código moral que todos los estratos sociales debían obedecer, si se anhelaba ser considerado una persona buena y respetable. Además, llevaba a cabo muchas tareas que en la actualidad serían atribuidas al Estado; por ejemplo, levantar el primer censo en América Central en 1778 fue una labor realizada por el prelado de cada parroquia.[41] La iglesia estaba a cargo del sistema educativo. En el Reino de Guatemala, los dominicos y los jesuitas fundaron centros educativos, de los cuales se graduaron los primeros estudiantes en la segunda mitad del siglo XVII. En aquella época, ambas instituciones eran catalogadas como "universidades menores", ya que contaban solamente con dos facultades: arte y teología. Hasta el establecimiento del Seminario de San Ramón Nonato, en la ciudad de León en Nicaragua, estos centros eran los únicos facultados para otorgar los títulos académicos de bachiller, licenciado y doctor en todo el Reino de Guatemala.[42]

Asimismo, el papel preponderante de la religión y la iglesia en la sociedad colonial se reflejaba en el diseño de las ciudades. La norma en todo centro urbano, ya fuese éste indígena o español, era que la iglesia fuese el edificio central y el más grande. En relación con los demás edificios, su posición era

---

[41] Mercedes Mauléon Isla, *La población de Nicaragua, 1748-1867: de la época final de la colonia hasta las primeras décadas del período independiente* (Managua: Fundación UNO, 2007), 28.

[42] Adriana Álvarez Sánchez, "Los letrados en la sociedad guatemalteca del siglo XVII," *Boletín AFEHC*, N° 51 (Octubre 2011). http://www.afehc-historia-centroamericana.org/index.php?action=-fi_aff&id=3011 (visitado 29.05.2015).

dominante.[43] También era un poder económico que disponía de varias fuentes de ingresos. Las dos más importantes eran el porcentaje del diezmo entregado por la Corona Española y las contribuciones de la población indígena. De los diversos tributos que los indígenas daban a la iglesia, la "ración" y los aportes de las cofradías formaban la parte más grande. La ración estaba conformada por un monto no fijo de "productos y servicios". Según declaraciones de las autoridades indígenas de los principales poblados de El Viejo en Nicaragua, en 1791 se entregó como ración lo siguiente:

> "un fiscal para todo el año. Dos semaneros, dos molenderas, un leñatero, un caballerizo, un sacatero, todos los viernes témporas y vigilias del año, un palmitero, un camaronero. Una ración de pescado, principalmente todas las quaresmas, desde el día de ceniza hasta el fin de la quaresma, también damos un ración de pollos en ese mismo número, todos los casados dan esa ración para el Santo Convento y también damos ollas, comales y piezas...".[44]

En el caso de las "Cofradías", se trataba de gremios religiosos establecidos por la iglesia en los pueblos indígenas. Con el paso del tiempo, éstas se convirtieron en la principal fuente de ingresos para el sacerdote local. Sus tareas consistían en financiar todas las festividades religiosas locales, proporcionar los materiales necesarios para la celebración de la misa y garantizar el mantenimiento de la iglesia y sus pertenencias. El cumplimiento de estas exigencias se proporcionaba recurriendo al patrimonio de las cofradías, el cual era también parte de los bienes de las comunidades indígenas.[45] Para éstas, las "cofradías" eran muy importantes, pues eran una especie de seguro que proporcionaba el perdón total de los pecados y financiaba los servicios funerarios y religiosos.[46] Otra de las funciones de las "cofradías" y de la iglesia era otorgar

---

[43] Charles Gibson, "Indian societies under Spanish rule," en *The Cambridge History of Latin America: Colonial Latin America*, edit. Bethell, Leslie (London: Cambridge University Press, 1984), 2: 397.

[44] Ligia María Peña Torres, "La situación de las Cofradías en Nicaragua entre 1750-1810," *Revista de Historia*, N° 14 (Mayo 2002): 26.

[45] Peña Torres, "La situación de las Cofradías en Nicaragua entre 1750-1810", 25-26.

[46] Gibson, "Indian societies under Spanish rule", p 398.

préstamos⁴⁷, lo cual tornaba a la iglesia también en un poder económico. Además, las "cofradías" moldeaban la vida pública de estas comunidades. Tanto la iglesia local como la cofradía eran los principales organizadores de los festejos públicos, cuyo carácter era netamente religioso.

Un intento por reducir el poder y la influencia de la iglesia se dio con la puesta en práctica de las Reformas Borbónicas, cuyo propósito era incrementar el control sobre las colonias y la capacidad de extraerles recursos naturales y riqueza. El efecto de estas reformas fue fomentar el crecimiento económico, al relajar el control sobre el comercio, generar una administración más eficaz e incrementar la recaudación tributaria. La respuesta por parte de los habitantes de la América española fue el descontento y la rebelión.⁴⁸ A la Iglesia católica, estas políticas le redujeron su poder económico y sus privilegios;⁴⁹ sin embargo, el conflicto entre la Corona española y la Iglesia católica no fue una confrontación ideológica. En esencia, se trató de una disputa en torno al control sobre los recursos financieros y fiscales. Si bien las reformas se inspiraron en las ideas de la Ilustración, no tenían un carácter antirreligioso. Para el poder de la Iglesia, la consecuencia era perder su estatus legal privilegiado. A partir de entonces, las leyes civiles y penales serían aplicadas a los miembros del clero, sin distinción alguna del resto de súbditos de la Corona. En general, el debilitamiento del poder de la Iglesia no fue severo.⁵⁰

---

⁴⁷ María Carmela Velázquez Bonilla, "Los cambios político-administrativos en la diócesis de Nicaragua y Costa Rica: de las Reformas Borbónicas a la Independencia," *Hispana Sacra* 63, N° 128 (julio-diciembre 2011): 580. http://pci204.cindoc.csic.es/index.php/hispaniasacra/article/view/284/284 (visitado 29.05.2015).

⁴⁸ Hans-Joachim König, *Kleine Geschichte Lateinamerikas* (Stuttgart: Reclam, 2009), 103.

⁴⁹ Miles Wortman, *Government and Society in Central America, 1680-1840* (New York: Columbia University Press, 1982), 130.

⁵⁰ Lockhart, James y Schwartz, Stuart B. *Early Latin America: A history of colonial Spanish America and Brazil* (Cambridge, UK: University Press, 1999), 344-355.

La iglesia católica y la independencia de América Central

Por lo tanto, no es sorprendente que después de la independencia el clero continuase ejerciendo funciones que hoy en día son imputadas al Estado. Un ejemplo es el papel de jueces o mediadores que los sacerdotes desempeñaban en los conflictos entre los feligreses de sus parroquias. Un episodio de este tipo es narrado por el comerciante inglés Orlando W. Roberts, quien visitó Nicaragua en la década de 1820. Durante su estancia en las cercanías de Managua, presenció cómo una pareja de indígenas recurría a un sacerdote que lo acompañaba para "presentar una queja por algo que les había hecho un vecino".[51] El sacerdote, después de escuchar las quejas de la pareja, "inmediatamente mandó a llamar al acusado, indagó los hechos y lo amonestó demandando que reparara el daño causado, lo cual el acusado a su vez fielmente prometió hacer".[52] Al final del acontecimiento, escribe Roberts, el sacerdote "estaba muy complacido de ver la deferencia respetuosa con la que ambos partidos habían aceptado su consejo y amonestaciones".[53] Con esto, se constata la inalterabilidad de las facultades que durante el período colonial ejerció la iglesia y cómo conservó su posición de autoridad sobre los acontecimientos de la vida cotidiana de la población. En este sentido, es evidente que la independencia de Centroamérica no fue una ruptura con el orden social y las instituciones establecidas por el colonialismo español.

La activa participación del clero en el proceso de independencia muestra una vez más la falta de diferenciación o de separación entre la política y la religión, y la permanencia de este estado pese a la emancipación de España y el fin del período colonial. Esto

---

[51] En el original: "some grievance which they had suffered from a neighbor". Orlando W. Roberts, *Narrative of Voyages and Excursions on the East Coast and the Interior of Central America* (Edinburgh: Constable, 1827), 230. http://books.google.de/books?id=cVpCAAAAcAAJ&printsec=frontcover&source=gbs_ge_summary_r&cad=0#v=onepage&q&f=false (visitado el 3.10.2012).

[52] En el original: "immediately sent for the accused; and, inquiring into the facts, admonished him to redress the injury, which he faithfully promised". Roberts, *Narrative of Voyages and Excursions on the East Coast and the Interior of Central America*, 230.

[53] En el original: "was much pleased to observe the respectful deference paid to his advice and admonitions, by both parties". Ibid.

también se reflejó en la composición de la Asamblea que declaró la Independencia de Centroamérica en Ciudad de Guatemala, el 15 de septiembre de 1821, pues entre sus miembros, se encontraban: el arzobispo, Fray Ramón Casaus y Torres; el Canónigo, Doctor don José María Castilla; y el Decano, Doctor Don Antonio García Redondo, como representantes de la Iglesia Católica. Otros religiosos que participaron en este acto histórico fueron el prelado de la Orden de los Franciscanos, Fray José Antonio Taboada; el prelado de la Orden de la Recolección, Fray Mariano Pérez; los presbíteros José Matías Delgado y Manuel Antonio Molina; y el Fray Luis Escoto, prelado de la Orden de los Dominicos. De las veintinueve personas presentes en esta reunión, seis eran miembros de la Iglesia Católica. En porcentaje, significa que casi el 21% de los signatarios de la declaración de la independencia eran figuras religiosas que ejecutaban una decisión política. El resto de miembros de esta asamblea eran parte de la burocracia administrativa y militar del régimen colonial y de instituciones civiles, así como de la Universidad de San Carlos y del Colegio de Abogados.[54]

De la misma manera, en las revueltas de 1811 y 1812 en El Salvador y Nicaragua, estuvo involucrado el clero. De acuerdo con el historiador nicaragüense, José Coronel Urtecho, el levantamiento del 5 de noviembre de 1811 en la ciudad de San Salvador fue liderado por un presbítero de apellido Delgado, al igual que algunos miembros de su familia y tres sacerdotes más.[55] A su vez, en la ciudad nicaragüense de León, algunos días más tarde, Fray Benito Miguelena, miembro de la Orden de la Bienaventurada Virgen María de la Misericordia, encabezó una revuelta con el objetivo de remover de su cargo al intendente, Don José Salvador, cuyo lugar lo asumió el obispo García Jerez. Después, el nombramiento del obispo fue legitimado por la máxima autoridad política del Reino de Guatemala, el Capitán General José de Bustamante y Guerra.[56] La destitución de Don José Salvador y la nominación en su cargo del obispo García Jerez, es otro ejemplo de cuán normal y frecuente era en aquellos años la fusión de la iglesia y el Estado y, con ello, de la política y la religión.

[54] Chester Zelaya, Nicaragua en la Independencia (San José, CR: EDUCA, 1971), 89.

[55] José Coronel Urtecho, "Alrededor de la independencia," *Revista Conservadora del Pensamiento Centroamericano* 17, N° 84-87 (Septiembre-Octubre 1967), 9.

[56] Coronel Urtecho, "Alrededor de la independencia", 10.

El lenguaje religioso y la lucha por la Independencia

Otro aspecto interesante del proceso de independencia que refleja, por un lado, la falta de distinción entre religión y política y, por el otro, cómo la religión condicionaba la vida pública en Centroamérica, es el lenguaje religioso utilizado en el enfrentamiento político. Frecuentemente, los adversarios a la independencia formulaban sus ataques a sus contrincantes en términos religiosos. Una muestra del uso de un lenguaje religioso para defender la propia posición política, fue la proclamación del sacerdote y vicario de la ciudad de Granada en Nicaragua, José Antonio Chamorro, a los vasallos de Fernando VII, promulgada en enero de 1812. En dicha proclamación, el vicario argumentaba que el pueblo por haberse rebelado era "un traidor á Dios, á la Religión, al Rey y á la Patria".[57] Estas personas "eran traidores a Dios" porque habían desdeñado "las Divinas Escrituras, que nos manda a obedecer sin réplica a los reyes, nuestros señores".[58] El pueblo era "traidor á la Religión, porque con escándalo y menosprecio, se tragó la excomunión mayor fulminada por el Edicto de la Santa Inquisición, del 23 de octubre del año de 10 contra los insurgentes".[59] Las palabras de Chamorro demuestran cómo un acto político era igualado a un acto religioso.

Muy religiosa era también la manera de referirse a los movimientos independentistas de México y Suramérica. Alejandro Marure, quien fue testigo del proceso de independencia en América Central, cuenta que los rebeldes de las otras colonias españolas eran retratados "como monstruos".[60] Frecuentemente, se usaban las palabras "insurgente" y "hereje" como "sinónimos", con el fin de desacreditarlos. Además, el esfuerzo de conquistar la independencia era considerado un ataque al catolicismo. Se argumentaba que apoyar la independencia era promover

---

[57] José Antonio Chamorro, "Proclama del Cura y Vicario de Granada, Don José Antonio Chamorro, Á LOS VASALLOS FIELES DE FERNANDO VII. ENERO DE 1812," en *Taller de Historia 8. La Independencia. De la Colonia a la República,* edit. Frances Kinloch Tijerino (Managua: IHNCA-UCA 2002), 27.

[58] Ibid.

[59] Ibid.

[60] Alejandro Marure, *Bosquejo Histórico de las Revoluciones de Centroamérica desde 1811 hasta 1834. Tomo I.* (Guatemala: Tipografía de "El Progreso", 1877), 10.

"máximas" adversas "al culto católico".⁶¹ Las intenciones de los independentistas eran denunciadas como un sacrilegio y se les acusaba de querer "convertir en caballerizas los templos, degollar a los sacerdotes, violar a las vírgenes, destinar a los usos más viles los vasos sagrados",⁶² entre otras cosas. Parte de la estrategia de quienes se oponían a la independencia era simular milagros, inventar "castigos del cielo" y promulgar "anatemas" fulminantes. Según Marure, dado que la mayoría de la población era muy religiosa, la intención era instigar la furia popular en contra del movimiento que favorecía la separación de España.⁶³

Desde el punto de vista de Marure, los adversarios de la independencia estaban usando la religión para manipular a la población. Sin embargo, es difícil sostener que los opositores a la independencia y la mayoría de la población no interpretaran los sucesos históricos según su credo religioso. Incluso, si los enemigos de la independencia utilizaban conscientemente la religión para manipular a la gente común, el simple hecho de que fuese posible, consta la relevancia de la religión en América Central y cómo no se distinguía entre ésta y la política. Además, el uso de este lenguaje religioso para deslegitimar al movimiento independentista de las otras colonias españolas y las revueltas en el Reino de Guatemala, deja clara la importancia de la religión para definir lo que era percibido como real. Por esta razón, no se puede descalificar el lenguaje religioso como simple manipulación. Es más, su utilización en la confrontación en torno a la independencia, comprueba que la religión y la política no eran vistas como dos entidades separadas o distintas y por ende que no existía una diferenciación funcional entre ambas.

---

[61] Ibid., 11.
[62] Ibid.
[63] Ibid.

Centroamérica después de la independencia: el cambio sin cambio

Con la Independencia de Centroamérica, no se superó la estratificación social. Si se tiene en cuenta que esta ruptura histórica fue el resultado de la influencia de factores externos, no es extraño que la estratificación social haya continuado. La misma Declaración de Independencia muestra claramente cómo persistía el deseo de impedir la ocurrencia de cualquier cambio que llegara a modificar el orden social establecido por el Imperio Español. El primer artículo de esta declaración consta que el propósito de separarse de España era "prevenir las consecuencias que serían temibles en el caso de que la proclamase de hecho el mismo pueblo".[64] Así, la independencia fue una medida necesaria para salvaguardar el orden social existente y evitar las posibles consecuencias negativas que podría tener para una minoría gobernante que ésta fuese realizada por los estratos bajos, a los que la declaración de independencia llama "el pueblo". La separación de España llevada a cabo por "el pueblo" podría haber conducido a la pérdida de la posición privilegiada de los españoles y criollos, e inclusive al total aniquilamiento del orden social colonial, como había sucedido con la independencia de Haití, donde se dio una transformación radical del país, cuyo resultado fue la liberación del estrato social más bajo, como eran los esclavos africanos, y una distribución menos concentrada de la posesión de la tierra.[65]

Si se quiere ver la independencia de Centroamérica como una emancipación, se ha de recalcar que ésta fue sólo para unos cuantos. La nimiedad de los cambios que trajo consigo es resaltada por la inmovilidad de las autoridades coloniales en sus cargos hasta el primero de marzo del 1822, fecha en que los representantes de

---

[64] "Acta de la independencia," en Antonio Esgueva Gómez, *Las constituciones políticas y sus reformas en la historia de Nicaragua. Tomo I.* (Managua: IHNCA-UCA, 2000), 110.

[65] Franklin Knight, "The Haitian Revolution," *The American Historical Review* 105. N° 1. (2000): 104-105.

todas las provincias se reunieron en la Ciudad de Guatemala para confirmar la Declaración de Independencia como nueva forma de gobierno y redactar una constitución.[66] Un elemento muy importante dentro de este acometido fue mantener el catolicismo como la religión oficial del Estado y salvaguardar las propiedades de la Iglesia y su estatus social. Por ello, el artículo 11 del Acta de Independencia estipuló:

> "Que la Religión Católica, [...], se conserve pura e inalterable manteniendo vivo el espíritu de religiosidad que ha distinguido siempre a Guatemala, respetando a los ministros eclesiásticos seculares y regulares, y protegiéndoles en sus personas y propiedades".[67]

Sin embargo, el artículo más significativo, porque demuestra una vez más la ausencia de diferenciación entre religión y política, era el último, en el cual se exigía la celebración de una "misa de acción de gracias solemne", a la que todas las autoridades civiles y militares de la provincia debían asistir.[68] Así, un acto y un proceso político eran concluidos y celebrados simbólicamente con un evento religioso. La "misa solemne de acción de gracias" resalta cuán natural era la fusión de religión y política.

El único cambio político que trajo la independencia fue el cese de la exclusión política de los criollos y, en menor medida, de los mestizos. José Cecilio del Valle, quien fue un importante intelectual y político durante y después del proceso de independencia, claramente declaró la aspiración de los criollos a ser considerados como iguales a los españoles peninsulares. En un artículo de noviembre de 1821, escribió:

> "Yo también soy hombre, dixo al fin el modesto y sensible americano. Yo también he recibido de la naturaleza los derechos que ha sabido defender el europeo. [...]. Aquende y allende del océano, separados por montañas o divididos por lagos o ríos, todos somos individuos de una misma especie. Iguales y libres por naturaleza. Si el europeo, habitante del antiguo mundo,

---

[66] "Acta de la independencia", 111.
[67] Ibid.
[68] Ibid., 112.

resiste ser administrado por Gobierno establecido en el nuevo [...] si unos y otros han creído imposible ser bien regidos por un Gobierno distante de sus hogares, los Americanos tenemos iguales derechos para dar el mismo grito y publicar la misma opinión".[69]

En estas palabras se ve como la Declaración de Independencia de España le sirvió a los criollos para declararse, en términos políticos y sociales, iguales a los europeos. O por lo menos, tal como ellos lo entendían, este era el acto que establecía esa igualdad. En este sentido, la independencia de Centroamérica fue el proceso político por medio del cual los criollos ricos obtuvieron el poder que la Corona Española les había negado. No se trató de una transformación profunda o un cambio radical del orden social implementado por el régimen colonial. Más bien, se puede entender como una serie de acontecimientos que llevaron a los criollos a convertirse en el rango superior de la jerarquía social de Centroamérica. Y, por ello, la independencia tampoco impulsó la modernización política y social de la región.

En el caso de la población indígena, nada mejoró. Comparados al resto de la población, continuaron siendo vistos como inferiores. Todos los otros estratos fueron catalogados como más "europeos" y "civilizados". La inferioridad de los indios no se sostuvo en base a su raza. Simplemente, se percibía su cultura como inferior. En opinión del estrato superior, integrado en su mayoría por criollos, ellos mismo eran el sector más "civilizado" de la sociedad porque su cultura era parte de la ilustración europea. Los indios, por el contrario, necesitaban todavía ser "civilizados" para que fueran capaces de participar en política y se convirtieran en miembros de la "comunidad política".[70] De esta manera se justificaba la exclusión de la población indígena de la política y se declaraba su inclusión como un proyecto para ser realizado en el futuro, y en dependencia de la pérdida de su cultura y la adopción de la europea.

Tal como había sido la norma antes de la independencia, los criollos continuaron viendo a Centroamérica en términos jerárquicos.

---

[69] José Cecilio del Valle, *Escritos del Licenciado José Cecilio del Valle. Tomo Primero.* (Guatemala: Editorial "José Pineda Ibarra", 1969), 181-182.

[70] Acuña Ortega, "Las concepciones de la comunidad política en Centroamérica en tiempos de la independencia", 267.

Para ellos, América Central se componía de tres grupos. En la parte superior, estaban los propios criollos, seguidos por los artesanos, que en su mayoría era mestizos y mulatos. Durante el período colonial, estos últimos habían ocupado el estrato intermedio entre criollos e indígenas. Al igual que durante la colonia, en la parte inferior de la nueva jerarquía social se encontraban los indígenas.[71] Según Víctor Hugo Acuña, los criollos miraban a los artesanos de dos formas. Por un lado, los consideraban como ciudadanos legítimos e importantes educadores de la "plebe" y, por el otro, como "intermediarios" entre ellos y "el populacho". Sin embargo, los artesanos no eran sus iguales en términos morales y sociales. Sólo eran iguales al estrato dominante ante la ley, pero nada más.[72] Para el estrato superior, es decir para los criollos, los artesanos eran gente moralmente inferior debido a su ignorancia y falta de buenos hábitos. En el periódico El Editor Constitucional, publicado en la Ciudad de Guatemala por un grupo de intelectuales a favor de la independencia, y dirigido por el médico Pedro Molina,[73] este estrato era descrito despectivamente. Se consideraba que los artesanos vivían "en la oscuridad" y "sumergidos" en un estado de ignorancia "vergonzosa". Como consecuencia, los artesanos merecían ser vistos con desdén y eran dignos de rechazo. Según el autor del texto, el artesano era "inmoral", "insubordinado" y padecía de "los vicios más vergonzosos", debido a dos razones, su desobediencia a las buenas costumbres y su falta de educación y cultura.[74]

Este juicio moralizante del estrato superior acerca de los artesanos es también una manifestación de la estratificación social, la cual se legitima con la presunción de que los estratos son diferentes en cuanto a su naturaleza y su carácter moral.[75] En palabras más simples, se puede decir que la jerarquía social se legitimaba de acuerdo con el siguiente razonamiento: los estratos inferiores no son iguales al superior porque no se comportan de la misma manera,

---

[71] Ibid., 263-266.

[72] Ibid., 265.

[73] Michael F. Fry, "Molina, Pedro," en *Encyclopedia of Latin American History and Culture*, 2ª ed. edits. Jay Kinsbruner y Erick D. Langer (Detroit: Gale, 2008), 4: 654-655.

[74] "El Editor Constitucionalista. Lunes, 2 de octubre de 1820," en *Escritos del Doctor Pedro Molina. El Editor Constitucional. Tomo Primero*, Pedro Molina (Guatemala: Editorial del Ministerio de Educación Pública, 1954), 180.

[75] Luhmann, *Die Gesellschaft der Gesellschaft*, 682.

y esta discrepancia es producto de su inferioridad natural y moral. A su vez, el comportamiento del estrato situado en la cúspide de la jerarquía es superior debido a su propia condición natural. Por ello, se afirma que la igualdad es solamente posible ante la ley, pero "que nunca podrán ser iguales en la fuerza física, en los talentos y en las ventajas que uno y otro proporciona".[76]

Esta perspectiva de los criollos respecto de la condición natural de inferiores del resto de la población, comprueba como fundieron "su propia identidad con una concepción jerárquica de toda la sociedad"[77] y cómo al hacerlo delimitaron "los lugares de los otros"[78]. De ahí que para los criollos, Centroamérica estaba integrada por tres grupos desiguales: ellos mismos, los artesanos y los indios. Esta concepción revela cómo el orden social jerárquico y la estratificación social permanecieron inalterados después de la independencia de España; además, permite concluir que no hubo una verdadera ruptura con la estructura social impuesta por el régimen colonial. En síntesis, como lo ha señalado Héctor Pérez-Brignoli, con la independencia:

"La fisonomía de la sociedad colonial había experimentado muy pocas mudanzas. Una mayor participación de los mestizos, el fin de la esclavitud (una forma de trabajo que no tenía de todos modos importancia en la producción), y el libre comercio, fueron quizás las novedades de mayor repercusión. Pero todo esto afectó poco, inicialmente, a los indios de las comunidades y los mestizos pobres de las rancherías, en las cercanías de las haciendas y ciudades. Aun para los señores de la tierra y el ganado, en el agreste interior del istmo, las cosas no eran muy distintas".[79]

---

[76] "El Editor Constitucional. Lunes, 1 de enero de 1821" en *Escritos del Doctor Pedro Molina. Tomo II*, 2a ed. (Guatemala: Editorial "José Pineda Ibarra", 1969), 363.

[77] En el original: "their own identity with a hierarchical conception for the whole society" [...] Luhmann, "Differentiation of Society", 34.

[78] En el original: "the places for others". Ibid.

[79] Pérez-Brignoli, *Breve Historia de Centroamérica*, 66.

El fracaso de la Federación Centroamericana como Nación y Estado

La breve anexión a México y el nacimiento de la Federación Centroamericana

Después de la independencia, el deseo de preservar sin mucha alteración las estructuras de poder heredadas del régimen colonial encontró su expresión más evidente en el intento de anexión de Centroamérica a México y al proyecto monárquico de Agustín Iturbide. Con esta medida, se procuraba salvaguardar el *status quo*. Así, no es de extrañarse que las ciudades a favor de la anexión fueran los antiguos asientos administrativos de las autoridades coloniales, como fue el caso de León en Nicaragua y Cartago en Costa Rica.[80] Sin embargo, tanto la anexión a México, como las ambiciones políticas de Iturbide, no prosperaron. El 1 de julio de 1823, el mismo Congreso que había proclamado la independencia de España, declaró la independencia absoluta de Centro América. Con este acto, se creaba la Federación Centroamericana, también conocida como las Provincias Unidas de América Central.[81] Este episodio de anexión a México demostró también como se entrelazaban la religión y la política. Tal como se había hecho previo a la independencia, ahora los opositores a la anexión eran descalificados con los mismos apelativos religiosos, llamándoles herejes.[82] El mismo proyecto político de Iturbide, tenía un fuerte componente religioso plasmado en el Plan de Iguala y sus tres garantías, las cuales declaraban el catolicismo como la religión oficial del nuevo Estado y aseguraban la posición de la iglesia.

Del mismo modo, muy reveladora fue la actitud adoptada por la iglesia católica en favor de la anexión. El clero llegó, inclusive, a arrogarse el derecho a decidir sobre el asunto. Ello es ilustrado por

---

[80] Pinto Soria, Julio César. "La independencia y la Federación: 1810-1840," en *Historia General de Centroamérica: de la ilustración al liberalismo*, Héctor Pérez-Brignoli, edit. (San José, CR: FLACSO, 1994), 3: 95.

[81] Pérez-Brignoli, *Breve Historia de Centroamérica*, 63.

[82] Pinto Soria, "La independencia y la Federación", 97.

la disputa entre el sacerdote José Antonio Chamorro y el Consejo de la ciudad de Granada. Según el historiador Chester Zelaya, en noviembre de 1821, el padre Chamorro publicó una proclamación en la que analizaba "los peligros y desventajas",[83] en caso de que no se produjera la unificación con México. Posteriormente, este documento fue censurado por el Consejo de la ciudad, ya que era contrario a la posición de los gobernantes de la misma. En su respuesta, Chamorro denunció la censura y argumentó que dada la postura de los obispos de Honduras, de la Ciudad Real de Chiapas y de León de unirse al Plan de Iguala, el Congreso -por celebrarse en la Cuidad de Guatemala- no necesitaba decidir sobre este asunto, pues la decisión ya había sido tomada por los obispos.[84] Con este argumento, la iglesia se arrogaba el derecho a tomar una decisión política, de manera unilateral, con la que no todas las partes en conflicto estaban de acuerdo. Al mismo tiempo, Chamorro y los otros clérigos le otorgaban a la iglesia el poder de decidir sobre el futuro de toda la región, sin la necesidad de consultar al resto de la población. De hecho, la iglesia católica se concedía a sí misma cumplir la función de la política, al pretender imponer su criterio y con ella generar una decisión colectiva vinculante. Desde otro ángulo, se puede decir que la iglesia se estaba apoderando de la función del Estado y, al hacerlo, revelaba cuán fuerte era la no diferenciación entre el Estado y la iglesia.

Esta fusión entre religión y política continuó durante la existencia de la Federación Centroamericana. Por ejemplo, en la introducción de la Constitución Federal, los representantes del "pueblo" se declaraban actuar "en el nombre del Ser Supremo, autor de las sociedades y legislador del Universo".[85] En el artículo 11, el catolicismo se establecía como la religión oficial del Estado de la Federación y se excluía "el ejercicio público de cualquier otra".[86] Tal como muestra el artículo 61, la no distinción entre la religión y el Estado iba más allá. En ella, se le concedía al clero el derecho a ser representante en el Congreso Federal; también, se le permitía,

[83] Zelaya, Chester. Nicaragua en la Independencia, p 112.
[84] Zelaya, Chester. Nicaragua en la Independencia, p 112-114.
[85] "La Constitución Federal," en *Las Constituciones Políticas y sus reformas en la historia de Nicaragua. Tomo I.* edit. Esgueva Gómez, 147.
[86] Ibid., 148.

de acuerdo con el artículo 90,[87] tener miembros en el Senado. Aunque la Federación Centroamericana era el proyecto político de quienes anhelaban superar el colonialismo español, la falta de diferenciación entre el Estado y la iglesia refleja cuán limitada era su aplicación en la práctica. En este sentido, se puede afirmar que el fracaso de la Federación Centroamericana fue también producto de la imposibilidad de aplicar un modelo político -el liberalismo europeo y sus instituciones políticas- en una región que todavía no presentaba las condiciones sociales para garantizar su éxito.

La Federación Centroamericana duró solamente 14 años, de 1824 a 1838. Su historia refleja cuán difícil era convertir a las cinco antiguas provincias del Reino de Guatemala en un Estado soberano. O, visto de otra manera, dejó claro que estas cinco provincias estaban lejos de ser una entidad política unitaria, pues no había ni Estado ni Nación, sino ciudades aisladas con soberanías locales. Desde sus inicios, la Federación tuvo que luchar contra la oposición de sus partes a cederle al Gobierno Federal parte de su soberanía local. Este conflicto político y la divergencia de criterios, no comenzó con la Federación. Desde de la independencia de España y la escueta anexión a México, en las antiguas provincias del Reino de Guatemala surgió una fuerte disputa en torno a los pasos que seguir. En el caso de Nicaragua, León estaba a favor y Granada en contra de unirse a México.[88] León procuraba la anexión para preservar su poder sobre las otras ciudades de la provincia. Granada, por el contrario, no deseaba continuar bajo el gobierno de León. Por lo tanto, sus autoridades se adhirieron a la propuesta de la Cuidad de Guatemala, la cual -en un inicio- consistía en formar una república centroamericana. No obstante, al poco tiempo, Guatemala cambió de criterio, obligada por la amenaza a su posición como centro político que presentaba el creciente deseo de las provincias de gobernarse a sí mismas.[89] La mayor oposición a ser gobernada por Guatemala o México vino de El Salvador. Al final, la disputa sobre si adherirse o no a México terminó con el derrocamiento del proyecto imperial de Iturbide en 1823.[90]

---

[87] Ibid., 158.
[88] R.L. Woodward, Jr, "The aftermath of independence 1821- c. 1870," en *Central America since Independence*, edit. Leslie Bethell (New York: Cambridge University Press, 1991), 5.
[89] Pinto Soria, "La independencia y la Federación", 96.
[90] Pérez-Brignoli, *Breve Historia de Centroamérica*, 63.

Un importante factor que propulsó de la desunión fue la pretensión de las principales ciudades de Centroamérica de auto gobernarse y de luchar para impedir sucumbir a las pretensiones de dominación de cualquier otra ciudad o Estado. Por eso, cada ayuntamiento se proclamó gobernante soberano del territorio de su ciudad. En este contexto y como resultado de la Declaración de la Independencia y del desmoronamiento del Imperio Colonial Español, se enfrentaron varias pretensiones de soberanía, basadas en la idea de que en ausencia de la autoridad del rey, cada ciudad se convertía en su propia autoridad; es decir, se volvía soberana, al transferirse la soberanía del rey a cada poblado. La raíz de esta noción de soberanía era una "antigua tradición democrática de las ciudades y pueblos de España".[91] Así, en opinión de las diferentes ciudades y ayuntamientos del Reino de Guatemala, cada una era un órgano político legítimo con el derecho a auto gobernarse. Sin embargo, esta soberanía recién adquirida, no significaba que el poder o la autoridad política estaban en manos de toda la población. La idea no era que el pueblo fuese ahora el soberano, sino el municipio, es decir, el consejo de la ciudad. Para los diferentes poblados de la América Central, esto significaba que eran independientes de la Ciudad de Guatemala, al igual que cualquier otra ciudad de su respectiva provincia. Como afirma Jordana Dym, la situación de América Central era que todas las ciudades pretendían convertirse en una entidad política independiente.[92] En estas condiciones, establecer un Estado federado era más un ambición que una posibilidad real.

José del Valle, en su crítica a la Constitución Federal, retrató y pronosticó muy bien el futuro político de América Central. Argumentó que la estructura organizativa de la Federación la conducía al fracaso, al hacer del gobierno central un órgano de gobierno débil e incapaz de imponerse frente a los Estados federados. De ahí que la Federación existiría solamente mientras cada Estado miembro lo quisiera. Al final, sólo los Estados permanecerían y la Federación desaparecería. Según del Valle, la falta de esta unión política entre los Estados centroamericanos daría lugar a una "guerra interna". Y si el Estado más fuerte no era capaz de imponerse a los demás, prevalecería un estado de continuas guerras o anarquía.[93]

[91] Coronel Urtecho, "Alrededor de la Independencia", 9.

[92] Jordana Dym, *From Sovereign Villages to National States. City, State, and Federation in Central America, 1759-1839* (Albuquerque: University of New Mexico Press, 2006), XX.

[93] José Cecilio del Valle, *Obras Escogidas* (Caracas: Biblioteca Ayacucho, 1982), 80-81.

El problema central era el choque entre diferentes aspiraciones de soberanía que trataban de imponerse unas a otras, las cuales, al mismo tiempo, revelaban que la unidad necesaria para construir un Estado viable no existía, pues los habitantes de América Central no se consideraban parte de la misma "comunidad política". Lo que había sido el Reino de Guatemala no era considerado como un cuerpo político unido. Por esa razón, pocas eran las probabilidades de que se lograra forjar un Estado Federal unificado.

Tampoco se puede decir que las Provincias Unidas de América Central fueran una nación o que tuvieran las posibilidades de llegar a serlo. Si se entiende, bajo el concepto de nación -según Benedict Anderson- "una comunidad política imaginada"[94] que a la vez está "concebida como una profunda camaradería horizontal",[95] no se puede obviar que la estratificación social y la ausencia de la idea de pertenencia a un mismo cuerpo político soberano (comunidad política) obstaculizaron la consolidación de la Federación Centroamericana como Estado y Nación, pues tanto la idea de la pertenencia a un misma comunidad política, así como la noción de ser parte de una camaradería horizontal implica la presencia de una idea de igualdad aplicada a todos los adultos independientemente de si eran indígenas, mestizos, mulatos o criollos. Esto, debido a la estratificación social, no existía en Centroamérica. El mismo concepto de nación, como era usado en aquella época, no se refería a la existencia de una "comunidad imaginada" o a una "profunda camaradería horizontal". Por ejemplo, José Cecilio del Valle definía el concepto de nación como la unificación permanente de los cinco Estados de la Federación Centroamericana (Guatemala, Honduras, El Salvador, Nicaragua y Costa Rica). Este concepto de nación, únicamente significaba la existencia de un órgano político unido, y no contemplaba la existencia de tipo alguno de homogeneidad social y cultural o el disfrute de los mismos derechos y deberes políticos para toda la población adulta. La conceptualización del término nación de del Valle se encontraba en boga en aquellos años en Iberoamérica y correspondía a la noción europea del siglo XVIII, desarrollada por el filósofo suizo Emer de Vatell.[96] Para de

---

[94] En el original: "an imagined political community". Anderson Benedict, *Imagined Communities: Reflections on the Origin and Spread of Nationalism* (London/New York: Verso, 1991), 6.

[95] En el original: "conceived as a deep, horizontal comradeship". Benedict, *Imagined Communities*, 7.

[96] Fabio Wasserman, "El concepto de nación y las transformaciones del orden político en Iberoamérica, 1750-1850," *Jahrbuch für Geschichte Lateinamerikas*, N° 45 (Colonia: Böhlau Verlag, 2008), 201.

Vatell, una nación y un estado eran lo mismo y se podía definir como "un cuerpo político, o una sociedad de hombres unidos con el propósito de promover su seguridad mutua y las ventajas que les proporcionan sus fuerzas unidas".[97] Esencialmente, la idea de una nación no implicaba que existiera una homogeneidad cultural o igualdad política, como sucede con la noción contemporánea. Otro obstáculo para la creación de una unión estable fue el aislamiento de las provincias entre sí. Tal como argumenta Robert S. Smith, "el terreno montañoso y las formidables barreras físicas que obstruían la comunicación interregional mantuvieron a los principales centros poblacionales aislados".[98] En estas condiciones, la construcción de un sentido de unidad y la aceptación y difusión generalizada de la idea de que todos los habitantes de América Central pertenecían a una misma entidad política era prácticamente imposible.

---

[97] En el original: "bodies politic, or a society of men united together for the purpose of promoting their mutual safety and advantage by their combined strength". Emer de Vatell, *The Law of Nations, applied to the conduct and affairs of Nations and Sovereigns* (Philadelphia: T. & J.W. Johnson, Law Booksellers. 1844), 1. http://books.google.de/books?id=ENULAQAAIAAJ&printsec=-frontcover&dq=inauthor:%22Emer+De+Vattel%22&hl=en&sa=X&ei=tq98T_TTLczFswaAjf2_CQ&ved=0CC8Q6AEwAA#v=onepage&q&f=false

[98] En el original: "the mountainous terrain and the formidable physical barriers to interregional communication kept the principal centers of population isolated". Roberth S Smith, "Financing the Central American Federation, 1821-1838," en *Hispanic American Historical Review* 43, N° 4, (Noviembre 1963), 484.

El concepto de ciudadanía en la Federación Centroamericana

En los artículos de la Constitución Federal, relativos a la ciudadanía, también está presente la presunción de que no todos los habitantes de América Central eran iguales. Aquí se muestra como no se otorgaba a todos los centroamericanos los mismos derechos políticos. De acuerdo con el artículo 14, los hombres que no tenían "medios conocidos para la subsistencia", no eran casados y no "exerzan alguna profesión útil" no eran ciudadanos.[99] En el caso de los indígenas, de facto, estaban simplemente excluidos, pues no tenían propiedades como individuos, sino solamente como comunidad, ya que todas sus posesiones eran comunales. De esta manera, la Constitución Federal negaba la condición de ciudadano a un 50% de toda la población.[100] Igualmente, eran causas de pérdida de todos los derechos ciudadanos, el manifestar una "conducta notoriamente viciada" (artículo 21, párrafo 3), tener "incapacidad física o moral", la cual debía ser determinada por un juez (artículo 21, párrafo 4) y ser un "sirviente doméstico" (artículo 21, párrafo 5).[101] Estos requisitos, combinados con la percepción de los indígenas como no civilizados, y de los mestizos como moralmente inferiores, eran las ideas con las que se justificaba la exclusión política de la mayoría de la población. Como se puede apreciar, las ideas del estrato superior respecto del resto de la población eran en su mayoría negativas. Se les miraba como una "masa inculta" y en general se estimaba que había "una parte consciente y civilizada y una mayoría embrutecida, incapaz por sí misma de tomar iniciativas coherentes".[102] En resumen, el estrato superior definió su relación con el resto de centroamericanos en términos jerárquicos.

---

[99] "La Constitución Federal", 148.

[100] Gould, *To Die in This Way: Nicaraguan Indians and the Myth of Mestizaje*, 16.

[101] "La Constitución Federal", 149.

[102] Sonia Alda Mejías, "El debate entre liberales y conservadores en Centroamérica: distintos medios para un objetivo común, la construcción de ciudadanos: 1821-1900," en *Espacio, Tiempo y Forma, Serie V, Historia contemporánea*, N° 13 (2000), 280.

"Serviles" y "Fiebres": la negación del pluralismo político y sus consecuencias

Otro obstáculo para transformar el antiguo Reino de Guatemala en un Estado viable era la falta de consenso sobre la rapidez o la lentitud con que se debían dar cambios. De esta discrepancia de criterio, habían surgido dos facciones cuya ambición era -respectivamente- imponer su parecer a la otra. Despectivamente, se tildaban entre ambos: "fiebres" y "serviles".[103] Los fiebres favorecían un cambio radical y violento, mientras que los llamados serviles preferían un ritmo más gradual y pacífico para conseguir reformas más profundas.[104] Otro tema de disputa era el pluralismo político y la aceptación de las diferentes facciones como actores políticos legítimos. El enfrentamiento era entre un bando con ideas liberales más modernas y otro defensor de un absolutismo ilustrado. Los proyectos políticos contrincantes eran uno que ambicionaba nuevo Estado construido conforme la idea de la República que prevalecía en la Antigüedad y otro que favorecía adoptar los criterios de la Europa contemporánea. Además, había que definir si debía ser un Estado centralizado o federal. Los llamados "serviles" eran partidarios de un Estado centralizado, mientras los "fiebres" preferían una federación. También suscitó polémica la disyuntiva de efectuar la separación de poderes o erigir un régimen parlamentario centralizado, así como el asunto de cuánto poder debía tener cada Estado y cuánto el gobierno federal. El problema por resolver era si el gobierno federal debía ser débil o si era preferible una distribución equilibrada del poder. Éstos fueron los principales puntos del conflicto político que la Constitución Federal de 1824 no logró resolver.[105]

Como consecuencia, la región vivió años de guerra civil, primero de 1826 a 1829[106] y nuevamente desde 1837 hasta 1840.[107] Victoriosa

---

[103] Alda Mejías, "El debate entre liberales y conservadores en Centroamérica", 276.

[104] Alda Mejías, "El debate entre liberales y conservadores en Centroamérica", 283. Adolfo Bonilla-Bonilla, *Ideas económicas en la Centroamérica ilustrada 1793-1838* (San Salvador: FLACSO, 1999), 236.

[105] Bonilla-Bonilla, *Ideas económicas en la Centroamérica ilustrada 1793-1838*, 236.

[106] Woodward, "The aftermath of independence 1821- c. 1870," 14.

[107] Pinto Soria, "La independencia y la Federación", 129.

de la primera guerra civil, salió la facción política a favor de la implantación de un régimen absolutista. Su líder militar y político más prominente fue Francisco Morazán. El objetivo de este bando era establecer una oligarquía que impondría sus puntos de vista, lo cual era contrario al pluralismo político. Igualmente, se eliminaría todo tipo de libertad en aras de alcanzar lo que la facción en el poder consideraba era el "progreso". De este modo reaparecía el absolutismo en una nueva forma. En su resurgimiento, tuvo un papel importante la filosofía política del bando victorioso, la cual provenía de la ilustración española y carecía de una comprensión moderna de la libertad.[108] El triunfo de esta facción y de sus ideas políticas resultó propicio para que se estableciera un sistema político neo-patrimonial en Centroamérica y en Nicaragua, en los siglos XIX y XX.

Uno de los principales elementos del neo-patrimonialismo es un tipo de liderazgo político personalista, denominado en inglés "Personal Rule". Este concepto se refiere a una forma "altamente personalizada" y "autocrática" de gobernar. Tal forma de liderazgo personalizado implica que las decisiones políticas dependen completamente de la voluntad del líder al frente del Estado. En este sentido, las decisiones son tomadas de manera arbitraria y autoritaria. La política en sí se convierte en un asunto focalizado en la persona y en las relaciones personales. Participar en política significa involucrarse en relaciones personales informales que nunca llegan a ser transparentes. Una consecuencia del carácter personalista de este tipo de liderazgo, es que la persona más importante en esta red de relaciones personales es el jefe político al frente del Estado y que todas las decisiones políticas dependen enteramente de la arbitrariedad de su voluntad,[109] por lo cual son sumamente imprevisibles.

En América Latina, los líderes que han gobernado según estos parámetros han sido llamados "caudillos". Su aparición se da por primera vez con el proceso de independencia, como respuesta al vacío de poder dejado tras el colapso del imperio colonial español. Según John Lynch, "el caudillismo clásico adopto la forma de

---

[108] Bonilla-Bonilla, *Ideas económicas en la Centroamérica ilustrada*, 246.
[109] Hannes Wimmer, *Die Modernisierung politischer Systeme. Staat, Parteien, Öffentlichkeit* (Wien: Böhlau Verlag, 2000), 126-128.

bandas armadas compuestas por patrones y clientes, a quienes sus relaciones personales de dominio y sumisión los mantenía unidos; así como también el deseo compartido de enriquecerse por medio del uso de la fuerza que proporcionan la armada".[110] Además, el poder político de estos caudillos no se basaba en un arreglo institucional: era personal, es decir, atribuido a la persona por su singularidad. La idea central es que su autoridad política no provenía del desempeño de un puesto político o burocrático y no terminaba después de un período preestablecido. Más bien, el hecho que el caudillo gobernara y dirigiera según sus deseos y antojos era visto como su derecho personal[111] que se merece por su carisma o gracias algún otro tipo de logro. Para el surgimiento de los partidos políticos y las instituciones democráticas formales, este tipo de liderazgo es contraproducente. Como lo expresa François Chevalier, aquí no hay "espacio para los partidos políticos porque todo se basa en el poder personal de arriba a abajo en la escalera".[112] En el caso de la Federación de Centroamérica, su jefe político y caudillo más famoso fue el hondureño Francisco Morazán. En el mismo período, en Nicaragua, Cleto Ordóñez fue el caudillo más importante.[113]

Igualmente, el liderazgo político personalista impide la construcción de un Estado moderno,[114] tal como lo muestra la historia de la Federación de Centroamérica. El absolutismo como forma de gobierno fue compatible con el "Personal Rule" (gobierno personal) o caudillismo. De acuerdo con la filosofía política del absolutismo, el Rey o el que gobernaba era "solutus legibus". O dicho de otra forma, no estaba sometido al imperio de la ley, sino que se encontraba por encima de toda normativa jurídica.[115] En la historia de Centroamérica y Nicaragua, muchos gobernantes y líderes políticos han presentado estas características. Un ejemplo

---

[110] En el original: "classical caudillism took the form of armed patron-client bands, held together by personal ties of dominance and submission and by a common desire to obtain wealth by force of arms". John Lynch, "Bolívar and the Caudillos" en *The Hispanic Historical Review* 63, N° 1(Febrero 1983): 4.

[111] John Lynch, *Caudillos in Spanish America 1800-1850* (Oxford: Clarendon Press, 1992), 3.

[112] En el original: "room for political parties because everything rested on personal power from the top to the bottom of the ladder". François Chevalier, "The Roots of Caudillism," en *Caudillos: Dictators in Spanish America*, edit. Hugh M. Hamill (Norman: University of Oklahoma Press, 1992), 40.

[113] Kinloch Tijerino, "Cleto Ordóñez", 63-77.

[114] Wimmer, *Die Modernisierung politischer Systeme*, 128.

[115] Michael Maurer, „Frühe Neuzeit. 16-18. Jahrhundert" en *Aufriß der Historichen Wissenschaften. Band 1. Epochen*, edit. Maurer, Michael (Stuttgart: Reclam, 2005), 281.

fue el primer presidente de la Federación Centroamericana, José de Arce. Según Alejandro Marure, su elección se logró gracias a la exclusión de los votantes partidarios de su oponente político. La participación de éstos en el proceso electoral fue obstruida por cualquier medio que fuese necesario, inclusive, la violencia. Para Marure, este gobierno impuso un "sistema de terrorismo", en el cual se restringió la libertad de prensa; además, se suprimió el derecho de cambiar libremente de domicilio. Al mismo tiempo, se ordenaron castigos severos para aquellos que se negaban a reconocer al gobierno, y se impusieron sanciones severas, como las sentencias a muerte, sin llevar a cabo procesos judiciales.[116]

El hecho de que Francisco Morazán se guiara por este enfoque autoritario, explica el fracaso de las reformas que introdujo durante su presidencia de la Federación Centroamericana en la década de 1830. La resistencia popular a sus políticas surgió en 1835, con revueltas en Guatemala y El Salvador; sin embargo, el gobierno federal de Morazán las reprimió con éxito. Tres fueron las causas de este desencanto con su gobierno: sus políticas económicas de libre comercio, que perjudicaban gravemente a la industria local del tejido; las políticas fiscales, y la imposición al estrato más bajo de una pesada carga de trabajo. También, las medidas en contra de la iglesia católica y la introducción de un nuevo sistema judicial, basado en los códigos de Edward Livingston, provocaron la resistencia al gobierno de Morazán.[117] El intento de aplicar esos códigos prueba lo poco realistas e inadecuadas que eran estas reformas para América Central. En aquel contexto histórico, tales políticas constituían una ambición política irrealizable, pues intentaban imponer la modernidad europea en un entorno social no moderno. Un factor importante que condujo a este fracaso fue el no haber estado dispuesto a comprometerse plenamente con esa modernidad. Ello habría implicado aceptar, defender y promulgar la idea de la libertad en base a la concepción del ser humano como un individuo autónomo. También habría significado considerar a todos los habitantes de América Central como iguales, con los mismos derechos y beneficios. Sin embargo, éste no fue el caso.

---

[116] Alejandro Marure, *Bosquejo Histórico de las Revoluciones de Centroamérica: desde 1811 hasta 1834. Tomo II*. (Guatemala: Tipografía de "El Progreso", 1878), 7-9.
[117] Woodward, "The aftermath of independence 1821- c. 1870," 14-16.

La no aceptación del pluralismo político también fue fatal para el desarrollo del Estado Federal y la democracia. Al no estimar que el pluralismo político fuese un aspecto importante de la política, toda actividad política no sólo era personalizada, sino que igualmente se veía en términos muy antitéticos y de exclusión mutua entre los bandos en pugna. De ahí que la existencia de varios los partidos políticos o facciones fuera vista como la principal causa de la inestabilidad política de América Central. Desde este punto de vista, la presencia de estos partidos políticos o facciones era contraria al interés público. Sólo un partido, que representase el "consenso nacional", debía existir. Así, se rechazaba la existencia de facciones o de diferentes partidos políticos que tuvieran el derecho a participar en el proceso de toma de decisiones, a disentir públicamente, a generar apoyo para su propio posicionamiento político y lograr el cambio de gobierno. Es decir, se trataba de un rechazo a constituir un sistema político democrático en base al enfrentamiento pacífico entre gobierno y oposición. Debido a que las facciones existentes no estaban dispuestas a tolerar la existencia de su rival político,[118] se produjo -en consecuencia- una polarización extrema de la política, que dio paso a recurrentes guerras civiles. Para cada facción, la otra era un enemigo que debía de derrotar por cualquier medio. La facción contrincante era considerada el extremo opuesto, que traería consigo únicamente medidas políticas negativas y perjudiciales que producirían resultados horrendos.

El partido que se creía la fuerza más progresista y el defensor del liberalismo, miraba en su adversario la continuación del sistema colonial con todos sus aspectos deleznables. Por esta razón, les llamaron "serviles", apelativo con el cual se quería resaltar su posición favorable a la corona española durante el proceso de independencia y su oposición a los cambios radicales. Por su parte, los "serviles" eran una facción moderada, partidaria de realizar cambios más graduales en América Central. Ellos se entendían a sí mismos como los verdaderos representantes de la "libertad" y la "democracia". A sus rivales políticos los llamaban "febriles"[119] o "exaltados". Ambos adjetivos se utilizaban para señalar el carácter efusivo de quienes

---

[118]Acuña Ortega, "Las concepciones de la comunidad política en Centroamérica en tiempos de la independencia", 268-69.

[119]Febriles significa que sufren de fiebre.

ambicionaban cambios sociales rápidos y revolucionarios. En la opinión de los "serviles", los "febriles" traían consigo la anarquía, el gobierno despótico, el fanatismo y la ceguera. Para ellos, los "febriles" trataban de poner en práctica reformas radicales que eran ajenas a la realidad de América Central y que iban en contra de la voluntad de la población.[120] En este sentido, el adjetivo "febriles" también podría haber implicado que los que pertenecían a esta facción, eran hasta cierto punto, enfermos y delirantes; es decir, incapaces de percibir la realidad y sólo exteriorizaban medidas políticas sin sentido. En otras palabras, llamar a alguien un "febril" podría haber sugerido que la persona era un poco loca, de pasiones fuertes, y desconectada de la realidad, similar al estado de delirio en el que se encuentra una persona cuya enfermedad le provoca una fiebre intensa. "Servil", por otro lado, tenía una connotación muy negativa. Insinuaba que estas personas adolecían de una sumisión vergonzosa al colonialismo español, que carecían de cualquier honorabilidad y de deseo de defender su derecho a no subordinarse a otro (libertad).

El término "servil" fue creado por José Francisco Barrundia, un destacado político e intelectual en la época de la independencia y durante la breve existencia de la República Unida de América Central. Para Barrundia, los "serviles" eran la facción antitética a los "liberales". Para él, ambos representaban un contraste como "la luz y las tinieblas", siendo los "serviles" las tinieblas y los liberales, la luz.[121] Su descripción de los "serviles" y los "liberales" era una demonización de los primeros y una idealización de los segundos. El retrato de las diferencias ideológicas de ambas facciones es extremadamente sesgado y subjetivo, porque su pretensión no era contrastar las diferentes ideas políticas de cada bando; sino deslegitimar a su adversario, al catalogarlo como un amante de "la esclavitud"[122] cuyo afán por la opresión provenía de haber "nacido entre instituciones tiránicas".[123] Dichas instituciones le habían corrompido el alma de tal manera que éste se identificaba

---

[120] Alda Mejías, "El debate entre liberales y conservadores en Centroamérica", 274 - 283.

[121] "El Editor Constitucional, No 1, del 24 de julio de 1820," en *Escritos del Doctor Pedro Molina: El Editor Constitucional, del número 1 [28 de julio] al número 24 [11 de diciembre de 1820]. Tomo I.* (Guatemala: Editorial del Ministerio de Educación Pública, 1954), 14.

[122] Ibid.

[123] Ibid.

con cosas erróneas. Para Barrundia, el "servil" no era capaz de ver lo correcto; por ende, el "servil" no podía hacer nada bueno. De esta forma, le negaba a la facción rival la capacidad de tomar cualquier decisión importante. Asimismo, justificaba y legitimaba la exclusión política de quienes discrepaban con su propia opinión. Inclusive, iba tan lejos que presentaba al "servil" como alguien imposibilitado de preocuparse por los demás, y cuyo objetivo era sólo su propio beneficio, sin importarle pagar el precio de ser gobernado por un tirano. En sus palabras, los serviles "gozan de la triste ventaja de oprimir a la sombra de un déspota".[124] Al mismo tiempo, consideraba al "servil" como un ser totalmente irracional, aduciendo que su cabeza era "un laberinto de sofismas y absurdos".[125] En esencia, pretendía desacreditar a aquellos políticos que consideraba "serviles" y, al hacerlo, se proponía negarles su derecho a influir la toma de decisiones colectivamente vinculantes.

Si se compara esta descripción del "servil" con las palabras usadas para referirse a los "liberales", se nota un fuerte contraste y el extremo sesgo de su argumento. En la perspectiva de Barrundia, los "liberales" estaban ligados únicamente a atributos positivos, como la justicia, la libertad y la tolerancia. Contrario a los "serviles", los "liberales" luchaban contra la esclavitud y querían "hacer hombres libres". Otras características importantes que señalaba de los "liberales" eran su carácter filantrópico y su interés por dar libertad a todos los hombres.[126] Esta descripción de los "liberales" centroamericanos es muy reveladora por lo poco que dice sobre el liberalismo como una tradición filosófica o como una ideología política. El autor se centra nada más en elaborar una imagen idealizada de los "liberales". A la vez, su yuxtaposición del "servil" y el "liberal" evidencia una comprensión superficial del liberalismo y una argumentación contradictoria. Considerar la tolerancia como algo positivo y deseable, pero referirse al contrincante político como una persona irracional, vinculado a todo lo malo y perverso, visibiliza la propia intolerancia. Por lo tanto, lo que realmente se hace es legitimar y justificar la persistencia de un sistema político

---

[124] Ibid.

[125] Ibid., 15.

[126] "El Editor Constitucionalista, No 3, Martes 2 de Agosto de 1820," en *Escritos del Doctor Pedro Molina: El Editor Constitucional, del número 1 El Editor Constitucional. [28 de julio] al número 24 [11 de diciembre de 1820]*, 31-32.

en el que se rechaza la presencia de intereses múltiples y opuestos. Al mismo tiempo, se niega a las diferentes facciones políticas el derecho a existir, lo cual es una aversión al pluralismo político. Igualmente, la definición extremadamente antagónica de los términos "liberales" y "serviles" revela la simplicidad del esquema binario con el que operaba el sistema político. Este esquema es una llana contraposición del bien y el mal. Por eso, Barrundia escribe sobre el "servil" con una terminología tan negativa y construye una imagen muy idealizada del "liberal". Para él, la lucha entre el "servil" y el "liberal" no fue un conflicto entre dos ideologías políticas diferentes. Se trataba de una guerra entre el bien y el mal. Era una pugna entre aquellos que traerían cosas buenas a América Central y los que impondría maldades, como la esclavitud. Tomando en cuenta el contexto de la guerra civil de las Provincias Unidas de América Central, no sorprende que existiera esta noción de la política que propició el conflicto armado, pues al legitimar y justificar la exclusión del adversario político, contribuyó a convertir la disputa política en un enfrentamiento bélico. En otras palabras, la política entendida como la lucha entre el bien y el mal condujo a que la guerra se convirtiera en el único medio para resolver la pugna entre "serviles" y "febriles".

La paradoja de este rechazo al pluralismo político fue que generó los problemas que pretendía impedir. Para los políticos de América Central, la existencia de diferentes partidos políticos o facciones provocaba caos, inestabilidad y guerra. Esta perspectiva puede verse muy claramente en un texto publicado en abril de 1821 en el Editor Constitucionalista. En éste se hace un análisis fatalista de la situación de Francia después de la Revolución. La situación difícil e inestable que vivió ese país europeo se atribuye a la existencia de múltiples facciones políticas. Según el artículo, fueron estas facciones y la ausencia de un partido representante de los intereses nacionales ("partido nacional"), las que condujeron a un estado de "pasiones desencadenas", a un "edificio social arrancado desde sus fundamentos" y a "la imposibilidad de su reedificación". La consecuencia de lo anterior era la "tiranía" y "la continua mutación del gobierno". Como origen de estos problemas, se identificaban los intereses y las ambiciones individuales. De ahí que si una nación aspiraba a ser libre, tenía que construir un "partido nacional" integrado por "todos los ciudadanos útiles". Aquí se presentan las interrogantes: ¿quiénes son los útiles? y ¿quién determina qué ciudadano es útil o no? En el fondo, esta idea del ciudadano útil era otro criterio para legitimar la inclusión política de unos y justificar la exclusión de otros. Este partido de los ciudadanos útiles debía estar compuesto de una "masa general de propietarios", un "pueblo instruido", en donde no existieran los intereses o las ambiciones personales contrarias al interés público. La razón por la cual no se daría esta contradicción entre el interés público y los integrantes de este partido, según el autor, se debía a que el interés individual era "el interés mismo de la patria".[127] Así, se aspiraba a crear una comunidad política armónica, sin ningún tipo de disputas. Y se quería resolver el problema de cómo manejar las divergencias de criterios, descalificándolas y reprimiéndolas. Sin embargo, esto únicamente las intensificaba a tal extremo que la guerra y la represión violenta se convertían en las únicas posibilidades para resolverlas.

---

[127] "El Editor Constitucionalista, Lunes 23 de Abril de 1821," en *Escritos del Doctor Pedro Molina. El Editor Constitucional. Tomo II* (Guatemala: Editorial del Ministerio de Educación Pública, 1954), 548-549.

La guerra y el fracaso de la Federación Centroamericana

En el caso de Nicaragua, la guerra -durante la época de la Federación Centroamericana- duró diez años, de 1824 a 1834. Sólo se dio un breve período de paz en 1832.[128] Su principal causa fue el vacío de poder producido por el desmoronamiento del Imperio Español. Con ello, la débil y más bien simbólica centralización del poder político desapareció definitivamente y dio lugar a la guerra civil entre las dos principales ciudades de la región de la Costa del Pacífico, León y Granada. La médula del conflicto era que cada ciudad aspiraba a gobernar la otra y todas las demás ciudades de la costa pacífica de Nicaragua. Pero ninguna de ellas estaba dispuesta a tolerar ser gobernada por cualquier otra. Paradójicamente, ninguna ciudad contaba con el poder militar suficiente para ser capaz de imponer su voluntad a las demás. Por lo tanto, se dio una lucha por el poder que no parecía tener fin. Al respecto, Alejandro Marure dice que en el año 1827 en Nicaragua:

> "..., los partidos se estuvieron haciendo una guerra destructora, sin que hubiese una acción general y decidida; y ya los leoneses atacaban á Managua, ya los managuas atacaban á León, y ya salía una expedición de Granada contra la primera villa, ya se preparaba otra en Managua contra los granadinos: por todas partes se veían combates parciales, por todas partes corría la sangre humana, todo era devastación y muerte, sin que pudiese preverse el término de la anarquía tan espantosa".[129]

En cuanto al gobierno, en Granada y León la situación era muy inestable. A finales de ese mismo año, ambas ciudades "tuvieron frecuentes mutaciones de gobernantes: hoy mandaba uno, mañana era depuesto; hoy se creaba una junta gubernativa, á pocos días era disuelta; y todo estaba entregado a la más escandalosa arbitrariedad".[130] Esta situación de guerra permanente y de

---
[128] Hall y Pérez-Brignoli, *Historical Atlas of Central America*, 173.
[129] Marure, *Bosquejo Histórico de las Revoluciones de Centro-América: desde 1811 hasta 1834. Tomo II*, 95.
[130] Ibid., 97.

inestabilidad política encontró su peor expresión en Nicaragua. No obstante, no fue un fenómeno exclusivamente nicaragüense; en toda Centroamérica sucedió lo mismo.[131]

Algunos políticos de la época estaban conscientes del problema que causaba la falta de tolerancia y de aceptación del pluralismo político. Manuel Montúfar y Coronado era uno de ellos. En sus memorias, aceptó que tal actitud causaba "una injusticia partidista". Igualmente, entendía que una diferencia de opinión no legitimaba la exclusión política de nadie. Para él, "desde que hay pretensiones exclusivas, la sociedad se había dividido dos facciones".[132] El resultado de la existencia de estas dos facciones y su hostilidad de una hacia la otra, había sido "una guerra a muerte".[133] Dicho de otra manera, la incapacidad de cada facción de aceptar y tolerar a la otra, llevó a la guerra civil y a la inestabilidad política en Centroamérica.

Para la consolidación de la Federación Centroamericana como un Estado viable, la guerra civil era un impedimento y propiciaba el establecimiento de un sistema político neo-patrimonial. En otras palabras, ayudaba a establecer un sistema político que en conjunto con su entorno producía los factores que obstruían la consolidación de un Estado moderno. Uno de estos factores era la pacificación incompleta del territorio, que no le permitía al Estado ejercer efectivamente su poder como entidad política soberana.[134] La Federación Centroamericana experimentó este problema durante toda su existencia, al igual que el Estado nicaragüense durante los siglos XIX y XX. Al mismo tiempo, esa pacificación incompleta fomentó la aparición de redes de poder alternativas al Estado -encabezadas por caudillos locales- las cuales obstaculizaban que la población local se sometiera al poder del Estado.[135] Bajo estas condiciones, el intento de expandir la influencia y el control estatal dentro de su territorio era experimentado como una amenaza. Tal

---

[131]Mapas de las batallas ocurridas en el período de la Federación Centroamericana se pueden encontrar en Hall y Pérez-Brignoli, *Historical Atlas of Central America*, 172-175.

[132]Manuel Montúfar y Coronado, "Memorias para la historia de la revolución de Centroamérica (Memorias de Jalapa) Recuerdos y Anécdotas" (Guatemala: Ministerio de Educación Pública, 1963 (1832), 2: 341, citado en Víctor Hugo Acuña Ortega, *Las concepciones de la comunidad política en Centroamérica en tiempos de la independencia*, 269.

[133]Montúfar y Coronado, Memorias para la historia de la revolución de Centroamérica (Memorias de Jalapa) Recuerdos y Anécdotas, 341.

[134]Wimmer, *Die Modernisierung politischer Systeme*, 149.

[135]Ibid., 150.

percepción, junto con la inseguridad en la que vivía gran parte de la población, generaron las condiciones propicias para que prosperara el clientelismo político.[136] Dentro de este contexto, el caudillo local se convirtió en la única fuente de protección y de autoridad política de quienes vivían afuera del dominio del Estado. En el caso de Nicaragua, este fenómeno se dio después de la independencia de España. Justin Wolfe lo describe muy bien, cuando señala que:

> "El colapso de la autoridad central que se dio después de la independencia, les otorgó la posibilidad a cienes de pequeñas ciudades y poblados en Nicaragua de disfrutar de un grado mayor de autonomía respecto a las ciudades principales. Al mismo tiempo, esto les permitió a los caudillos locales y a las redes políticas regionales (a menudo basadas en lazos de familia) imaginar que tomarían las riendas del poder estatal, situación que con frecuencia condujo a la guerra.[...]. A donde existían vínculos políticos entre miembros de la élite y el resto de la sociedad, estos tendían a formar largas líneas de relaciones de clientelistas y caudillista".[137]

Esa incapacidad del Estado de asegurarse el monopolio de la violencia dentro de su territorio, también afectó la economía centroamericana, cuya deplorable situación obstruyó el fortalecimiento del Estado, al no proveer los ingresos fiscales necesarios para financiar la burocracia y las fuerzas coercitivas de la Federación. Como consecuencia, el Estado Federal no fue capaz de imponerse como soberano y arrogarse el monopolio legítimo de la violencia dentro de su territorio, pues no contaba con los ingresos requeridos. Este efecto negativo que tuvo la inestabilidad política de Centroamérica en el crecimiento económico durante el período de la Federación, lo ha demostrado Héctor Lindos-Fuentes. Según este autor, un indicador del declive de la actividad económica

---

[136] Wimmer, *Die Modernisierung politischer Systeme*, 153.

[137] En el original: "The collapse of meaningful centralized authority after independence enabled the hundreds of small towns and villages in Nicaragua to enjoy greater autonomy from the main cities. At the same time, it allowed local caudillos and regional (often family-based) political networks to imagine taking the reins of state power, a situation that often led to war. [...]. Where a political relationship existed between members of the elite and the rest of society, it tended to form long lines of caudillo patronage. The correspondence between local caudillos and local autonomy gave these ties a vitality that militated against the extension of centralized state power". Justin Wolfe, *The Every Day Nation-State. Community & Ethnicity in Nineteenth-Century Nicaragua* (Lincoln/London: University of Nebraska Press, 2007), 24.

fueron las exportaciones a Gran Bretaña que en estos años de guerra alcanzaron su punto más bajo.[138] Esta disminución refleja una caída en la productividad generada por la contracción de la economía centroamericana. Así, la guerra redujo la productividad, manifiesta en la baja de las exportaciones, y anuló el crecimiento económico. Lo anterior se ve claramente, si se comparan los niveles de producción de índigo existentes a mediados de los años veinte, con los de la primera mitad de los años treinta. En este segundo período, América Central experimentó un aumento constante de la producción. Pero el pico que alcanzó en el año 1834, ascendió a casi la mitad de lo alcanzado en los años de 1824 a 1826. Tal caída de la producción, en conjunto con la fuerte caída del 50 por ciento de los precios de este colorante, hizo que los ingresos de los productores centroamericanos se redujeran a la cuarta parte de lo que habían sido antes de la guerra civil.[139] En consecuencia, la riqueza de la región disminuyó, al igual que los ingresos fiscales tanto de la Federación como de los Estados miembros. La incapacidad de la Federación de asegurar los fondos necesarios para financiarse, fue un importante factor que contribuyó a su fracaso. En términos financieros, la Federación nunca fue viable. Con la independencia, heredó una deuda de 3.138.451 pesos. Diez años después, en el 1831, su deuda había crecido a 4.748.966 pesos.[140] Tan crítico era el estado financiero de las Provincias Unidas de Centro América, que no se contaba con los fondos suficientes para pagar la burocracia estatal. Guatemala, por ejemplo, en 1836, tuvo que reducir su número de empleados.[141] La falta de recursos financieros le impidió al gobierno federal organizar un ejército lo suficientemente grande y eficiente para garantizar la paz en Centroamérica. En 1829, el Ejército Federal contaba 4.000 hombres; dos años después, se había reducido a 800. Cinco años más tarde, Francisco Morazán lo describió como un ejército integrado sólo por veteranos.[142] El problema del Estado Federal era que estaba atrapado en su propio círculo vicioso. Por un lado, necesitaba recaudar suficientes

---

[138]Héctor Lindo-Fuentes, "Consecuencias Económicas de la independencia en Centroamérica," en *La independencia americana: consecuencias económicas,* edits. Leandro Prados de la Escosura y Samuel Amaral (Madrid: Alianza Editorial), 59-60.

[139]Wortman, *Government and Society in Central America,* 257.

[140]Smith, "Financing the Central American Federation", 486.

[141]Pinto Soria, "La independencia y la Federación", 106.

[142]Ibid., 111.

ingresos para construir el aparato estatal y las fuerzas coercitivas que le permitieran imponerse como soberano y lo convirtieran en la principal autoridad política. Pero, por el otro lado, para obtener estos ingresos fiscales, era indispensable pacificar su territorio. Sin paz, no habría crecimiento económico ni aumento de los tributos. A la vez, la pacificación interna de América Central no se podía lograr sin el poder militar y sin la burocracia estatal a cargo de asegurar la recolección de impuestos. Así, para que hubiera suficientes recursos financieros, se requería la pacificación del territorio a través del monopolio de la violencia. Sin embargo, esto únicamente se lograba con el financiamiento adecuado, que no podía proveerse porque el Estado no tenía la fuerza para generar las condiciones adecuadas.

Otro efecto negativo de las guerras en la formación del Estado Federal fue que muchos de los burócratas con experiencia que trabajaron bajo la Corona española, ya no estaban. Un factor contraproducente para sustituirlos por otros igual de eficientes fue el clientelismo político. Por lo general, los nuevos funcionarios llegaban a su puesto a través de las redes clientelistas de los políticos, quienes con su ayuda habían logrado llegar a su puesto. Por ello, necesitaban recompensar a estos clientes para salvaguardar su posición de poder.[143] Por esta razón, la idoneidad que tenía una persona para realizar eficientemente su trabajo en el Estado era un criterio de menor importancia en el reclutamiento de los nuevos burócratas. De esta manera, el clientelismo político igualmente obstruyó el desarrollo de una burocracia estatal eficiente en la Federación Centroamericana y con ello la viabilidad del Estado. Una idea de cuán próspera fue la expansión del clientelismo político durante este período, se puede obtener al observar el crecimiento de la burocracia estatal. Bajo el sistema colonial español, las autoridades centrales del Reino eran dos: el Capitán General y las Audiencias. En los niveles de cada provincia, estaban el Intendente, el Gobernador, el Alcalde Mayor y el Corregidor. Por último, en el nivel local, sólo había el Cabildo. Con la Federación, en el nivel de la autoridad central, estaban el Presidente, la Asamblea Nacional, el Senado y el Poder Judicial Nacional; en el nivel de cada Estado, se encontraban el Gobernador, el Jefe Político, la

---

[143]Pinto Soria, "La independencia y la Federación", 106.

Asamblea Legislativa, el Consejo Legislativo, el Poder Judicial del Estado y los Jueces Civiles. En el ámbito local, se creó como nueva institución, el municipio.[144] Así, el aparato estatal de la Federación de Centroamérica tuvo doce órganos más, en comparación con la burocracia de la Corona Española. Sin embargo, sus ingresos fiscales fueron menores, ya que con la independencia se liberalizó el comercio y se redujeron los impuestos.[145]

En estas circunstancias, el desmoronamiento de las Provincias Unidas de América Central en cinco Estados independientes era inevitable. Nicaragua fue el primer Estado en abandonar la Federación en 1838. Esta decisión respondió a la aspiración de ser lo más independiente posible de las autoridades federales. Por su parte, el Gobierno Federal nunca fue capaz de contrarrestar esta voluntad disgregante de cada Estado. El principal efecto nocivo de esta pretensión de autonomía fue sobre la distribución de los ingresos fiscales y la formación de un ejército federal. Los Estados miembros nunca estuvieron dispuestos a contribuir con sus ingresos fiscales a fortalecer la Federación. Demasiado grandes eran su desconfianza y temor a un gobierno central fuerte, que actuara en contra de sus intereses. Así, el fin de la Federación se produjo en 1844, cuando el caudillo Rafael Carrera por medio de una revuelta popular llegó al poder en Guatemala, defenestrando al gobierno "liberal" de Mario Gálvez. Con la caída de Gálvez, la Federación perdió el apoyo de su Estado miembro más importante.

---

[144]Wortman, *Government and Society in Central America*, 239.
[145]Lindo-Fuentes, "Consecuencias Económicas de la independencia en Centroamérica", 55.

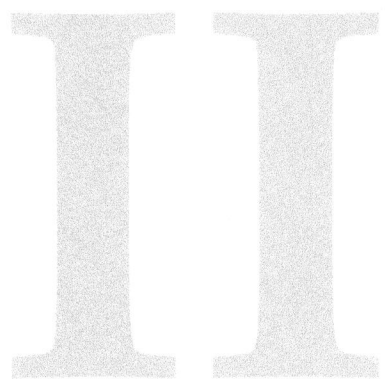

CAPÍTULO II

LA POLÍTICA EN NICARAGUA DURANTE EL SIGLO XIX: DE "LA ANARQUÍA SOCIAL" AL LIBERALISMO SIN LIBERTAD

(1838-1909)

Al salirse de la Federación Centroamericana, los problemas políticos de Nicaragua no se resolvieron. Por el contrario, se heredaron muchas de las dificultades que condujeron al fracaso de dicha Federación. Todavía no existía un Estado capaz de garantizar la paz y la seguridad. La guerra, para definir dónde se ubicaría el centro político del país (la capital) y quién lo controlaría, continuaba. En este contexto, no se puede decir que había un gobierno central o un Estado nicaragüense. La existencia de un Estado habría implicado la presencia de una organización centralizadora del poder político y de la toma de decisiones colectivamente vinculantes. Además, esta institución habría tenido el monopolio legítimo de la violencia dentro de su territorio, todo lo cual no se podía lograr sin un aparato militar y burocrático que garantizara y salvaguardara la permanencia de este monopolio. En el caso de Nicaragua, como anotó el viajero británico George Byam, después visitarla en la década de 1840, "decir que existía algún tipo de gobierno era algo absurdo".[1]

Simplemente, no había una autoridad política centralizada capaz de controlar el país.[2] Tal como afirma Justin Wolfe, el período entre los años posteriores a la independencia de España y el establecimiento de "la república conservadora" en 1858, fue una etapa de formación del Estado nicaragüense y de "anarquía social".[3] Por ello, este período se caracterizó por una marcada inestabilidad política, en la cual los cambios de gobierno se daban a través de la violencia. Entre 1821 y 1857, hubo veinticinco años de conflicto armado y doce de paz. En el mismo lapso, veinticinco "directores supremos" intentaron gobernar el país.[4] Igualmente, la vida y la propiedad no estaban garantizadas; era común enviar a grupos armados:

[1] En el orginal: "to say that there is any government, would be absurd". George Byam, *Wild Life in the Interior of Central America* (London: Parker, 1849), 20.

[2] Una descripción más profunda de la situación política de Nicaragua en este período la ofrecen: Rafael Casanova Fuertes, "Orden o Anarquía: Los intentos de regulación protoestatal en Nicaragua (Década de 1840)," en *Nicaragua en busca de su identidad*, edit. Frances Kinloch Tijerino (Managua: IHNCA-UCA, 1995), 277- 294.

[3] Wolfe, *The Every Day Nation-State*, 26.

[4] Burns, *Patriarch and Folk*, 42.

"a cada casa con el propósito de recolectar, de todos los bandos, de manera forzosa contribuciones en el nombre del gobierno. Esto se hace especialmente con aquellos que habían estado a favor del predecesor. A aquellos que no quieren o no pueden pagar se les da un maltrato espantoso. A menudo se les saca a fuera de sus casas, se les da un balazo enfrente de sus familias y se les saquean sus casas, almacenes o tiendas, llevándose todo lo que no estuviera »muy caliente o pesado« para cargarlo".[5]

---

5 En el original: "to every house for the purpose of gathering forced contributions, in the name of the new Government, from all parties, but very especially from those who are known to be favourable to their predecessors. Those that will not, or cannot pay, are dreadfully illtreated; they are often taken out and shot, before their families; and their houses, stores, or shops, ransacked of everything, not "too hot or heavy" to carry off". Burns, *Patriarch and Folk*, 16.

"Timbucos" y "Calandracas": las ciudades en guerra

Los dos principales bandos en pugna eran los "Timbucos" y los "Calandracas". Los segundos eran más numerosos en la ciudad de León y los primeros tendían a predominar en Granada.[6] En relación con estas dos facciones, es importante mencionar que en la literatura sobre la política nicaragüense, las mismas han sido frecuentemente denominadas liberales y conservadores, respectivamente.[7] Sin embargo, aplicarle esas etiquetas políticas no es históricamente exacto, ya que ambos apelativos comenzaron a usarse más tarde. Asimismo, emplearlos para referirse a estos bandos políticos en conflicto resulta engañoso, ya que no son un verdadero reflejo de sus intenciones y convicciones políticas. Al respecto, E. Bradford Burns señaló correctamente que mientras en otras partes de Centroamérica las denominaciones liberal y conservador realmente significaban posiciones opuestas respecto del poder que debía tener la Iglesia Católica, en Nicaragua este no era el caso.[8]

Los apelativos Timbuco y Calandraca eran los apodos despectivos con que cada facción llamaba a su adversario. Timbuco significaba cerdo gordo y Calandraca, perro esquelético. El uso de estos sobrenombres refleja la profunda enemistad entre los dos grupos y las ciudades bajo su control, que eran completamente independientes entre sí. Cada una podía sustentar a su población sin necesidad de la otra, al tener su propio acceso a los mercados extranjeros.[9] León contaba con el antiguo puerto colonial de El Realejo, ubicado en la costa del Pacífico norte de Nicaragua. Granada, por su parte, tenía acceso al Caribe a través del lago Cocibolca y el río San Juan. Igualmente, cada una tenía su propia fuerza militar, más parecida a un ejército mercenario y no a uno moderno. George Byam, describe las fuerzas armadas de León con estas palabras: "León, siendo la capital de la provincia de Nicaragua y el cuartel general de las tropas, puede tener quince mil

---

6 Cruz, *Nicaraguan's Conservative Republic*, 29. Burns, Patriarch and Folk, 18.

7 Bendel, Petra, *Parteiensysteme in Zentralamerika: Typologien und Erklärungsfaktoren* (Opladen: Leske & Budrich, 1996), 176.

8 Burns, *Patriarch and Folk*, 22.

9 Ibid., 18.

habitantes y alrededor de trecientos solados disolutos; y son este puñado de rufianes, o más bien una parte de ellos, quienes inician las revoluciones".¹⁰ Así que no era de extrañar, que estos ejércitos tuvieran muy mala disciplina y poco respeto por la jerarquía de mando. Según Byam, con frecuencia "un oficial subalterno se hacía del mando de una parte de los soldados con la promesa de realizar saqueos, recibir un aumento de salario y de subir a los sub-oficiales a los puestos de oficiales que pronto estarían vacantes".¹¹

El conflicto entre estas dos ciudades no era solamente por mantener su independencia respecto de la otra. También estaban en juego el control del frágil Estado y de los beneficios asociados a éste. Según E. Bradford Burns, para el estrato superior de Nicaragua, el Estado era aprovechado para satisfacer aspiraciones personales de enriquecimiento. Por esta razón, el control sobre el aparato estatal se usaba para repartir beneficios materiales, como puestos de trabajo y propiedades. Igualmente era instrumentalizado con el fin de adquirir un mejor estatus social y poder político. Si a éstos se adhiere el contexto generalizado de pobreza en el que se encontraba el país, no resulta sorprendente que adquirir el control sobre el Estado -debido a los réditos que podía proveer- fuese una meta dotada de una gran atracción.¹² Este uso de los bienes públicos para el enriquecimiento privado, referido por Burns, es otro elemento de un sistema político neo-patrimonial. En la literatura, a este fenómeno se le llama "Rent-Seeking" (búsqueda de rentas) y se refiere al uso del acceso a los recursos financieros o materiales del Estado proporcionado por el desempeño de un puesto público para enriquecerse.¹³ Es decir, que quien ocupa un cargo en el Estado, lo usa para generase un renta económica. En esencia, las débiles instituciones estatales son instrumentalizadas con el fin de generar un beneficio económico personal de manera no productiva.

---

¹⁰ En el original: "Leon, being the capital of the province of Nicaragua and head-quarters for the troops, may contain fifty thousand inhabitants and about three hundred dissolute soldiers; and it is by this mere handful of ruffians, or rather by a portion of them, that revolutions are effected." Byam, *Wild Life in the Interior of Central America*, 16.

¹¹ En el original: "a subaltern officer gains over a portion of the men, with promises of plunder, increased pay, and promotion for the non-commissioned officers to the commissions soon to be vacant". Ibid.

¹² Burns, *Patriarch and Folk*, 34.

¹³ Gero Erdmann y Ulf Engel, "Neopatrimonialism Revisited- Beyond a Catch-All Concept". *GIGA Working Papers*, No 16 (Febrero 2006): 27. Wimmer, *Die Modernisierung politischer Systeme*, 157.

La aparición de este fenómeno en la década de 1840, también se vio favorecida por las condiciones de pobreza en las que vivía el estrato alto de Nicaragua. En estas circunstancias, era natural que se diera una lucha feroz para el control de los bienes estatales. George Byam describió la deplorable situación económica del estrato alto nicaragüense, así:

> "es verdad que muchos miembros de la clase alta poseen grandes manadas de ganado, pero aun así son muy pobres. En pocas ocasiones pueden disponer de estos animales y cuando pueden, se trata únicamente de unos cuantos que son usados para hacer trueque. Un buen buey, únicamente vale de cuatro a seis dolares, y hasta para obtener ese dinero, en cantidades mayores de dos o tres; la manada tiene que ser llevada unos cuantos cienes de millas al mercado de San Miguel, lo cual ocurre una vez al año".[14]

En consecuencia, llegó a la conclusión que:

> "los habitantes de las ciudades de León y el Realejo, dado que no tienen una venta asegurada de su ganado y del índigo, son -en general- muy pobres. Si se toma en cuenta la cantidad de dinero que poseen, ni siquiera pueden obtener, lo que en Europa sería considerado, no las comodidades de la vida sino lo necesario".[15]

El conflicto armado más importante que se dio en estos años entre las dos ciudades por el control del Estado, se llevó a cabo en 1844. Dicho episodio muestra dos características importantes de la política nicaragüense. Primero, que el conflicto político era visto en términos dicotómicos, como un enfrentamiento entre buenos y malos. En segundo lugar, que un componente central de la disputa era obtener el poder político, es decir el control sobre el Estado. La guerra de 1844 fue provocada por la decisión del alcalde de Managua de trasladar la ciudad, de la jurisdicción territorial de Granada a la de León. Su decisión la justificó alegando

---

[14] En el original: "it is true that many of the upper classes posses large herds of cattle, but still they are very poor, as they can seldom dispose of but a very few, and that by a sort of barter. A good bullock is only worth from four to six dollars, and even to obtain that, in any number above two or three, the herds must be driven some hundreds of miles to the fair of St. Miguel, which occurs once a year". Byam, *Wild Life in the Interior of Central America*, 13.

[15] En el original: "the inhabitants of the towns about Leon and Realejo, having no sure sale for their herds and indigo, are generally very poor, as regards the possession of money, or even as to being able to obtain what in Europe would be considered, not the comforts, but the necessities of life". Ibid., 14.

que los managuas no querían pagar impuestos a Granada, pues con ello, sólo enriquecían a la nobleza granadina. El 29 de enero de 1844, el gobierno decidió aceptar la petición y cambiar las jurisdicciones territoriales internas. Para el estrato alto de Granada, era una amenaza directa a sus intereses políticos y económicos. En términos políticos, se modificaba la distribución de escaños en el poder legislativo a favor de León. En lo económico, se encontraba amenazado el acceso de los granadinos a sus fincas ganaderas en el norte de Nicaragua, ya que esta modificación entregaba a León el control sobre el paso que los granadinos utilizaban para llegar a sus propiedades.

En respuesta, Granada cuestionó la autoridad tanto del Gobierno, como de sus oficiales. Al mismo tiempo, proclamó estar mejor "sola y aislada". El Gobierno o más precisamente el Comandante y General del Ejército, interpretó esto como un acto de traición a la patria y declaró al pueblo de Granada enemigo del Estado. En consecuencia, se inició una nueva guerra civil de la que salieron victoriosos los granadinos. Con la ayuda del caudillo militar salvadoreño, Francisco Malespín, los gobernantes de Granada con un ejército de mil hombres, de los cuales 400 eran indios de Matagalpa, atacaron León y la redujeron a cenizas.[16]

La derrota de León produjo el retorno del gobierno central a Granada. Aquí, bajo la dirección de José Sandoval, quien era un terrateniente granadino, se estableció un nuevo gobierno, cuyo principal objetivo era modernizar el Estado nicaragüense. Así, durante esta administración, se creó el Ministerio de la Guerra, el Departamento del Tesoro y el Departamento de Relaciones Exteriores. Además, se introdujo una reforma fiscal para aumentar los ingresos tributarios y en 1845 se llevó a cabo un censo de la población; asimismo, bajo este gobierno se fundó una academia militar. Sin embargo, la medida más significativa, al menos en términos simbólicos y políticos, para ponerle fin a la lucha entre Granada y León por arrogarse este estatus fue el nombramiento de Managua como la capital de Nicaragua.[17] El gobierno de

---

[16] Kinloch Tijerino, *Nicaragua: Identidad y cultura política*, 78-88. Frances Kinloch Tijerino, "El primer encuentro con los filibusteros: Antecedentes y contexto," en *A 150 años de la Guerra Nacional. Revista de Historia*, N° 20-21 (Primer y Segundo Semestre 2006), 29.

[17] Pérez-Baltodano, *Entre el Estado Conquistador y el Estado Nación*, 165.

Sandoval, también fue exitoso en sofocar las sublevaciones de los estratos bajos, quienes por su condición de excluidos sólo podían influenciar la política del país por medio de la protesta violenta. Así, en 1845 y en 1847 la población indígena de Matagalpa, que en aquella época y durante todo el período colonial había vivido en gran medida aislada del resto de Nicaragua, se sublevó en respuesta a la creciente penetración del gobierno central en su territorio. Igualmente, en el mismo período, hubo manifestaciones de descontento en Managua y Masaya, en donde se atacaron las cárceles para liberar a los prisioneros. Esta ira popular era una reacción a la creciente influencia e invasión del Estado en la vida cotidiana de la población de las zonas rurales.[18]

---

[18] Wolfe, *The Every Day Nation-State*, 26-27.

William Walker en Nicaragua: 1855-1858

Sin embargo, este crecimiento del aparato estatal no puso fin a la confrontación bélica. Fue sólo después de la traumática guerra en contra de William Walker y su ejército filibustero, que los gobernantes de Granada y León lograron unirse y poner a un lado sus diferencias. Así, se dio un período de más de 30 años de estabilidad política, conocidos en la historia de Nicaragua como "la república conservadora" o "los 30 años de gobierno conservador". El involucramiento de William Walker en la política nicaragüense comenzó en 1855, cuando la facción de León lo contrató para derrotar a sus enemigos de Granada, una tarea que Walker logró cumplir exitosamente en cinco meses. En Granada, se firmó un tratado de paz con el jefe militar de la facción "Legitimista",[19] tal como se denominaban a sí mismos "los Timbucos".[20]

Al día siguiente, se celebró una misa solemne en la iglesia más importante de Granada. En esta ocasión, el sacerdote Agustín Vijil elogió a William Walker y auguró que éste traería finalmente la paz y la seguridad al país. También se refirió a Walker como el líder que guiaría a Nicaragua a alcanzar finalmente "relaciones valiosas con el mundo civilizado".[21] De la misma manera, sostuvo que Walker ayudaría a que Nicaragua tuviera la grandeza que estaba destinada a tener, gracias a su posición geográfica. De ahí que el elemento clave para llegar a esta grandeza sería la construcción de un canal interoceánico que conectara al Mar Caribe con el Océano Pacífico. El sermón del Padre Vijil reflejaba la visión idealizada que se tenía de William Walker. Además, sus palabras muestran nuevamente la no diferenciación entre religión y política. O expresado de manera más llana, su sermón evidencia cómo la política continuó siendo entendida y descrita

---

[19] Kinloch Tijerino, "El primer encuentro con los filibusteros," 23.

[20] Los "Calandracas", a su vez se llamaban a sí mismos "Demócratas"; no obstante, tal como señaló el periodista nicaragüense y testigo de la época, Carlos Selva, ambos apelativos revelaban poco sobre su ideología y principios políticos. Ver: Selva, Carlos. "El modo de ser político en Nicaragua. La Gaceta, 1874," reeditado en *Revista Conservadora del Pensamiento Centroamericano* 16, N° 80, (Mayo 1967), 14-22.

[21] Vijil, Agustín, "Sermón pronunciado en Granada el 14 de octubre de 1855" en Antonio Esgueva, *Taller de Historia N° 10: Nicaragua en los Documentos, 1523-1857* (Managua: IHNCA, 2006), 114.

con una terminología religiosa. Según el padre Vijil, Walker había sido enviado por la Santa Providencia "para curar heridas y reconciliar la familia nicaragüense".[22] De igual modo, declaró que Walker venía de una república que era "bendecida de Dios" y que había tenido la suerte de ser organizada "por ciudadanos de corazón, patriotas modestos tales como Washington y Franklin",[23] de los cuales, el primero todavía "brilla en lo alto de la nación americana como protector de los suyos".[24] En otras palabras, Benjamín Franklin era un santo en el cielo que protegía a la gente en la tierra. Para las ambiciones de expansionismo de los Estados Unidos, promulgadas en el Destino Manifiesto, esta sacralización resultaba muy favorable, al proporcionar un argumento religioso para justificar y propiciar la tolerancia a esta injerencia en la política nicaragüense. Además, se presentaba una imagen sumamente positiva de los filibusteros y de lo que harían en Nicaragua, llegando al extremo de adjudicarles el rol de redentores y protectores del pueblo nicaragüense.

No obstante, en contra de las expectativas de quienes habían traído a William Walker a Nicaragua, los objetivos de éste no eran los que ellos anhelaban. Walker consideraba que él y sus hombres eran "la vanguardia de la civilización americana",[25] y su primer objetivo era convertir a Nicaragua en un país como los Estados Unidos. En concreto, esto significaba ejecutar dos medidas: traer colonos estadounidenses y poner en práctica nuevas instituciones,[26] una de las cuales sería legalizar la esclavitud. Por eso, el 22 de septiembre de 1856, después de haber logrado convertirse en el presidente de Nicaragua, se reinstituyó la esclavitud por medio de la supresión de "todas las actas y decretos" hechos por la Asamblea Constituyente Federal y el Congreso Federal.[27] Como resultado final esperaba haber logrado imponer la dominación de la raza blanca y declarar el inglés como el idioma oficial en Nicaragua.[28]

---

[22] Ibid.

[23] Ibid.

[24] Ibid.

[25] En el original: "the advance guard of American civilization". William Walker, "Speech of Gen. Walker", El Nicaragüense, 7 June 1856, citado en Gobat, *Confronting the American Dream*, 26.

[26] Ibid., 27.

[27] William Walker, "El Nicaragüense, Nr 47, September 27, 1856" en Esgueva, *Taller de Historia*, 142.

[28] Ibid., 140.

Este proyecto político no era la primera vez que Walker trataba de instituirlo en un país al sur de los Estados Unidos. Más bien, era únicamente otro intento de apoderarse de un país latinoamericano o de parte de su territorio para establecer un estado independiente en donde legalizar la esclavitud. Ya en 1853, Walker había procurado conquistar el estado mexicano de Baja California y Sonora. El 16 de octubre, había navegado con 45 hombres a Baja California y tomado control de la capital del estado, sin enfrentarse a mucha resistencia. Una vez en el poder, Walker se declaró presidente de la nueva "República de Baja California", y adoptó las leyes del estado de Luisiana.[29] De esta manera, como lo haría más tarde en Nicaragua, legalizó la esclavitud. Sin embargo, toda esta operación terminó tan rápido como había comenzado. Cuando Walker y sus hombres trataron de invadir Sonora, fracasaron. Tres días después de su ataque a Sonora, se vieron forzados a regresar a Baja California, debido a la alta tasa de deserción que sufrían sus tropas. Durante su repliegue, fueron atacados por Antonio Meléndez y su ejército, que los obligó a retornar derrotados a los EE.UU. en mayo de 1854.[30]

En Nicaragua, el proyecto colonizador de William Walker era una amenaza directa al orden social imperante y al poder del estrato alto de toda Centroamérica; algunas de estas reformas significaban despojar a este estrato de su riqueza. Como presidente de Nicaragua, Walker publicó decretos que exigían el registro catastral de todas propiedades. Para muchos terratenientes nicaragüenses, esto era un gran problema, puesto que no tenían ningún título de propiedad; otros, no podían cumplir con el plazo de inscripción; y para la mayoría, el registro legal era algo desconocido.[31] Otro ataque directo a la dominación política de la capa alta eran las reformas electorales que los filibusteros introdujeron. Walker modificó los requisitos para ser ciudadano y estableció el sufragio universal. Con ello, eliminó la exclusión de participar en las elecciones a la que estaba sometida la mayoría de la población, al no cumplir con los requisitos de ingresos y riqueza.[32] Además, dispuso que

---

[29] Delia González de Reufels, *Siedler und Filibuster in Sonora: Eine mexikanische Region im Interesse ausländischer Abenteuer und Mächte, 1821-1860* (Köln: Böhlau Verlag, 2005), 166-168.

[30] Ibid., 177-178.

[31] Burns, *Patriarch and Folk*, 207.

[32] Gobat, *Confronting the American Dream*, 35.

las elecciones serían decididas directamente por los votantes.[33] Ante estas circunstancias, los gobernantes de Granada y León pusieron de lado sus diferencias y se unieron para luchar en contra de quien ahora se había convertido en un invasor extranjero. Sin embargo, fue gracias a la intervención militar de los otros países centroamericanos y especialmente de Costa Rica, que el 1 de mayo de 1857 el ejército de Walker fue derrotado.[34]

La repercusión más importante de la guerra contra William Walker fue el fin del conflicto entre Granada y León por constituirse en el centro de dominación política del país. A partir de entonces, el estrato alto de ambas ciudades dejó de defender su soberanía local y comenzó a entenderse como parte de una comunidad política más grande, llamada Nicaragua. Así, sostiene acertadamente Arturo Cruz, "la guerra que comenzó con gritos de «¡Viva Granada!» y «¡Viva Léon» terminó con gritos de «¡Viva Nicaragua!»".[35] Este fue el nacimiento de la idea de Nicaragua como nación, o más exactamente, como algo a lo que pertenecían las facciones políticas de ambas ciudades. Sin embargo, esto no cambió significativamente la estructura social y política. Al igual que durante el colonialismo español y la Federación de Centroamérica, la estratificación social prevaleció como la forma de diferenciación social.

---

[33] Ibid.

[34] Ibid., 37-40.

[35] En el original: "the war which began with cries of «Viva Granada!» and «Viva Léon», had ended with cries of «Viva Nicaragua!»". Cruz, *Nicaraguan's Conservative Republic*, 48.

"La República Conservadora": 1858-1893

La política y el poder político seguían siendo controlados por la clase alta o, para ser más precisos, por los hombres "notables" de Granada y León. Ello lo aseguraba la Constitución de 1858 que, en esencia, no difería mucho de la constitución de la Federación Centroamericana. Igual que las Constituciones anteriores, proclamó el catolicismo como la religión oficial del Estado y garantizó su protección.[36] Su definición de ciudadanía aseguraba la exclusión de la mayoría de los nicaragüenses de participar en los asuntos políticos del país. Así, el artículo 8 estipulaba que los ciudadanos eran aquellos con al menos 21 años de edad y que cumplieran con los siguientes requisitos: 1) tener "algún grado científico" o ser cabeza de familia, 2) poseer una propiedad con un valor no menor de 100 pesos, o una industria o profesión con la que se ganara esa cantidad en el transcurso de un año, y 3) ser de buena conducta.[37]

La política era un asunto restringido a los notables, es decir, a los hombres que pertenecían al estrato alto. Pero no era suficiente pertenecer a este estrato. Igual de importante era ser un jefe de familia o patriarca. En la Nicaragua de mediados del siglo XIX, la familia y su carácter patriarcal eran considerados la base de la sociedad. Por supuesto, esto tenía repercusiones importantes en el sistema político. Como lo ha dicho E. Bradford Burns, el ejercicio del poder se caracterizaba por ser personalista y patriarcal, lo cual significaba que se mezclaba indiscriminadamente aquello que tenía que ver con la familia y la nación.[38] Una consecuencia de esta falta de distinción entre lo privado (la familia) y lo público (los asuntos nacionales) era el alto grado de personalismo de la política y de las disputas políticas. Ello no permitía el surgimiento de confrontaciones ideológicas. La descripción del viajero Carl Scherzer de la disputa entre "Democráticos" y "Legitimistas" lo muestra. Dice Scherzer:

---

[36] "Constitución Política de la República de Nicaragua, 19 de agosto de 1858," en Esgueva Gómez, *Las constituciones políticas y sus reformas en la historia de Nicaragua. Tomo I*, 331.

[37] Ibid., 332.

[38] Burns, *Patriarch and Folk*, 18.

"El partido de León, de hecho, se llama a sí mismo, Ejército democrático y justifica su proceder con fingidas violaciones a los derechos populares por parte de sus rivales, quienes profesan principios más conservadores. Pero ni uno tiene un verdadero afán por la libertad, ni el otro lo tiene por la ley y el orden; y sus objetivos son iguales de egoístas. Así como sería de esperar, el conflicto no ha tenido las características de un movimiento nacional; sino más bien las de un pleito mezquino de familia, [...]. Pocos de ellos tienen una verdadera noción de lo que es la libertad o el patriotismo, pero nadie desea tener a otra persona a la cabeza del Estado que no sea alguien con el que no estén relacionado."[39]

Esta falta de diferenciación entre la política y la familia continuó durante todo el siglo XIX y muestra la persistencia de elementos pre-modernos en la política nicaragüense. Al contrario de como ha sucedido en Nicaragua, en un sistema político moderno "los lazos y compromisos con los parientes pierden su supremacía y son descritos, hoy en día, como »corrupción«".[40] Esto significa que existe una diferenciación entre la esfera privada y la pública, lo que implica una estricta separación de la política y la familia. Un buen ejemplo de cómo se fusionaba la familia y la política, es la disputa ocurrida entre el periodista Carlos Selva y don Juan B. Sacasa en febrero de 1875. He aquí una caracterización del funcionamiento del sistema político nicaragüense, basada en hechos históricos, que se convirtió en un ataque contra el honor de la familia del señor Sacasa:

Todo empezó con la publicación de un artículo de Selva en 1874, con el título "La manera de ser político en Nicaragua".[41] En dicho texto, se analizan las causas de la violencia y la inestabilidad

---

[39] En el original: "The Leon party, indeed, calls itself the Ejército democrático, and justifies its proceedings by the pretended violation of popular rights on the part of its rivals, who profess more conservative principles: but the one has no more real zeal for liberty, than the other has for law and order, and the objects of both are alike selfish; and, as might be expected, the struggle has less the character of a national movement than of a petty family quarrel, [...]. Few of them have any notion of true freedom or patriotism; but nobody likes to have any other than one of his own relations for the head of the state, [...]." Scherzer, Carl. *Travels in the Free States of Central America: Nicaragua, Honduras, and San Salvador*, (London: Longma, Brown, Green, Longmans & Roberts, 1857), 1: 114.

[40] En el original: „die Bindungen und Verpflichtungen gegenüber Verwandten verlieren ihren Vorrang (und werden heute als »Korruption« beschrieben)." Luhmann, *Die Politik der Gesellsachft*, 189.

[41] Selva, "El modo de ser político en Nicaragua", 14-41.

política de Nicaragua a partir de la independencia. Para lograr este propósito, el autor hace un breve recuento de lo que, en su opinión, eran los acontecimientos históricos más ilustrativos. De acuerdo con Selva, el artículo era únicamente un conjunto de "consideraciones sobre nuestro modo de ser político, sobre los móviles y las tendencias de nuestros partidos, según las diversas evoluciones que he visto en un corto período de tiempo y los informes que se me han dado respecto a épocas más lejanas".[42] Sin embargo, el artículo no fue visto por otros como simples consideraciones. Para Juan B. Sacasa, el escrito era una falsificación de la historia y una declaración errónea de las acciones de su padre (Crisanto Sacasa). Ello se lo reclamó en una carta a Selva. Asimismo, Sacasa publicó una refutación a esa narración histórica. En su respuesta al texto, Selva señaló la incapacidad de ambos de dar un recuento objetivo de los hechos en cuestión, dado que ambos eran parientes de los personajes históricos. Crisanto Sacasa fue el padre de Juan B. Sacasa y tío abuelo de Selva.[43] Este incidente no sólo consta cómo se entrelazaba la política con la familia, sino que también ejemplifica la estratificación social imperante en Nicaragua, al presentar la endogamia practicada por el estrato alto, como lo dejan claro los vínculos de parentesco de estos dos sujetos.

Hablar aquí de la existencia de partidos políticos, como los define en la actualidad la ciencia política, no es correcto, pues los partidos políticos modernos son, en primer lugar, un producto de la evolución social. En otras palabras, son el resultado de la transformación del sistema político, ocurrida con el paso de la estratificación social a la diferenciación funcional. Esto significa que los partidos políticos surgen bajo ciertas condiciones sociales y son una respuesta del sistema político ante su propia necesidad de poder lidiar, dentro de este nuevo entorno social, con el incremento en su complejidad interna, producida por la demanda de ser más incluyente. De manera concreta, se puede describir esto a como lo han hecho, Joseph LaPalombara y Jeffrey Anderson, al señalar que los partidos políticos aparecen "siempre que la actividad de un sistema político alcanza cierto grado de complejidad o cuando la noción del poder político implica la idea que las masas tienen que

---

[42] Ibid., 22.

[43] Un recuento de los ancestros de Carlos Selva se encuentra en Cerutti, Franco, et al. "El Asunto Guzmán-Selva," en *Anuario de Estudios Centroamericanos*, N° 2. (1976), 141-230.

ser incluidas o controladas."[44] Cumplir esta tarea de inclusión de una gran parte de la población en el sistema político, exige de los partido políticos ser una organización, pues sólo así puede obtener y mantener el apoyo político de la población en general.

Esta no era la situación de Nicaragua en el siglo diecinueve. Aquí la población adulta en general no estaba incluida en el sistema político. La mayoría de los nicaragüenses no tenía el estatus de ciudadano y no podía participar en los procesos electorales. Las mujeres eran excluidas independientemente del estrato social al que pertenecían, ellas tenían pocos derechos y estaban subordinadas a los hombres. De acuerdo con las leyes vigentes, las mujeres sólo podían ser reconocidas por el sistema judicial a través de sus maridos. Si una mujer debía comparecer ante un tribunal, no se le permitía hablar; era su marido quien debía hablar en nombre suyo.[45] Las leyes de la época, inclusive, otorgaban al hombre el derecho a matarla, si lograba comprobar que ésta había cometido adulterio. Sin embargo, la misma medida no se aplicaba a los hombres,[46] quienes, con frecuencia, eran infieles a sus esposas. Otra práctica común era que los patriarcas ricos disponían libremente de todas las mujeres al servicio de su familia y que vivían en su propiedad, para satisfacer sus apetitos sexuales.[47] Al mismo tiempo, a las mujeres casadas no se les permitía firmar un contrato sin contar con el permiso de su marido.[48] Se puede decir que desde de la época colonial la situación de las mujeres en Nicaragua no había cambiado mucho. Al igual que en el pasado, se continuaba arreglando los matrimonios entre los integrantes del estrato alto. De las mujeres se esperaba que fuesen vírgenes y fieles a sus maridos hasta la muerte. Toda su vida estaba vinculada al hogar y no se les permitía comparecer en público. La obligación principal en la vida de una mujer era ser una buena católica, esposa fiel y madre amorosa.[49]

---

[44] En el original: "whenever the activities of a political system reach a certain degree of complexity, or whenever the notion of political power comes to include the idea that the mass public must participate or be controlled." J. LaPalombara y Weiner M. "The Origin and Development of Political Parties," en *Political Parties and Political Development* edits. J. LaPalombara y M. Weiner (Princeton: Princenton Univ. Press., 1966), 3.

[45] Dore, Elizabeth, "Property, Households and Public Regulation of Domestic Life: Diriomo, Nicaragua 1840-1900," *Journal of Latin American Studies* 29, N° 23 (Octubre 1997), 598.

[46] Ibid., 602.

[47] Burns, Patriarch and Folk, 73.

[48] Dore, "Property, Households and Public Regulation of Domestic Life", 604.

[49] Burns, Patriarch and Folk, 74.

Aparte de ser un patriarca y de tener cierto monto de riqueza, otro criterio que regulaba la inclusión en la política era el "linaje familiar".[50] Uno de estos linajes era el de la familia Chamorro de Granada. El primer presidente de la Nicaragua independiente, Fruto Chamorro, perteneció a esta familia.[51] En 1875, su medio hermano, Pedro Joaquín Chamorro, también llegó a la presidencia. Según el historiador Aldo Díaz, este último utilizó este cargo para enriquecerse, en lo cual le ayudó su amigo Joaquín Zavala. Díaz sostiene que Pedro Joaquín Chamorro y Zavala se enriquecieron a costa del Estado de Nicaragua, al comprar bonos del Tesoro a precios de mercado, cuyo monto era inferior a su valor nominal.[52] Los Zavala eran también una familia importante de Granada que, gracias a su alianza con los Chamorro, habían adquirido influencia política. Por esta razón no sorprende que, en 1879, al concluir la presidencia de Pedro Joaquín Chamorro, su íntimo amigo, Joaquín Zavala, le sucediera. El vínculo entre estas dos familias se había establecido desde la presidencia de Fruto Chamorro; en aquellos días, Joaquín Zavala había sido capitán en el ejército de Chamorro durante la guerra civil de 1854 contra León.[53] Este nuevo enfrentamiento bélico se originó al negarse León a reconocer la nueva constitución promulgada por el gobierno.[54]

La exclusión de la política de la vasta mayoría de los nicaragüenses en el siglo XIX, se basó en la misma visión jerárquica del orden social, heredada del período colonial. De acuerdo con esta perspectiva, no todos los nicaragüenses eran igualmente aptos para participar en política. Un artículo sobre la educación, publicado en el *Mentor Nicaragüense* en 1841, muestra como no a todas las personas se les atribuían los mismos derechos políticos, y que la participación en la política era concebida en términos distintos. El artículo argumenta que la educación dirigida a un finquero, no tenía que prepararlo para convertirlo en un juez o un político. Tampoco debía la educación de un artesano prepararlo para gobernar o para

---

[50] Cruz, *Nicaraguan's Conservative Republic*, 30.

[51] Emilio Álvarez Lejarza, "Recorrido Histórico de las principales figuras de la Familia Chamorro," *Revista Conservadora del Pensamiento Centroamericano*, N° 91 (Abril 1968), 3.

[52] Aldo Díaz Lacayo. *Gobernantes de Nicaragua: 1821-1979: Guía para el estudio de sus biografías políticas* (Managua: Aldilá Editor, 2002), 76.

[53] Álvarez Lejarza, «Recorrido Histórico de las principales figuras de la Familia Chamorro,» 3.

[54] Díaz Lacayo, *Gobernantes de Nicaragua*, 53.

tener alguna influencia en el gobierno. Su educación sólo le debía enseñar a amar a su país y a ser virtuoso. Se argumentaba que todos los nicaragüenses debían tener acceso a la educación pública, pero no todos debían recibir la misma educación.[55] De esta manera, el carácter estratificado de la sociedad nicaragüense del siglo XIX, debía reflejarse en la educación que recibía cada persona. Por ello, sólo a unos pocos hombres se les otorgaba el derecho a ser educados para dedicarse a la política. El resto estaba simplemente excluido, ya que su condición natural no los hacía idóneos para inmiscuirse en el oficio de gobernar.

Esta exclusión política de la mayoría de la población, también se reflejaba en el proceso electoral. Su característica central era no permitirle al pueblo nicaragüense seleccionar al jefe de Estado o a los miembros del parlamento. La razón porque no se daba esta selección era que las elecciones eran organizadas por completo por las autoridades municipales, ya que no existía una institución nacional a cargo de los procesos electorales. Además, los comicios eran más bien el reflejo de los vínculos entre las autoridades del gobierno central y los líderes locales. Por ello, los resultados concretos no eran relevantes. Cada elección se ganaba por voto unánime, lo cual convertía todo el procedimiento en un mero acto formal para ratificar simbólicamente una decisión previamente tomada.[56] Así se presentaba la aparente existencia de un sistema político democrático irreal. La organización y ejecución de los procesos electorales eran, en sí mismas, una manifestación del predominio del clientelismo en la política nicaragüense. Primero, se reunía a todos los hombres dotados de un capital no menor de 200 pesos. Ellos eran quienes podían ser elegidos y elegir a los futuros funcionarios públicos a nivel municipal. Estos hombres se reunían en una residencia privada para elaborar una lista de todos los ciudadanos seguidores de un grupo o club político específico. Su vínculo con el candidato se basaba en los lazos familiares, la amistad, la vecindad o la existencia de alguna relación comercial. Usual era también que los empleados apoyaran las aspiraciones y los

---

[55] *Mentor Nicaragüense*, 6 de noviembre de 1841. Disponible en: http://memoriacentroamericana. ihnca.edu.ni/uploads/media/18411106.pdf (visitado 12.03.2015)

[56] Xiomara Avendaño Rojas, "El pactismo: el mecanismo de ascenso de los notables 1858-1893," *Revista de Historia*, Nº 7 (Primer Semestre 1996), 27.

intereses políticos de sus empleadores y votaran en concordancia.[57]

Otra característica de la política de Nicaragua, que reforzaba la exclusión, era el clientelismo político que, al mismo tiempo, explica la poca importancia que tenían la ideología y las diferencias ideológicas. Cuando predomina el clientelismo político, no hay lugar ni necesidad de una ideología o de un programa partidario, ya que los intereses políticos son articulados de manera personal entre los individuos y su satisfacción depende de la influencia política y de los contactos que tiene cada persona. Así, las metas ideológicas y su cumplimiento no tienen relevancia, ya que no son significativas para lograr los cometidos políticos y la satisfacción de los intereses personales de quienes están involucrados en la política. Tal como argumenta Hannes Wimmer, en esta situación "el enorme particularismo sobre carga el sistema con problemas particulares, es decir con problemas de corto plazo y con una visión limitada."[58] El resultado es que estos "problemas particulares", así como "la visión de corto plazo y de limitado alcance hacia el futuro", combinados con una comprensión dicotómica de la política bloquean continuamente el desarrollo de las ideologías políticas. La política no se centra en los problemas y preocupaciones que afectan a cada ciudadano y toda la población en su conjunto. La política se centra en primer lugar en los intereses personales de los individuos influyentes. Para esta forma de operar del sistema político, la estratificación social era el entorno social adecuado, pues le permitía garantizar su continuidad, al reforzar la jerarquización del clientelismo. Este último, a su vez, promovía el particularismo que bloquea el surgimiento de una confrontación política basada en diferencias ideológicas.

Otro aspecto importante de la política nicaragüense en el siglo XIX, que refleja el control que tenía el Estado sobre la circulación de la información y la participación política, era cómo estaba organizada la esfera pública. Aquí también se observa cómo la estratificación social estructuraba la participación política. La institución más importante de la esfera pública era la "tertulia", que era una reunión social celebrada en una residencia privada o en alguna tienda muy conocida. En la ciudad de Granada, los hombres ricos del estrato alto se reunían todas las noches en la "tertulia" de don

---

[57] Avendaño Rojas, „El pactismo," 28-30.

[58] En el orginal: „der enorme Panikularismus überlastet das System mit Einzelfallproblemen, also mit kurzfristigen und kurzsichtigen Problemen." Wimmer, *Die Modernisierung politischer Systeme*, 136.

Macario Álvarez. Ahí se tomaban decisiones importantes, como por ejemplo, la construcción de una escuela para sus hijos.[59] Había tres "tertulias" privadas del estrato alto: la del "Cacho" o "Genuinos", la de los "progresistas" y la de los "iglesieros". Sólo la gente más rica y educada participaba. Estas tres "tertulias" también reflejaban las tres tendencias políticas presentes en la ciudad de Granada.[60] También las capas inferiores tenían sus propias "tertulias", las cuales eran más públicas. En Granada, se realizaban en los salones de billar. Estas "tertulias" reproducían igualmente el orden social jerárquico, visible en la ropa de los asistentes a estas reuniones. El artesano común usaba su ropa de trabajo; pero los jefes o maestros vestían sus mejores trajes, para mostrar su posición superior sobre el resto. Entre los artesanos, el grupo más influyente era el de los hermanos Pérez. A finales del siglo XIX, en Granada, estos hermanos poseían la carpintería más grande y, con ella, el apoyo de una parte significativa de los artesanos.

El lugar de reunión de quienes pertenecían al estrato alto, como los miembros de las familias "principales", los músicos, los empleados del Estado y los comerciantes, era el billar de "Agapita". Otro espacio público connotado eran las peleas de gallos del padre Santiago Solórzano, realizadas solamente los días festivos y los domingos. Ahí se reunirían todas las capas sociales de Granada. En tiempos de elecciones, cada salón del billar se transformaba en un "club político", que los "hombres principales" de la ciudad visitaban para ganar adeptos.

Todos los hombres que asistían a las reuniones de los "Genuinos", "Progresistas" e "Iglesieros" pertenecían al estrato alto. También eran los únicos que tenían acceso a los periódicos de la época, es decir, los periódicos estaban restringidos a este estrato. Para tener una idea de cuán restringido era el acceso a la información impresa y a la educación superior, sólo se necesita examinar el porcentaje de alumnos que asistía a la escuela secundaria. Para el año 1895, se estimaba que de 19.320 alumnos que asistieron a la escuela primaria, sólo 1.441 pasaron a la escuela secundaria. En porcentaje, esto era el 7,5 por ciento.[61] La diferencia demuestra que exclusivamente una

---

[59] Álvarez Lejarza, «Recorrido Histórico de las principales figuras de la Familia Chamorro», 4.
[60] Avendaño Rojas, "El pactismo", 30-32.
[61] Bureau of the American Republics. *Hand Book of Nicaragua. Bulletin N° 51*. (Washington, U.S.A. 1892), 76.

pequeña minoría accedía a la educación secundaria y universitaria en la Nicaragua del siglo XIX. Si se compara el número de estos privilegiados con el resto de la población nicaragüense, estimada en 337,000 personas en 1870,[62] se constata que aproximadamente el 6 por ciento de la población poseía algún tipo de educación. Estas cifras dan una idea de cuán limitado era el acceso a la educación general y cómo, por esa razón, sólo una minoría era capaz de participar en el debate político.[63]

La posición marginal que tenía el resto de la población queda clara, cuando se analiza cómo el estrato alto movilizaba a los estratos bajos durante las campañas electorales. Para ello, los diferentes grupos políticos o camarillas contrataban bandas de música y se paseaban por las calles celebrando a sus respectivos candidatos. El objetivo no era comunicar públicamente los intereses y demandas que favorecía el candidato, sino que más bien se buscaba mostrar fuerza por medio de la congregación del mayor número de personas. Esto era posible únicamente si se contaba con un permiso del gobierno local. A su vez, el gobierno local sólo se lo otorgaba a los partidarios del candidato favorecido por el presidente de la república. Ningún gobierno local estaba dispuesto a apoyar a un candidato no aprobado por el presidente en funciones.[64] Irónicamente, en cuanto a su impacto sobre el resultado electoral, esta actividad era bastante inútil, pues se dirigía a aquellas personas que no tenían ninguna influencia política y que, por ende, no determinaban quien sería elegido, ya que la participación política estaba restringida a un pequeño grupo de hombres pertenecientes al estrato superior. De esta manera, la estratificación social determinaba el acceso excluyente a la toma de decisiones políticas.

En esta situación, en que la política estaba limitada a la interacción de pequeños grupos oligárquicos y la mayoría de la población se encontraba excluida, los partidos políticos y las ideologías políticas carecían de valor, debido a que no se requería transferir al proceso de toma de decisión política, los temas considerados importantes

---

[62] Woodward, R.L., Jr. "The aftermath of independence, 1821-c.1870," 8.

[63] Ayerdis, Miguel. *Publicaciones periódicas, formas de sociabilidad y procesos culturales en Nicaragua 1884-1926* (Managua: Banco Central de Nicaragua, 2005), 91-92.

[64] Avendaño Rojas, "El pactismo", 32.

por la mayoría de la población,[65] en vista que ésta carecía de relevancia alguna para el funcionamiento del sistema político y para conquistar el poder. En consecuencia, las ideologías y los programas de los partidos políticos tampoco importaban, ya que no proveían el apoyo que los dirigentes políticos requerían para poder llegar a controlar el aparato estatal y generar las decisiones colectivamente vinculantes, pues esto se lograba exclusivamente a través de las relaciones personales producidas por los vínculos y las lealtades políticas.

---

[65] Wimmer, Hannes. *Evolution der Politik: Von der Stammesgesellschaft zur modernen Demokratie*. (Wien: WUV-Universitätsverlag, 1996), 523.

El Estado nicaragüense durante el gobierno conservador

En los 30 años de gobierno conservador, aunque no se dio una modernización y democratización significativa de la política nicaragüense, hubo una importante expansión del Estado. Fueron promulgadas varias medidas políticas que aumentaron el control del Estado sobre la vida diaria de su población. Una de estas políticas fue la reforma del sistema tributario que, en adelante, se basó en tres fuentes de ingreso: el monopolio sobre la venta de tabaco y alcohol, el destace de ganado y los ingresos aduaneros. El éxito de esta reforma se reflejó en el aumento de la recaudación fiscal de 338.222 pesos en 1858 a 4.690.774 pesos en 1900.[66] Así, en 42 años, se había logrado incrementar la renta estatal en casi 14 veces su tamaño.

Igualmente, se hicieron importantes inversiones en la infraestructura del sistema de comunicación y transporte, con la construcción del ferrocarril y el telégrafo en la década de 1880. En el mismo período, se fundó el primer banco de Nicaragua, apareció el primer diario[67] y se estableció algo similar a una política de salud pública, con la llamada "policía médica". La tarea de esta organización consistía en imponer el cumplimiento de las medidas de salud pública, dictada por "Reglamento de Policía de la República de Nicaragua" de 1880.[68] También en este período, el Estado hizo grandes mejoras en el área de educación; en 1868 se hizo el primer intento de organizar el sistema educativo del país, con la creación de los Estatutos de Instrucción Pública. Para el año 1891, había 263 escuelas primarias, 3 centros de enseñanza secundaria y 2 universidades, una en Granada y otra en León. Todo esto contribuyó a secularizar la educación, pues en el pasado ésta había estado bajo el control de la iglesia católica.[69]

---

[66] Wolfe, *The Every Day Nation-State*, 46-47.

[67] Ayerdis, *Publicaciones periódicas, formas de sociabilidad y procesos culturales en Nicaragua 1884-1926*, 98.

[68] Ligia Ma. Peña Torres, "El período de los Treinta Años Conservadores" (ponencia, Antigua, Guatemala, del 10 al 14 de Julio 2006). Disponible en: http://ress.afehc-historia-centroamericana.org/_articles/portada_afehc_articulos28.pdf (visitado 13.03.2015)

[69] Isolda Rodríguez Rosales, "Proyectos Educativos en el Período Formativo del Estado-Nación, Siglo XIX," en Kinloch Tijerino, *Nicaragua en busca de su identidad*, 381-401.

Sin embargo, todas estas transformaciones y la expansión del Estado no se ejecutaron sin suscitar la resistencia de los estratos bajos, especialmente de la población indígena. Dada la tajante exclusión a la que éstos estaban sometidos, la única forma en que podían enfrentar y oponerse a las políticas del Estado era con revueltas violentas. De ahí que en 1881, se diera el más famoso levantamiento indígena de la época, realizado por los indígenas radicados en lo que entonces era una región periférica llamada Matagalpa. La causa de la rebelión fue su descontento respecto del tratamiento que recibían por parte del Estado nicaragüense, dominado por los criollos y los mestizos. Estos últimos consideraban a los indios inferiores y los sometían al trabajo forzoso y al reclutamiento militar obligatorio, entre otras medidas. Escuetamente, se puede decir que los indígenas luchaban, al mismo tiempo, en contra de la intervención del Estado ladino en su vida diaria y en contra de la opresión que sufrían.[70]

La rebelión de los matagalpas tuvo lugar en agosto de 1881 y duró diez días, en los cuales los indígenas atacaron y sitiaron la actual ciudad de Matagalpa[71] que, en aquellos años, era un pequeño poblado de 3000 habitantes.[72] La rebelión fue su respuesta a tres medidas aplicadas recientemente por el gobierno central: expulsar a los jesuitas de Nicaragua, prohibir la producción de chicha (bebida hecha a base de maíz fermentado) e implementar el reclutamiento forzoso para asegurarse la mano de obra indígena en la construcción de la línea telegráfica entre Matagalpa y la capital.[73] Esta rebelión era la única forma de resistencia que tenían los indígenas para defenderse del brutal sistema de explotación al que se encontraban sometidos desde los tiempos de la colonia española y que con la independencia de Centroamérica poco había cambiado. En el presente caso, el telégrafo se había convertido en el símbolo y la materialización de la explotación que, desde los tiempos del imperio español, sufrían los indígenas. Su construcción se había realizado con el trabajo "voluntario" de los indígenas. Sin embargo, este trabajo no había sido del todo voluntario. Por ley

---

[70] Gould, *To Die in This Way*, 33-43.
[71] Enrique Miranda Casij, "«La guerra olvidada»" o la «guerra de los indios de 1881»," en *Revista Conservadora del Pensamiento Centroamericano* 78, Nº 142 (1972), 75-82.
[72] Gould, *To Die in This Way*, 27.
[73] Miranda Casij, "«La guerra olvidada»" o la «guerra de los indios de 1881»," 75-78.

se ordenaba al ejército que persiguiera y forzara a trabajar a todo aquel que se negara[74] y que fuera catalogado como vago, siendo los indígenas las principales víctimas de esta norma jurídica.

En esencia, este trabajo forzoso era una nueva versión del sistema de encomienda con el cual, durante la colonia, los españoles habían obligado a la población indígena a trabajar sin remuneración. Según Silvio A. Zavala, la *encomienda* se basaba en "el principio de la compulsión estatal para el trabajo del indígena, en sustitución del régimen contractual del libre asalariado; el trabajo quedaba bajo la vigilancia oficial, y la retribución del jornalero era tasada por el Estado, no por acuerdo libre entre patronos y trabajadores".[75] En efecto, este era un sistema tributario en el cual el pago de los indígenas a los *encomenderos* se daba en forma de tributos y trabajo. Los encomenderos eran los españoles encargados por la corona española de cuidar a los indios.[76] De manera similar, en 1881 los indígenas matagalpas estaban obligados a trabajar para el Estado nicaragüense y para aquellos que lo controlaban, sin recibir salario alguno. De esta manera, sesenta años después de la independencia de España, la población indígena en Nicaragua continuaba sometida a un sistema de explotación de su fuerza laboral.

Este episodio de la rebelión de los matagalpas presenta otra característica de la estratificación social, como es la falta de diferenciación entre la política y la religión. Por esta razón, los acontecimientos, las decisiones y el conflicto del Estado nicaragüense con los matalgalpas fueron igualmente interpretados por ambas partes en términos religiosos. Desde la perspectiva de los indígenas, el telégrafo -por ser ajeno a su realidad y algo que no podían entender- era considerado "un monumento mágico que erigido con el sufrimiento de la raza sólo sufrimiento podía traer".[77] Pero no solamente los matagalpas interpretaban la construcción del telégrafo en términos religiosos. Igualmente lo hacían los ladinos, al recurrir a conceptos religiosos para analizar la construcción del

---

[74] Ibid., 76.

[75] Silvio A. Zavala, *La Encomienda Indiana*. Junta para Ampliación de Estudios e Investigaciones Científicas. Centro de Estudios Históricos. Sección Hispanoamericana (Madrid: Imprenta Helénica, 1935), 4.

[76] Franklin W. Knight, "Slavery in the Americas," en *A companion to Latin American History*, Thomas H. Holloway, Edit. (Malden, MA: Blackwell, 2008), 126.

[77] Miranda Casij, "«La guerra olvidada»" o la «guerra de los indios de 1881»," 75.

telégrafo y la expulsión de los jesuitas. Especialmente esta última medida suscitó la conclusión de que Dios los había abandonado y que "Lucifer y todos sus ángeles malignos" se habían apoderado del poblado. Así mismo, el telégrafo fue visto como "brujería".[78] Probablemente, para algunos ladinos, la revuelta de los indígenas era una manifestación de estas mismas fuerzas demoníacas y, a la vez, un castigo divino causado por la expulsión de los jesuitas.

---

[78] Ibid., 77.

El fin de la "República Conservadora"

El colapso de la "República Conservadora" en 1893 y el ascenso al poder de José Santos Zelaya, expuso cuán débil era en realidad el poder del gobierno central. También puso de manifiesto cómo los conflictos locales, especialmente el que existía entre Granada y León, todavía permanecían sin resolverse. El inicio del fin se dio con la muerte del presidente Evaristo Carazo, el 1 de agosto de 1889. Con la llegada de su sucesor -Roberto Sacasa- a la presidencia, se reavivó la vieja rivalidad entre León y Granada. La primera causa del resurgimiento del conflicto fueron los nombramientos ministeriales efectuados por Sacasa, que privilegiaban a políticos de León. Este cambio alteró el equilibrio de poder existente en Nicaragua. Los presidentes anteriores siempre habían incluido en su gabinete a ministros provenientes de las diferentes ciudades del país. De esta manera, se equilibraban las aspiraciones y los intereses políticos de las distintas ciudades situadas en la costa del Océano Pacífico, donde habitaba la mayor parte de la población. Hasta la llegada de Roberto Sacasa, este equilibrio político había funcionado muy bien.

Sacasa rompió ésta y otras reglas no escritas, que eran una parte integral de la forma gobernar el país. Probablemente, su error más grave fue tratar de mantenerse en el poder presentándose a la reelección. Asimismo, debido a la creciente insatisfacción de múltiples grupos políticos de Granada y León, el mandatario se tornó cada vez más dictatorial. Por ejemplo, el día de su reelección, armó a 5.000 hombres y encarceló a algunos de sus oponentes. Después, como presidente reelecto, cerró el periódico de oposición *El Diario Nicaragüense*.[79] En consecuencia, la insatisfacción con su gobierno y las tensiones políticas en el país aumentaron. Pese a tratar de mantenerse en el poder mediante el fortalecimiento de las fuerzas armadas y la promulgación de algunas políticas benéficas para el estrato superior, en 1893 fue depuesto por un golpe de Estado.[80]

---

[79] Cruz, *Nicaraguan's Conservative Republic*, 120-26.

[80] Benjamin I. Teplitz, "The political and Economic Foundations of Modernization in Nicaragua: The

El liberalismo sin libertad: el gobierno autocrático de José Santos Zelaya (1893-1909)

Con Roberto Sacasa fuera del poder, se estableció una junta de gobierno. Sin embargo, debido a las aspiraciones políticas de Granada y León, en noventa días el país se encontraba nuevamente en guerra. Ambas ciudades se habían negado a aceptar la junta como gobierno legítimo y proclamaban esa legitimidad para sí mismas; de ahí que, el 27 de julio de 1893, los liberales de León iniciarían una revolución. Tres días más tarde, los líderes de Granada se rendían.[81] Bajo el liderazgo de José Santos Zelaya, los liberales leoneses derrotaron a los "conservadores" de Granada. Con esta victoria, Zelaya se convirtió en el nuevo gobernante de Nicaragua. Su poder se tornó indisputable en 1896, cuando reprimió exitosamente -con la ayuda de los conservadores de Granada- un levantamiento armado en la ciudad de León. Bajo el gobierno de Zelaya, Managua finalmente emergió como el nuevo centro político del país.[82]

En la historiografía sobre Nicaragua, el gobierno de José Santos Zelaya ha sido considerado como la llegada al poder del liberalismo y el comienzo de un proceso de modernización. La interpretación marxista de la historia de Nicaragua ha visto el gobierno de Zelaya como la consolidación de una burguesía nacional y del capitalismo.[83] Sin embargo, esta perspectiva ha sido refutada por investigaciones posteriores. Aunque es innegable que durante esta administración liberal se introdujo una gran cantidad de reformas, éstas no modificaron la estructura social jerárquica del país: la situación de quienes no pertenecían al estrato superior y que no poseían grandes propiedades era la misma, que desde de la guerra contra Walker. En 1858, la mayoría de los pobres eran sometidos a un "abominable sistema de reclutamiento militar y de contribuciones forzosas", a como lo calificó un diplomático

---

Administration of José Santos Zelaya, 1893-1909" (PhD diss, Howard University, 1973), 15-21.
[81] Cruz, Nicaraguan's Conservative Republic, 130-32.
[82] Cruz, Nicaraguan's Conservative Republic, 141-142.
[83] Jaime Wheelock Roman, *Imperialismo y Dictadura* (México D.F.: litográfica ingramex. 1979), 27.

de los Estados Unidos.[84] La Ley Agrícola de 1862, aseguraba a los cafetaleros el contar con la suficiente mano de obra a través del sistema de trabajo forzoso, situación que, con el gobierno de Zelaya, permaneció inalterada. Tal como indica Elizabeth Dore, "su administración decreto varias leyes que obligaban a los vagabundos a trabajar en las plantaciones de café y que definían la vagancia de manera tan amplia que aplicaba a la mayoría de la población. [...]. La ley de 1899, a propósito eximía sólo a los hombres que poseían una cantidad considerable de propiedades o alguna profesión de este régimen laboral".[85]

Este sistema coercitivo para reclutar mano de obra evidencia la poca diferenciación que había entre la economía y la política, ya que era un mecanismo de represión estatal al servicio de una actividad económica. Más concretamente, se puede decir que el Estado desempeñaba una función económica, como es satisfacer la demanda de trabajadores de los productores de café, algo que en un sistema capitalista no ocurre. En éste, la oferta de trabajo es el resultado de dos factores económicos: la cantidad de personas desempleadas y la demanda de mano de obra requerida por los empleadores. El Estado no interviene directamente en esta relación. En el caso de Nicaragua durante el gobierno de Zelaya, el Estado se encargaba de garantizar el suministro de mano de obra. No era el mercado, el que por medio de la oferta y la demanda proveía la fuerza laboral requerida por los terratenientes cafetaleros. Como ha señalado Dore, en este período no se puede hablar de la existencia de una economía capitalista en Nicaragua,[86] ya que el sistema de producción no se basaba en la noción del trabajo como una mercancía. Por el contrario, el trabajo era considerado una obligación moral. La concepción moralista sobre el trabajo se constata en una opinión publicada en el diario *El Comercio,* en septiembre de 1902, sobre el tema de los libros que se utilizan para controlar el cumplimiento con el trabajo forzoso. De acuerdo con este criterio: "los libros romperán la costumbre tradicional del

---

[84] En el original: "abominable system of military recruiting and forced contributions". Citado en Gobat, Confronting the American Dream, 44.

[85] En el original: "his administration enacted various laws compelling vagrants to work on coffee plantations and defined vagrancy so broadly that it embraced most of the population. [...]. The 1899 law purposefully exempted only men of substantial property or a profession from the labor regime" . Dore, Myths of modernity, 114.

[86] Ibid, p 143.

pueblo nicaragüense de escabullirse del trabajo. No hay escasez de trabajadores en este país, sino una abundancia de pereza".[87]

Pese a que el gobierno de Zelaya instituyó una constitución muy moderna y liberal, conocida como la *Libérrima*, en los hechos se trataba de un gobierno autocrático. Con esta nueva constitución, se implementó el sufragio universal masculino y se desligó la ciudadanía de la riqueza de una persona. Sin embargo, el ciudadano continuó siendo exclusivamente el hombre casado y letrado. Además, el derecho a la ciudadanía podía perderse, si se era declarado culpable del delito de la vagancia. La *Libérrima* también proclamaba la libertad de expresión, hacía obligatoria la participación electoral y establecía una estricta separación entre el Estado y la iglesia. Asimismo, ordenaba que todas las instituciones de educación financiadas con fondos públicos debían ser laicas. Igualmente, la *Libérrima* aseguraba el derecho de organizar reuniones públicas para cualquier propósito, y el gobierno era declarado democrático y representativo, con poderes separados.[88]

No obstante, esta constitución nunca fue aplicada y era más bien un pedazo de papel insignificante. Aun antes de ser publicada, la nueva Asamblea Constituyente del 19 de octubre 1893 suspendió todas las garantías constitucionales y le concedió al presidente Zelaya plenos poderes. Este tipo de medidas fueron adoptadas en varias ocasiones por el gobierno "liberal", que decretaba el estado de emergencia y la ley marcial para eludir el cumplimiento de la *Libérrima*.[89] La primera justificación para suspender los derechos estipulados en la Constitución fue la declaración de guerra de Honduras a Nicaragua, el 25 de diciembre de 1893. Aunque la guerra terminó en febrero del año siguiente, en 1896 el decreto seguía en vigor. Por supuesto, esto causó descontento, especialmente entre los liberales de León, quienes se rebelaron contra Zelaya, pero fueron derrotados en mayo de 1896, dos meses después de haber iniciado su levantamiento, conocido como la "revolución occidental".[90]

---

[87] "El Comercio, 25 Sept. 1902", citado en Dore, *Myths of modernity*, 119.

[88] Esgueva Gómez, *Las constituciones políticas y sus reformas en la historia de Nicaragua*. Tomo I, 353-54.

[89] Esgueva Gómez, Antonio, "Contexto histórico de las constituciones y sus reformas en Nicaragua" (ponencia, Universidad Nacional Autónoma de Nicaragua, León Nicaragua, 24 y 25 de Augusto 2005). Disponible en: http://www.ihnca.edu.ni/files/doc/1264787440_contextohistoricodelas-constituciones.pdf (visitado 3 de junio del 2015).

[90] Díaz Lacayo, *Gobernantes de Nicaragua*, 95.

Los liberales de León exigían al presidente el cumplimiento de la nueva Constitución. El resultado directo de esta confrontación fue la reelección de Zelaya hasta 1902. En 1899 y en 1903, se dieron otras rebeliones en su contra, que no lograron ser exitosas.[91] Estos levantamientos, en conjunto con los conflictos que el gobierno de Zelaya tuvo con los otros países de Centroamérica, proporcionaron la justificación necesaria para poder gobernar autocráticamente. Por esta razón, se puede considerar al liberalismo del gobierno de José Santos Zelaya, como un liberalismo sin libertad, paradoja que fue una característica esencial del partido liberal en el siglo XIX. Pero el liberalismo de Zelaya fue también un liberalismo sin igualdad, pues durante todo el siglo XIX e inicios del XX, en Nicaragua: "el lugar que ocupaban los jornaleros en el espectro político se encontraba en el lado opuesto al del terrateniente. Este último era el ciudadano ideal, mientras el peón se convirtió en el sinónimo del »no-ciudadano«, verdaderamente un »mozo«, un muchacho, socialmente inmaduro e incapaz de ejercer los derechos de ciudadano nacional".[92]

La llegada al poder de Zelaya y sus seguidores liberales en 1893 ha sido llamada -en la historiografía nicaragüense- la "revolución liberal". Sin embargo, aquí es preciso tener cautela en cómo se interpreta la naturaleza revolucionaria de este hito histórico. Si se entiende por revolución un cambio profundo y duradero de las estructuras sociales predominantes, no se puede afirmar que esto haya acontecido en Nicaragua en 1893. El carácter revolucionario de "la revolución liberal" era más bien político y no social. Por ello, se puede catalogar como una revolución netamente política. Esto significa que se hizo una modificación del arreglo institucional del Estado y que se sustituyeron a los gobernantes del país;[93] sin embargo, el orden social jerárquico permaneció intacto. De ahí que el gobierno de José Santo Zelaya fuera, en gran medida, la continuación del proyecto político iniciado por la "República

---

[91] Stansifer, "Una Nueva Interpretación de José Santos Zelaya Dictador de Nicaragua, 1893-1909," *Anuario de Estudios Centroamericanos*, N° 1 (1974): 52.

[92] En el original: "labourer occupied a place on the political spectrum at the opposite end from the landholder. Where the landowner was the ideal citizen, the labourer became the marker for the »non-citizen,« truly a »mozo,« a boy, socially immature and unable to exercise the rights of the national citizen". Wolfe, *The Every Day Nation-State*, 140.

[93] UlrichWeiß, „Revolution/Revolutionstheorien," en *Lexikon der Politikwissenschaft: Theorien, Methoden, Begriffe,* edits. Dieter Nohlen y Rainer-Olaf Schultze (Munich: C.H. Beck, 2002), 2: 869.

Conservadora". Bajo Zelaya, se intensificó la inversión en la modernización de la infraestructura de Nicaragua, iniciada por los conservadores; se introdujeron importantes avances tecnológicos, como el teléfono y la electricidad; igualmente, se prosiguió con el proceso de conversión de la población indígena en ladinos y la privatización de sus tierras comunales. También se hicieron nuevas inversiones en el sistema educativo, con la creación del Museo Nacional, la Biblioteca Nacional y el aumento en un 233,2% del número de escuelas primarias.[94] Además, se expandió el aparato estatal con la fundación de una Academia Militar, la Fuerza Naval, un servicio postal y el establecimiento de tribunales en las ciudades más relevantes del país, inclusive en la Costa Caribe. Esta última parte del actual territorio de Nicaragua fue anexada bajo este gobierno en 1894.[95] Probablemente, el logro más significativo de Zelaya fue su capacidad de centralizar el poder político y de mantener el control del Estado, al sofocar cuatro revueltas armadas en su contra.[96]

Pese a que durante el período de Zelaya el aparato estatal creció significativamente y se extendió el territorio nacional, el Estado nicaragüense permaneció extremadamente débil. La rápida caída de Zelaya y sus posteriores consecuencias lo demuestran. Los sucesos que condujeron a su derrocamiento comenzaron con la rebelión de su emisario, Juan J. Estrada, en la recién conquistada Mosquitia. Gracias al apoyo de la población nativa, la rebelión logró prosperar y rápidamente nuevas autoridades tomaron control de la Costa Caribe de Nicaragua. Para la población afrodescendiente y los indígenas miskitos, que eran los habitantes de esta región, la rebelión significó la oportunidad de recuperar su independencia perdida. No obstante, ocho meses después, los conservadores provenientes del Pacífico lograron ponerse a la cabeza de la rebelión.[97] Con ello, lo que había iniciado como un acto de rebeldía de un subordinado de Zelaya, se convirtió en un episodio más de la perenne lucha entre conservadores y liberales

---

[94] Isolda Rodríguez Rosales. *Historia de la educación en Nicaragua: Restauración conservadora, 1910-1930* (Managua: Editorial Hispamer, 2005), 27.

[95] Teplitz, "The Political and Economic Foundations of Modernization in Nicaragua", 342, 355-57

[96] Ayerdis, *Publicaciones periódicas, formas de sociabilidad y procesos culturales en Nicaragua 1884-1926*, 122-134.

[97] Teplitz, "The Political and Economic Foundations of Modernization in Nicaragua", 385-88.

por hacerse del control del Estado. Al final, gracias al apoyo que los rebeldes recibieron de los Estados Unidos, Zelaya se vio obligado a dimitir.

La intervención de los Estados Unidos en el conflicto interno de Nicaragua pretendía neutralizar las ambiciones de Zelaya, de construir un canal interoceánico con la ayuda de otras potencias imperiales como Francia, Alemania, Japón o Gran Bretaña. Para Estados Unidos, este proyecto amenazaba directamente sus intereses vitales en Centroamérica y el Caribe, vinculados a la construcción del Canal de Panamá. También se interpretaba como un desafío a las pretensiones de Estados Unidos de dominar el continente americano. Bajo estas circunstancias, Zelaya se convirtió rápidamente en un serio enemigo de los Estados Unidos,[98] razón por la cual, para defender su poder hegemónico en América, los Estados Unidos consideraron imprescindible sacar a Zelaya y a los liberales del poder en Nicaragua. Con la sublevación en la cuidad de Bluefields en 1909, esto se hizo posible. El gobierno de Estados Unidos le dio su apoyo militar y diplomático a la revuelta, al enviar un buque de guerra y tropas de marinos a la Costa Caribe nicaragüense[99] y una nota diplomática en la que el Secretario de Estado, Philander C. Knox, declaraba a los rebeldes los legítimos representantes del pueblo nicaragüense.[100] Unos días después de recibir este escrito, Zelaya renunció a su cargo de presidente. Así se dio inicio a los años de intervención y ocupación militar de Nicaragua por parte de los Estado Unidos de Norteamérica. El impacto y las consecuencias que tuvo esta interferencia foránea en el devenir de la historia política nicaragüense en los próximos treinta años, será tratado en los capítulos siguientes.

---

[98] Gobat, *Confronting the American Dream*, 69.
[99] Amaru Barahona, "El Gobierno de José Santos Zelaya y la fase inicial del proceso de acumulación originaria en Nicaragua" *Revista de Historia,* N° 1 (enero-junio 1990), 93.
[100] "Secretary Knox's Note to the Nicaraguan Charge D'Affaires, December 1, 1909" *American Journal of International Law* 4, N°. 3 (Julio 1910), 249-252.

CAPÍTULO III

EL RETORNO DE LOS CONSERVADORES
AL PODER: EXCLUSIÓN POLÍTICA
Y ESTRATIFICACIÓN SOCIAL

Los primeros años de la intervención: Los Pactos Dawson y sus consecuencias políticas

El 6 marzo de 1912, el Secretario de Estado de los Estados Unidos de Norteamérica, Philander C. Knox, llegaría a Nicaragua como parte de su gira por Centroamérica y El Caribe. Más que una visita diplomática para los nicaragüenses -ya fueran éstos partidarios del gobierno conservador del presidente Adolfo Díaz o liberales opositores- la llegada de este funcionario tenía el sabor de un acto de toma de posesión sobre sus dominios. Desde la perspectiva de los liberales destronados, Knox era un "fiero conquistador" que "anuncia[ba] esclavitud y muerte [...] en sus vírgenes colonias, las praderas centroamericanas".[1] Para el político e intelectual conservador, Carlos Cuadra Pasos, desde la visita del subordinado de Knox, Thomas C. Dawson y la firma de los llamados Pactos Dawson en octubre de 1911, Nicaragua se encontraba en una "triste situación", "no de un país intervenido, sino [...] de un país vencido".[2] Por ello, no resulta extraño que en marzo de 1912, predominara un ambiente sumamente hostil hacia los Estados Unidos y al jefe de su diplomacia. Esta animosidad llegaba a tal punto que, al viajar Knox del puerto de Corinto -situado en la costa del Océano Pacífico, en donde había desembarcado- hacia Managua, se dio un atentado fallido en su contra.[3]

Semejante aversión se debía a que Knox había sido el principal propulsor de la intervención de los Estados Unidos de Norteamérica en la política nicaragüense. Tanto para los liberales como para el expresidente Zelaya y sus seguidores, la interferencia del Departamento de Estado había equivalido a no poder seguir gobernando el país y a perder toda oportunidad -en el corto plazo- de poder llegar a hacerlo. Gracias a que el gobierno del presidente William Howard Taft había interferido a favor de un

---

[1] Juan Carlos Serrano, *Acusaciones ante la Historia: El Partido Liberal al General Luis Mena, Ministro de la Guerra* (Masaya: Tip. Colón, 1912), 3.

[2] Carlos Cuadra Pasos, "Cabos sueltos de mi memoria: Autobiografía," en *Obras*, vol. 1. (Managua: Colección Cultural Banco de América, 1976), 350.

[3] Gregorio Selser, *La Restauración Conservadora y la Gesta de Benjamín Zeledón: Nicaragua-USA, 1909-1916* (Managua: Aldilá Editor, 2001), 219.

grupo de rebeldes liberales y conservadores que el 10 de octubre de 1909 habían iniciado en la ciudad de Bluefields -localizada en la costa Caribe- había ocurrido un levantamiento armado contra el entonces Presidente José Santos Zelaya. Al inicio, este último logro contrarrestar la sublevación[4] al enviar un ejército "de mil hombres bien armados y apertrechados, con artillería y ametralladoras".[5]

No obstante, la situación cambió, una vez que el gobierno de Nicaragua ejecutara a dos ciudadanos estadounidenses -de apellido Cannon y Groce- colaboradores del levantamiento armado. Esto le proveyó al Secretario de Estado Knox la justificación necesaria para inmiscuirse en el conflicto y demandar la renuncia del presidente. En diciembre del mismo año, éste fue sustituido por el opositor liberal a su gobierno, José Madriz. Una vez en el poder, Madriz intentó lograr un Acuerdo de Paz con los rebeldes, ofreciendo su renuncia y la celebración de elecciones libres. Esta oferta fue rechazada y el conflicto tuvo que ser resuelto por la vía armada. Al inicio, el nuevo gobierno liberal logró vencer a un grupo de rebeldes en una batalla en el poblado de la Libertad, situado en el departamento de Chontales, al borde norte del lago Cocibolca. Para finales de febrero de 1910, el general Conservador Emiliano Chamorro había logrado avanzar hasta el poblado de Tipitapa, situado a 22 kilómetros al Este de la Capital; ahí fue vencido por las tropas gubernamentales. Obligado a retirarse, en el poblado vecino de Tisma se dio un sangriento combate debido a que la hierba seca del campo de batalla ardió en llamas. Según el cónsul los Estados Unidos en Nicaragua, Thomas Moffat, después de este enfrentamiento el ejército de Chamorro había perdido alrededor de mil hombres, y el movimiento armado del Bluefields se encontraba al borde del fracaso.[6]

Hasta mayo de 1910, la situación de los rebeldes, que ahora controlaban únicamente la ciudad de Bluefields, no había mejorado significativamente. Inclusive, su inminente aniquilación no parecía

[4] Ibid., 56.
[5] Carlos Cuadra Pasos, "Historia de Medio Siglo: de 1900 a la muerte de Sandino," en Obras, vol 1., 588.
[6] Yann Kerevel, "Re-examining the Politics of U.S. Intervention in Early 20th Century Nicaragua: José Madriz and the Conservative Restoration" LAII Research Paper Series Nº. 43 (November 2006), 16-19. Disponible en: http://www.google.de/url?sa=t&rct=j&q=&esrc=s&source=web&cd=3&cad=rja&uact=8&ved=0CDEQFjAC&url=http%3A%2F%2Frepository.unm.edu%2Fbitstream%2Fhandle%2F1928%2F2583%2FResearch%2BPaper%2BKerevel%2Bfinal.doc%3Fsequence%3D1&ei=y9RHVNzqL8jnywPg64GgCg&usg=AFQjCNEkh4BMAvaXjZ43lc-EXXeF-Q9AXNQ&bvm=bv.77880786,d.bGQ (Visitado 22.10.2014).

hacerse esperar. La ciudad estaba sitiada por los liberales y en camino se encontraba un buque de guerra recientemente adquirido por el gobierno de Madriz.[7] Muy probablemente, éste habría sido el fin del movimiento armado, si no se hubiese involucrado directamente el Departamento de Estado, al declarar a finales de mayo que "no permitiría que se libraran combates dentro de la ciudad de Bluefields".[8] Acto seguido, a finales del mismo mes, 200 marines fueron estacionados en la ciudad.[9] Esta intervención en la guerra civil nicaragüense tuvo el efecto deseado por parte de los Estados Unidos a favor de las tropas anti-gubernamentales, las cuales en adelante fueron capaces de controlar cada vez más territorio en el interior del país. Para el 21 de julio, entre ambos ejércitos se dio una cruenta lucha con muchas bajas en Acoyapa, a 100 kilómetros de Managua. Igualmente hubo combates al Sur de la capital, en Granada y Nandaime. El 18 de agosto, los rebeldes lograron dos victorias importantes que pusieron fin al gobierno de José Madriz. Primero se apoderaron del cruce del Río Tipitapa, situándose casi a las puertas de Managua. Ese mismo día, el ejército gubernamental perdió otro enfrentamiento al Sur de Granada. Al día siguiente José Madriz, tras nueve meses como presidente, renunció.[10]

De esta manera, se había logrado defenestrar al liberalismo nicaragüense, cuyo nacionalismo y apertura hacia otras potencias mundiales como Alemania[11] resultaban opuestos a los intereses de los Estados Unidos.[12] La razón principal que explica la oposición de los Estados Unidos a Madriz, fue que éste prosiguió la política de apertura de Nicaragua hacia otras potencias. Probablemente,

---

[7] Ibid., 22.

[8] Selser, *La Restauración Conservadora y la Gesta de Benjamín Zeledón*, 142.

[9] La nota de protesta del gobierno de José Madriz al Departamento de Estado por este hecho se encuentra citada en: Ralph Dietl, *USA und Mittelamerika: Die Außenpolitik von William J. Bryan 1913-1915* (Stuttgart: Franz Steiner Verlag, 1996), 128.

[10] Kerevel, "Re-examining the Politics of U.S. Intervention in Early 20th Century Nicaragua," 25, 27-28.

[11] Para un análisis de la influencia política y las relaciones comerciales entre Centroamérica y Alemania desde la independencia de España hasta inicios del Siglo XX, ver: Thomas Schnoonover, *Germany in Central America: Competitive Imperialism, 1821-1929* (Tuscaloosa, Ala: University of Alabama Press, 1998).

[12] Para un análisis más detallado de cómo se fueron empeorando las relaciones entre el gobierno de Zelaya y los Estados Unidos, ver: Thomas D Schoonover, *The United States in Central America, 1860-1911: Episodes of Social Imperialism and Imperial Rivalry in the World System* (Durham: Duke University Press, 1991), 130–148.

la decisión de Madriz que causó mayor animadversión en el gobierno de los Estados Unidos fue su ofrecimiento a Gran Bretaña de cederle la Isla del Maíz (Corn Island), situada a 70 kilómetros de la Costa Caribe nicaragüense. El control de esta isla habría permitido a Gran Bretaña posicionarse en un importante punto estratégico frente a la puerta del Canal de Panamá.[13]

Sin embargo, la interferencia norteamericana no ponía fin al conflicto armado, sino que el Departamento de Estado, a través de los Pactos Dawson, también dictaba la exclusión completa de los liberales -que hubiesen estado ligados a Zelaya- de cualquier instancia de poder en el Estado nicaragüense. En la práctica, esto significaba negar a todos los liberales su derecho a participar en la política del país y condenarlos a ser ciudadanos sin derechos políticos. Paralelamente a esta medida de exclusión, -una vez en el poder-, los nuevos gobernantes de Nicaragua pasaron a cometer los mismos abusos de poder, de los cuales habían acusado al gobierno predecesor[14] y continuaban acusando.[15] Así persiguieron, encarcelaron y torturaron a los simpatizantes de Zelaya. Uno de estos perseguidos narra que, durante su detención en la cárcel, le "fué suministrado el trato más salvaje é inhumano; haciéndose[le] dormir en frío y asqueroso suelo, sin camas ni ropa, y frente á los bastos retretes".[16] Además, se le capturó en varias ocasiones, únicamente por el "delito, según lo expresaba el agente del orden, que el de ser liberal".[17] Lo anterior demuestra cómo los conservadores continuaban haciendo política bajo las mismas premisas excluyentes de sus antecesores. De esta manera, en vez de transformar el sistema político con "la revolución de octubre" -tal como denominaban su levantamiento armado los nuevos gobernantes de Nicaragua[18]- únicamente lo reproducían. En este sentido, es importante señalar que aquí el apelativo de "revolución" -como sucedió durante todo el

---

[13] Dietl, *USA und Mittelamerika*, 129. Y Thomas M. Leonard, *Central America and the United States: The Search for Stability* (Athens, GA: University of Georgia Press, 1991), 69.

[14] Carlos Selva, "Nicaragua: un poco de historia de cuando se luchaba contra Zelaya," en *Revista Conservadora del Pensamiento Centroamericano* 16, N° 80 (Mayo 1967), 29.

[15] General Emiliano Chamorro to the Secretary of State. Granada, Nicaragua, December 11, 1911, United States Department of State, *Papers relating to the Foreign Affairs of the United States with the annual message of the president transmitted to Congress December 3, 1912* (Washington D.C.: U.S. Government Printing Office, 1912), 1018. En adelante citado como FRUS 1912. Disponible en: http://digicoll.library.wisc.edu/cgi-bin/FRUS/FRUS-idx?type=article&did=FRUS.FRUS1912.i0030&id=FRUS.FRUS1912&isize=M&q1=Nicaragua (visitado 6.11.2012).

[16] Serrano, *Acusaciones ante la Historia*, 2.

[17] Ibid., 4.

[18] Francisco Huezo, "La Caída de un Presidente," en *Revista Conservadora del Pensamiento Centroamericano* 18, N° 86, (Noviembre 1967), 48.

siglo XIX-[19] no se refería a la transformación radical de la sociedad, sino únicamente al reemplazo por medio de la violencia armada de los mandatarios del gobierno. De ahí que los revolucionarios de octubre no pretendieran cambiar la estructura social imperante ni la forma de hacer política en Nicaragua.

Por esta razón, no resulta sorprendente que estos líderes revolucionarios aceptaran y apoyaran la política de exclusión ordenada por los Pactos Dawson, los cuales, a partir de su firma, se convirtieron en la nueva ley rectora de la política nicaragüense. Desde la perspectiva de los liberales defenestrados, dichos pactos eran unas "convenciones tan humillantes para el país [...] que llevan en sí, fatalmente, la pérdida absoluta de la independencia".[20] Así lo expresó el ex-presidente José Santos Zelaya en una entrevista brindada al poeta Rubén Darío desde su exilio en Bruselas, en enero de 1911. En sus puntos más importantes, estos acuerdos estipulaban: convocar a unas elecciones para integrar una Asamblea Constituyente el 20 de noviembre de 1910. Esta asamblea elegiría como presidente pro tempore a Juan J. Estrada -sin tener el derecho a la reelección- y como vice presidente a Adolfo Díaz.[21] De la misma estaría excluido "el zelayismo", lo que implicaba que se impedía participar en la creación de la nueva constitución de Nicaragua a "todo el Partido Liberal".[22] Como consecuencia, la nueva Asamblea Constituyente estaría bajo el control del General Emiliano Chamorro, quien era el principal líder del Partido Conservador, gracias a su trayectoria como opositor conservador a Zelaya.[23] Tal como lo expresó un político conservador de la época, era ésta "una asamblea partidista".[24]

El nombramiento de Estrada como presidente pro tempore y de Díaz como vicepresidente, respondía a que ambos habían sido los principales líderes e impulsores del levantamiento armado

---

[19] Para una definición de cómo era comprendido el término revolución en el siglo XIX en Nicaragua, ver el acápite *Nicaragua under "Liberalism": the presidency of José Santos Zelaya 1893-1909* del capítulo anterior.

[20] Rubén Darío, "Refutación al presidente Taft" en *Escritos Políticos* (Managua: Banco Central de Nicaragua, 2010), 176.

[21] Minister Dawson to the Secretary of State, Managua, October 28, 1910, United States Department of State, *Papers relating to the Foreign Affairs of the United States with the annual message of the president transmitted to Congress December 6, 1910* (Washington D.C.: U.S. Government Printing Office, 1910), 765. En adelante citado como *FRUS 1910*. Disponibles en: http://digicoll.library.wisc.edu/cgi-bin/FRUS/FRUS-idx?type=article&did=FRUS.FRUS1910.i0033&id=FRUS.FRUS1910&isize=M&-q1=Nicaragua (visitado 6.11.2012)

[22] Cuadra Pasos, "Historia de Medio Siglo," 618.

[23] Dana G. Munro, *The five republics of Central America: their political and economic development and their relation with the United States* (New York: Oxford University Press, 1918), 231-234.

[24] Cuadra Pasos, "Historia de Medio Siglo," 620.

iniciado en Bluefields contra el gobierno de Zelaya en octubre de 1909. Estrada había sido el representante de Zelaya en la costa Caribe nicaragüense. El segundo había trabajado para la empresa *Chamorro & Díaz* que, a su vez, era representante de la casa comercial británica Benito Novella & Co.[25] Ambos fueron elegidos por un período de dos años por la Asamblea Constituyente.[26] De manera que la opinión predominante, tal como la expresó el ministro Dawson en un escrito al Departamento de Estado era que: "una elección popular del presidente es en este momento impracticable y peligrosa para la paz".[27] Todavía tres años después de la renuncia de Zelaya, en el Departamento de Estado prevalecía este criterio. Se consideraba que llevar a cabo elecciones en Nicaragua resultaba imposible, al no existir un registro electoral y al no contarse con el tiempo y el recurso humano necesario para crearlo. Realmente, desde la llegada de Zelaya a la presidencia no se había llevado a cabo la inscripción de votantes, debido a que se habían eliminado los comicios electorales. Además, se opinaba que en caso de realizar elecciones, -por más justas que éstas fueran-, ninguno de los dos bandos en disputa estaba dispuesto a reconocer la victoria de su contrincante. Por estas razones, desde la perspectiva de los funcionarios estadounidenses, la demanda de elecciones de los opositores al gobierno de Adolfo Díaz no era sincera[28], y su ejecución era impracticable.

Otro impedimento para realizar comicios electorales era que tanto los rebeldes anti-zelayistas como el gobierno de los Estados Unidos se arrogaban la representación del pueblo nicaragüense. Así, Juan J. Estrada, después de haber sido obligado a renunciar a la presidencia y exiliado en los Estados Unidos, en una entrevista dada al New York Times, se atribuía la facultad de hablar en nombre tanto de su sucesor, Adolfo Díaz, como del pueblo nicaragüense.

---

[25] Aldo Díaz Lacayo, "Prólogo" en Selser *La Restauración Conservadora y la Gesta de Benjamín Zeledón*, 13.

[26] Emiliano Chamorro, "Autobiografía" en *Revista Conservadora del Pensamiento Centroamericano*, N° 6 (Enero 1961), 87.

[27] En el original: "a popular presidential election is at present impracticable and dangerous to peace". Minister Dawson to the Secretary of State, Managua, October 28, 1910, *FRUS 1910*, Ibid.

[28] George T. Weitzel, AMERICAN POLICY IN NICARAGUA. *Memorandum on the convention between the United States and Nicaragua relative to an interoceanic canal and a naval station in the Gulf of Fonseca, signed at Managua, Nicaragua, on February 8, 1913* (Washington, D.C: Government Printing Office, 1916), 21 - 22. Disponibles en: http://archive.org/stream/americanpolicyin00weitiala#page/22/mode/1up (visitado 30.07.2013)

Literalmente, afirmaba: "yo hablo en mi nombre y en nombre del presidente Díaz. Mis ideas son sus ideas, así como las de la mayoría de la gente de Nicaragua".[29] Con estas aseveraciones, Estrada se declara el portavoz de la opinión del pueblo de Nicaragua. Es decir, se nombraba a sí mismo como el representante de los nicaragüenses, sin haberles consultado, y sin que se hubiera dado procedimiento político alguno, como la realización de elecciones en las cuales el pueblo nicaragüense tuviera la posibilidad de expresar libremente su voluntad y de esta manera legitimar el estatus que éste se auto-otorgaba.

El problema aquí no era solamente que se le estaba negando al pueblo nicaragüense su propia voz; sino que también se le asumía como una totalidad homogénea, dotada de un criterio único. Al mismo tiempo, se declaraba que ese criterio único era el propio. En esencia, se quería legitimar la propia posición política en términos excluyentes, al auto-atribuirse la absoluta representación del supuesto soberano (el pueblo), al cual en el mismo acto se le negaba su soberanía, pues se recurría a éste solamente en el discurso y no en la práctica, al no buscarse cómo organizar un mecanismo efectivo de consulta de la voluntad popular. Todo ello evidencia la concepción autoritaria con la que se ejercía el poder y cómo se le negaba al pueblo y al adversario político, el derecho a poder influir en el proceso de toma de decisiones colectivamente vinculantes. Esta exclusión de la mayoría de la población, no era un fenómeno netamente nicaragüense, sino latinoamericano. La tendencia general en el subcontinente, a inicios del siglo XX, era el domino político y económico de una minoría, denominada en la literatura como "la oligarquía".[30] En este sentido, tanto la política en muchos países de Latinoamérica y especialmente en Nicaragua, en términos de sus características estructurales, no había variado significativamente en comparación con la del siglo XIX, período que se caracterizó por el dominio político, económico y social

---

[29] En el original: "I speak in my name and in the name of President Díaz. My ideas are his, as well as those of the majority of the people of Nicaragua". "Aid for Nicaragua asked by Estrada," *The New York Times*, 10 de Septiembre de 1912. Disponible en: http://query.nytimes.com/mem/archive-free/pdf?res=9B00EEDA113AE633A25753C1A96F9C946396D6CF (visitado 30.07.2013).

[30] Walther L. Bernecker y Hans Werner Tobler, „Staat, Wirtschaft, Gesellschaft und Aussenberziehungen Lateinamerikas im 20. Jahrhundert." en *Handbuch der geschichte Lateinamerikas*, edit. Walther L. Bernecker, et.al. (Stuttgart: Klett-Cotta, 1996), 9.

de una minoría, y una política personalista marcadamente fragmentada,[31] es decir, donde varias facciones o grupos luchan entre sí.

Esta situación de exclusión, -en donde la política es dominada por una pequeña minoría y el resto de los nicaragüense no tiene ninguna influencia-, la describió claramente, el político conservador y diputado ante la Asamblea Constituyente convocada en octubre de 1912, Toribio Tijerino, al afirmar que los Pactos Dawson: "quitaban al pueblo el derecho a elegir y lo entregaban a 5 personas seleccionadas",[32] es decir, a sus cuatro signatarios nicaragüenses: Juan J. Estrada (presidente), Adolfo Díaz (vice presidente), Emiliano Chamorro, Luis Mena (ministro de finanzas y posteriormente de guerra) y a don Fernando Solórzano.[33] Esta auto-imposición autoritaria, igualmente emanada del Departamento de Estado, se arrogaba el derecho y la legitimidad de juzgar y declarar quiénes eran los verdaderos representantes de pueblo nicaragüense. La Nota Knox fue el primer gesto con este espíritu. En ella se argumenta que: "el gobierno de los Estados Unidos está convencido que la revolución representa los ideales y la voluntad de la mayoría de los nicaragüenses más fielmente que el gobierno del presidente Zelaya".[34] En términos muy similares, en 1912, el representante de Estados Unidos en Nicaragua George T. Weitzel, argumentaba en contra de realizar unos comicios bajo la vigilancia de su país. Según escribía Weitzel: "la mayoría de la población se encuentra satisfecha con el presidente Díaz y quienes no lo están, es por su deseo de apoderarse de la presidencia, más que el de

---

[31] Hans-Jürgen Puhle, „Zwischen Diktatur und Demokratie: Stufen der politischen Entwicklung in Lateinamerika im 20. Jahrhundert," en *Lateinamerika: Geschichte und Gesellschaft im 19. und 20. Jahrhundert*, edit. Kaller-Dietrich, Martina, et. al. (Viena: Promedia, 2004), 30.

[32] Toribio Tijerino, "Reminiscencias históricas," en *Revista Conservadora* 7, N° 40 (Enero 1964), 7.

[33] Emiliano Chamorro, *El último caudillo: Autobiografía* (Managua: Ed. del Partido Conservador Demócrata, 1983), 192.

[34] En el original: "The Government of the United States is convinced that the revolution represents the ideals and the will of a majority of the Nicaraguan people more faithfully than does the Goverment of President Zelaya".The Secretary of State to the Nicaraguan Chargé, Washington, December 1, 1909, United States Department of State, *Papers relating to the foreign relations of the United States with the annual message of the president transmitted to Congress December 7, 1909* (Washington D.C.: U.S. Government Printing Office, 1910). En adelante citado como *FRUS 1909*. Disponible en: http://images.library.wisc.edu/FRUS/EFacs/1909/reference/frus.frus1909.i0033.pdf (visitado 30.07.2013).

celebrar elecciones honestas".³⁵ En otras palabras, se declaraba a Díaz como el representante del pueblo nicaragüense, sin llevar a cabo ningún tipo de consulta. Y esto se justificaba señalando al oponente de autoritario y ambicioso de poder. De esta manera, se buscaba deslegitimar las aspiraciones políticas del adversario y validar su exclusión. La consecuencia es que se obstruía seriamente la constitución de un sistema político democrático, en el cual se aceptara como legítimo el derecho de existir del oponente y su aspiración a lograr un cambio de gobierno. En estas circunstancias, a la oposición la única posibilidad que le quedaba para poder superar la exclusión política era recurrir a la violencia. Sólo así, se lograba la alternancia en el poder, tal y como ha sucedido durante gran parte de la historia política de Nicaragua.

En otro punto de "los Pactos Dawson", se establecía la creación de una Comisión Mixta de Reclamos (CMR) para examinar y juzgar las demandas de reparos por pérdidas causadas por la cancelación de los contratos y concesiones otorgados por el gobierno predecesor y por todos los daños sufridos por la guerra. Tres serían los integrantes de la comisión: un ciudadano nicaragüense, escogido por el gobierno de Nicaragua, un ciudadano estadounidense recomendado por el gobierno de los Estado Unidos y nombrado por el gobierno de Nicaragua, y un tercero de carácter neutral, nombrado directamente por el Departamento de Estado.³⁶ Esta composición de la comisión le permitía a los Estados Unidos ejercer un fuerte control sobre ésta. En mayo de 1915, esta comisión dictaminó que de un total de 7,908 reclamos cuyo valor ascendía a un total de 13,808,161.00 millones de córdobas, el Estado de Nicaragua debía pagar 1,840,432.31 millones de córdobas.³⁷ Esta suma tenía el mismo valor en dólares norteamericanos, pues la nueva moneda creada en marzo de 1912

---

[35] En el original: "The majority of the people are satisfied with President Diaz, and the malcontents are more desirous of securing the presidency than of having honest elections". Weitzel, *American Policy in Nicaragua*, Ibid.

[36] The Secretary of State to the American Minister. Washington, Feb 27, 1911, United States Department of State, *Papers relating to the Foreign Affairs of the United States with the annual message of the president transmitted to Congress December 7, 1911* (Washington D.C.: U.S. Government Printing Office, 1911), 627. En adelante citado como FRUS 1911. Disponible en: http://digicoll.library.wisc.edu/cgi-bin/FRUS/FRUS-idx?type=turn&id=FRUS.FRUS1911&entity=FRUS.FRUS1911.p0707&q1=Nicaragua (visitado 6.11.2012).

[37] Nicaraguan Mixed Claims Commission, *Report of the Nicaraguan Mixed Claims Commission transmitted with report of its president to the Secretary of State of the United States* (Washington D.C.: 1915), 9. Disponible en: http://ia600402.us.archive.org/7/items/reportofnicaragu00nicarich/reportofnicaragu00nicarich.pdf

para contrarrestar la inflación monetaria, -llamada Córdoba Oro en honor al conquistador español fundador de León y Granada, Francisco Hernández de Córdoba-, tenía una tasa de cambio fija de uno a uno con el dólar norteamericano.[38] En la actualidad, (abril del 2014) esta indemnización equivaldría a un total de 42,790,051.21 dólares norteamericanos.[39] Aunque en comparación con el monto del reclamo, esta suma era sumamente baja, era superior al gasto total del Estado en 1916, que ascendía a 1,522,102.70 millones de córdobas.[40] En otras palabras, el estado financiero de Nicaragua no permitía que se pagara, ya que desde la guerra contra los liberales Zelaya y Madriz, la situación económica del país y de las finanzas públicas era precaria y no llegaría a mejorar significativamente en los años siguientes.

Un factor importante fue el efecto que tuvo la rebelión contra Zelaya y Madriz sobre la agricultura y el comercio. La agricultura se paralizó, al haber escasez de trabajadores, ya que un gran número de éstos habían sido reclutados forzosamente para servir en la guerra. El resultado fue que el conflicto bélico perjudicó gravemente la agricultura debido al reclutamiento forzoso de los campesinos y de los trabajadores de las haciendas para combatir en la guerra, y causó la destrucción de la cosecha y de cabezas de ganado. Así mismo, provocó la desorganización del sistema de transporte.[41] Pese a esta situación, al asumir Estrada la presidencia en agosto de 1910, encontró suficientes fondos para saldar los gastos ordinarios del gobierno. Sin embargo, esta suma no era suficiente para financiar las compensaciones dadas a los participantes de la revolución de octubre, quienes recibieron tierra o dinero en efectivo.[42] Qué tan legítimos y legales eran estos pagos a los allegados del nuevo gobierno, resulta difícil de decir. Para el académico y posterior diplomático de Estados Unidos en Nicaragua, Dana Gardner Munro, quien viajó por Centroamérica en estos años, estas indemnizaciones eran demandas

---

[38] Pío Bolaños, *Génesis de la intervención norteamericana en Nicaragua* (Managua: Editorial Nueva Nicaragua), 1985, 27.

[39] Este valor se calculó usando el calculador de la inflación del dólar norteamericano proveído por la página web: http://www.usinflationcalculator.com/ (visitada el 3 de abril del 2014).

[40] Isolda Rodríguez Rosales, *Historia de la educación en Nicaragua: Restauración conservadora: 1910-1930* (Managua: Editorial Hispamer, 2005), 239.

[41] Munro, *The five republics of Central America*, 233.

[42] The Department of State, *The United States and Nicaragua: a Survey of the Relations from 1909-1932* (Washington D.C: Unites States Government Printing Office, 1932), 12.

hechas por los conservadores y sus amigos, que podían ser reales o falsas.[43] Según el ex-ministro de Hacienda de Zelaya, José María Castellón, sólo a los 10 miembros de la familia Chamorro se le pagaron 6,498,037.00 $ pesos de un total de 33 millones pesos[44], equivalentes a 2,640,000.00[45] millones de dólares norteamericanos, según el tipo de cambio fijado por ley en marzo de 1912, de 12.50 pesos por dólar.[46] Tras haber hecho estos pagos la tesorería se encontraba vacía, por lo cual el gobierno de Estrada recurrió a emitir papel moneda en valor de 25,000,000 de pesos, equivalentes a 2 millones de dólares, según la misma tasa de cambio.

El efecto inmediato fue el alza de la presión inflacionaria y la agudización de la ya difícil situación económica causada por el conflicto bélico contra Zelaya y Madriz. Evidencia de lo anterior es que en 1910, se registraron los ingresos aduaneros más bajos desde 1903,[47] lo cual demuestra primero el fuerte impacto que tuvo sobre la economía nicaragüense esta guerra y, en segundo lugar, cómo el uso de los conservadores y sus allegados del Estado para enriquecerse, condujo a perder el control de las finanzas del Estado y a agudizar la ya difícil situación económica del país. En esencia, el mal uso de los fondos públicos obligó a Nicaragua a entregarse irremediablemente a las condiciones impuestas por la diplomacia del dólar. Esta política inaugurada por el presidente Theodore Roosevelt y aplicada por primera vez en la Republica Dominicana,[48] tenía como meta poner bajo el control de los Estados Unidos las deudas externas de los países de Centroamérica y El Caribe, para impedir que un compromiso financiero de éstos con alguna potencia europea provocara una intervención armada en la región.[49] Así, se estipuló dentro de los Pactos Dawson que el nuevo gobierno recurriría al Departamento de Estado para gestionar un empréstito, el cual sería garantizado "con un tanto por ciento de las entradas de Aduanas".[50]

[43] Dana Gardner Munro, *A Studen in Central America, 1914-1916* (New Orleans: Middle American Research Institute, 1983), 21.
[44] Selser, *La Restauración Conservadora y la Gesta de Benjamín Zeledón*, 202.
[45] En la actualidad, abril del 2014, esta suma sería de 62,620,800.00 dólares de EE. UU.
[46] Roscoe R. Hill, *Fiscal Intervention in Nicaragua* (New York: Columbia University, 1933), 70-71.
[47] The Department of State, *The United States and Nicaragua*, Ibid.
[48] Bermann, Karl. Under the Big Stick: Nicaragua and the United States since 1848. Boston: South End Press, 1986, p 153.
[49] Kerevel, Yann. Re-examining the Politics of U.S. Intervention in Early 20th Century Nicaragua, p 8.
[50] Chamorro, *Autobiografía*, Ibid.

Para los Estados Unidos, este control sobre las Aduanas era muy importante; con las aduanas bajo su mando, el Departamento de Estado creía haber removido uno de los incentivos más fuerte de las recurrentes "revoluciones" que se daban en Nicaragua,[51] ya que estas últimas eran la fuente más importante de ingresos con la que contaban los países centroamericanos y de Latinoamérica en aquellos años.[52] En el caso de Nicaragua, se estimó que de 1918 a 1928, el ingreso fiscal obtenido a través de las aduanas equivalía al 49,2 % del ingreso total recibido por el gobierno.[53] De ahí que el control de los ingresos aduaneros fuera considerado el elemento más importante para lograr la pacificación y el desarrollo de los países de El Caribe y América Central. Con el dominio sobre las aduanas, pretendían asegurarse que se diera una recolecta y administración "honesta y eficiente" de los tributos. Como resultado, se esperaba proveer de mayores fondos financieros al Estado y fortalecer a los débiles gobiernos de la región. Al mismo tiempo, se contaría con mejores garantías para recuperar los préstamos concedidos a estos países y para que se realizaran las inversiones necesarias en infraestructura. Y, como consecuencia, se generaría "la prosperidad" necesaria para garantizar la paz de la región.[54] En síntesis, el control de las aduanas y los préstamos forzosos eran las piezas medulares de esta estrategia de desarrollo estadounidense.

Tanto con los Pactos Dawson como con el derrocamiento de Zelaya, el gobierno de los Estados Unidos de Norteamérica creía resolver lo que entendía como el principal problema de Centro América: la falta de una paz duradera, tanto entre los países como a lo interno de cada uno. En palabras del diplomático George T. Weitzel, se trataba de "la necesidad de ponerle fin al constante desorden imperante en Centroamérica y así remover el peligro de que los países europeos interfirieran en una de estas repúblicas".[55]

[51] Weitzel, *American Policy in Nicaragua*, 4.

[52] Dana Munro, "Dollar Diplomacy in Nicaragua, 1909-1913," en *The Hispanic American Historical Review* 38, N° 2, (Mayo 1958), 211.

[53] W.W. Cumberland, *Nicaragua: An Economic and Financial Survey, prepared, at the request of Nicaragua, under the auspices of the Department of State* (Washington, D.C: United States Government Printing Office, 1928), 82.

[54] Munro, "Dollar Diplomacy in Nicaragua, 1909-1913," 211.

[55] En el original: "the necessity for putting an end to the constant disorders in Central America and thereby removing the liability of European interference in those republics". Weitzel, *American Policy in Nicaragua*, 3.

Para Nicaragua, esto implicaba remover al gobierno de Zelaya del poder y garantizar el control de las aduanas. Desde la perspectiva del Departamento de Estado, sacar del poder a Zelaya y a sus seguidores resultaba un asunto primordial, al ser considerados un importante factor de inestabilidad para toda la región.[56] El error más grave que habían cometido y que condujo a Estados Unidos a esta conclusión, fue no abandonar el proyecto de construir un canal a través de Nicaragua, una vez que el coloso del norte se había decido por la ruta de Panamá para conectar al Mar Caribe con el Océano Pacífico. Esta aspiración había llevado al gobierno de Nicaragua a sondear la posibilidad de construirlo con la ayuda de otras potencias internacionales de la época. Así se trató de convencer a Japón[57] y a Alemania, entre otros,[58] de construir un canal por Nicaragua. Para los Estados Unidos, que entonces ya estaban construyendo el Canal de Panamá, estas negociaciones representaban una amenaza a su dominio y hegemonía sobre El Caribe y Centroamérica, región que tenía para la potencia del Norte una gran importancia estratégica, al estar muy cercana a su territorio, ser suministradores de materias primas y compradores de los productos fabricados por la industria de los Estados Unidos.[59]

Además, a los ojos del Departamento de Estado, la cuestión del canal por Nicaragua no era únicamente un asunto de interés geopolítico. El posible canal era igualmente visto como una fuente de inestabilidad política, tanto a lo interno como en términos de la relación de Nicaragua con sus vecinos. Así, el conflicto entre León y Granada, que había dominado la política nicaragüense durante todo el siglo XIX, era reducido a una disputa por el control de la ruta canalera. Weitzel formuló esta noción en los siguientes términos: "en breve, se puede decir que el tema del canal es la principal causa de disturbios cuando se trata de Nicaragua; ya sea en cuanto a sus relaciones internacional, entre Estados o a lo

---

[56] Ibid.
[57] José D. Gámez, "El Canal anglo-japonés por Nicaragua" en *Revista de Temas Nicaragüenses*, N° 4 (Agosto 2008), 46-52.
[58] Schnoonover, *Germany in Central America: Competitive Imperialism, 1821- 1929*, 133.
[59] Scott Nearing, & Joseph Freeman, *La diplomacia del dólar: Un estudio acerca del imperialismo americano* (México, D.F: Soc. De Ed. y Libr. Franco Americana, 1927), 145.

interno".⁶⁰ Otro error de la política exterior de Zelaya que, -desde la perspectiva de los intereses de Estados Unidos-, la convertía en una amenaza para el mantenimiento de la paz en la región, había sido el apoyo que éste daba al derrocamiento de gobiernos rivales en el resto de América Central.⁶¹ Para los Estados Unidos -desde el gobierno del presidente Theodore Roosevelt- esta amenaza a la estabilidad y al orden interno de las repúblicas centroamericanas podía provocar lo que constituía su mayor preocupación: la intervención de alguna otra potencia mundial. A la vez, este tipo de intervención era considerado un peligro para el canal de Panamá,⁶² de ahí que resultara necesario eliminar al gobierno de Zelaya y el apoyo militar que daba a los movimientos armados en Centroamérica.

---

⁶⁰ En el original: "in brief, it may be said that the canal question is the principal disturbing issue in Nicaraguan affairs, whether international, interstate, or internal". Weitzel, *American Policy in Nicaragua*, 8.

⁶¹ The Department of State, *The United States and Nicaragua*, 6.

⁶² Leonard, *Central America and the United States*, 57.

La Restauración Conservadora: inestabilidad, Estado laico y femineidad apolítica

Sin embargo, más que resolver problemas de inestabilidad, la llegada de los auto-denominados revolucionarios de octubre al poder, inició un período de turbulencia política en Nicaragua. De manera que, aunque los Estados Unidos habían eliminado una amenaza a sus pretensiones de dominio hegemónico en Centroamérica, al mismo tiempo se había creado el problema de garantizar la estabilidad política y la paz en Nicaragua. Así, los próximos veinticinco años serían de fuerte inestabilidad y violencia en los que se darían dos golpes de estado y tres guerras civiles, además de varios disturbios y tumultos, cuya consecuencia sería la frecuente proclamación de la Ley Marcial; ésta le permitía al gobernante de turno regir el país de manera dictatorial. Por esta razón, se encontraban a la orden del día, la censura de los diarios, el encarcelamiento de los oponentes políticos o su condena al exilio.[63] Se puede decir que, desde la renuncia de José Santos Zelaya hasta la toma del poder de Anastasio Somoza García, el principal problema del sistema político nicaragüense fue la incapacidad del Estado de garantizarse el monopolio de la violencia dentro de su territorio y con ello la deseada estabilidad política. Esto se alcanzó en mayor medida con la fundación de la Guardia Nacional y el posterior aniquilamiento del Ejército Defensor de la Soberanía Nacional (EDSN), liderado por Augusto Calderón Sandino. Esta debilidad del Estado nicaragüense, a inicios del siglo XX, era de tal magnitud que no era ni siquiera capaz de imponer su monopolio sobre la producción de aguardiente en la capital de la república. Así, Gardner Munro relata cómo durante su primera visita a Managua, se le ofreció aguardiente de producción privada, de lo cual concluyó que "los esfuerzos del gobierno por hacer valer sus leyes fiscales no eran muy eficaces".[64]

---

[63] Rascoe H. Hill, "Los Marinos en Nicaragua 1912-1925," en *Revista Conservadora del Pensamiento Centroamericano* 27, N° 135, (diciembre 1971), 10.

[64] En el original: "the government's efforts to enforce its revenue laws were not very effective". Munro, *A Student in Central America*, 20.

La inestabilidad política que había sufrido Nicaragua desde la Independencia, se volvería a agudizar con la llegada de los rebeldes de Bluefields al poder, ya que desde el inicio de la Revolución de octubre, sus principales líderes se dedicaron a luchar entre ellos para asegurarse el control de la presidencia. Los mismos "Pactos Dawson", cuyo principal objetivo era garantizar la estabilidad política, fueron una fuente importante de discordia. Principalmente, el acuerdo por medio del cual se entregaba a los Estados Unidos el control de las aduanas, se enfrentaba a la resistencia tanto de los liberales zelayistas como de algunos conservadores. Para los primeros, los empréstitos que el gobierno de Nicaragua había adquirido con los banqueros de Nueva York eran "empréstitos leoninos en los cuales se ha comprometido todo: vida, honor y libertad de los nicaragüenses".[65] La inconformidad y oposición a esta medida por parte de los conservadores, la expresó muy claramente el primer representante en los Estados Unidos del gobierno de Estrada, David Arellano. Según Arellano, el entregar el control sobre las aduanas equivalía a estar en el gobierno sin poder gobernar. Esto haría que el mando del nuevo gobierno fuera "irrisorio".[66] No obstante, dado que esta era la pieza clave de la política y estrategia de dominio de los Estados Unidos sobre El Caribe y Centroamérica (la diplomacia del dólar), su aplicación era inamovible.

El principal escenario donde se disputaron estos temas que suscitaron discrepancia fue la Asamblea Constituyente elegida el 27 de noviembre de 1910,[67] la cual fue disuelta por el presidente Estrada el 4 de abril de 1911.[68] El enfrentamiento que condujo a que se disolviera esta Asamblea estaba relacionado, primero a la mutua desconfianza que existía entre los rebeldes liberales y conservadores desde el inicio de su predominio político; y en segundo lugar, al fuerte conflicto entre los líderes revolucionarios por el control del poder. Este enfrentamiento tenía dos dimensiones: Por un lado, se basaba en la fuerte rivalidad entre liberales y conservadores, y por el otro, era el resultado de la aspiraciones de los principales dirigentes

---

[65] Francisco Berríos, *Réplica al Folleto Conservador* (León, Nic: Tipografía La Patria, 1924), 14.
[66] Jorge Eduardo Arellano, *El Doctor David Arellano: 1872-1928* (Managua: 1993), 50.
[67] The Department of State, *The United States and Nicaragua*, 10.
[68] American Legation, Managua, April 6, 1911. File No. 817.00/1562, *FRUS 1911*, 657.

de la "Revolución de octubre" por llegar a ocupar el cargo de presidente de la república.[69] En las palabras de un "amigo sincero y leal del Partido Conservador": "no [se] podía aceptar un plan o combinación que trajera como consecuencia el predominio político de los liberales, que son nuestros antagonistas".[70] La amenaza de un predominio liberal en el nuevo gobierno estaba dada por el presidente Juan J. Estrada y su Ministro de Gobernación José María Moncada, al tiempo que los políticos y militares conservadores más importantes del momento eran Emiliano Chamorro y Luis Mena, quienes buscaban cómo suceder lo más pronto posible a Estrada.

Sin embargo, gracias a los Pactos Dawson, estos dos no podían simplemente dar un golpe de estado. Además, ambos se encontraban enfrentados al tener la misma aspiración, rivalidad que igualmente se reflejó en la disolución de la Asamblea, en donde Emiliano Chamorro ocupaba el puesto de presidente,[71] gracias a que era el líder de la vasta mayoría conservadora que dominaba este poder del estado. Desde esta posición, procuró lograr dos propósitos: llegar -tarde o temprano- a ocupar la presidencia y hacer del Estado nicaragüense un estado confesional. Para lograr el primer objetivo, se "incluyó en el proyecto constitucional una cláusula por la cual cualquier ministro del gabinete sobre el cual el Poder Legislativo dictara un voto de censura, tendría que renunciar en el acto".[72] Con esta cláusula, Chamorro buscaba cómo tener un arma para impedir que su más fuerte rival conservador -Luis Mena- pudiera, desde su cargo de Ministro de Guerra, ganarle la partida. Respecto del segundo propósito, los conservadores allegados a Chamorro estaban determinados a declarar en la nueva constitución a la religión católica como la religión oficial de Nicaragua. Así, en el artículo 6 de la "Constitución Non Nata" de 1911, se declaraba: "la religión de la república es la Católica, Apostólica y Romana. No podrá restringirse la libertad de la Iglesia Católica ni su personalidad jurídica".[73] A su vez, el artículo 9 le otorgaba a las iglesias cristianas la potestad de controlar el sistema educativo,

---

[69] Huezo, "La caída de un presidente", 4.

[70] Ibid., 8.

[71] Selser, *La Restauración Conservadora y la Gesta de Benjamín Zeledón*, 172.

[72] Ibid.

[73] Emilio Álvarez Lejarza, *Las constituciones de Nicaragua: exposición, crítica y textos* (Madrid: Editorial Cultura Hispánica, 1958), 656.

independientemente de que el centro escolar fuese público o privado, al ordenar que "en los establecimientos de enseñanza sostenidos con fondos públicos, se dará a los alumnos la enseñanza religiosa que sus padres o encargados de su educación indiquen, en cuanto no sea contraria a la moral cristiana. El diocesano y las autoridades superiores de las otras confesiones cristianas, tendrán el derecho de supervigilar dichos centros en la parte religiosa y del modo que la ley disponga".[74]

En términos de la separación del Estado y la Iglesia, así como de la secularización de Nicaragua, estas disposiciones constitucionales eran un serio retroceso, si se compara con lo establecido en la Constitución Liberal de 1893, conocida como la Libérrima; en ésta se prohibía en el artículo 47 "legislar estableciendo o protegiendo ninguna religión ni prohibiendo su libre ejercicio",[75] y el artículo 48 garantizaba el no sometimiento del "estado civil de las personas a una creencia religiosa determinada".[76] Para el liberal Estrada y el General Luis Mena -que pertenecía a la facción llamada "conservadores progresistas"- estos artículos constitucionales resultaban inaceptables.[77] Tanto los liberales como estos conservadores progresistas se oponían a otorgarle a la iglesia católica y al catolicismo un papel más preponderante dentro del Estado nicaragüense. Por esta posición -que los acercaba más a los liberales que a sus correligionarios conservadores pro-clericales-, se les llamaba progresistas. Fue esta cercanía la que permitió que Estrada y Mena se unieran para disolver la Asamblea Constituyente y que, de esta manera, impidieran el establecimiento del catolicismo como la religión oficial de Nicaragua. Asimismo, evitaron que Chamorro -por medio de su control del Poder Legislativo- pudiera remover a Mena de su puesto ministerial.

Para los conservadores a favor del catolicismo, "la religión católica" era el "elemento impulsor de cultura y regeneración moral y uno de los principales factores de la paz y seguridad de

[74] Ibid.
[75] Ibid., 563.
[76] Ibid.
[77] Gobat, *Confronting the American Dream*, 77.

la Nación".⁷⁸ En este sentido, la religión aseguraba la vigencia y continuidad del orden social establecido y era la instancia más importante para legitimar los propios privilegios, derivados de la posición social superior que ocupaban. Todo esto -en la noción de los conservadores procatolicismo- hacía perentoria "la unión del Estado y la religión", que se entendía en primera instancia como una "unión moral" y no administrativa o económica.⁷⁹ Además de ser fuente de legitimación, la religión era su principal fuente de sentido con la cual explicaban el mundo en el que vivían. Por esta razón, consideraban al catolicismo la "Verdad Suprema", y declaraban que dotar al Estado y a la Constitución de un carácter religioso era necesario porque de la religión emanaban "las leyes morales de eterna justicia, […], y a las cuales están sujetos todos: los pueblos como los individuos, los gobiernos como las instituciones".⁸⁰ Para el Estado, significaba que debía reconocer al catolicismo como tal y subordinársele. La intención de estos conservadores era que "el Estado rind[iera] el homenaje debido a la Verdad Suprema",⁸¹ es decir, a la religión católica. Este "homenaje" significaba que el Estado debía permitir y promover la influencia de la iglesia católica en ámbitos de su competencia, como el matrimonio y la educación. En otras palabras, se pretendía que el Estado cediera su competencia al respecto en favor del clero.

En el terreno de la educación fue donde mayor empeño se puso para hacer imperar en Nicaragua el catolicismo. Una medida que se tomó al respecto fue dictar que "la enseñanza religiosa tenía carácter obligatorio, inclusive, en las escuelas públicas".⁸² Esta política de fomentar la educación religiosas se basó en el argumento de que "casi la totalidad de los nicaragüenses"⁸³ eran católicos y por ende esta medida estaba en concordancia con lo que se consideraba era

---

[78] Emiliano Chamorro, *Manifiesto del presidente electo en el solemne acto de toma de posesión. Managua 1º de enero de 1917* (Managua: Tipografía Nacional, 1917), 4.

[79] Diego Manuel Chamorro, *Discursos, 1901-1921* (Managua: Tipografía y Encuadernación Nacionales, 1923), 16.

[80] Ibid., 17.

[81] Ibid., 15.

[82] Isolda Rodríguez Rosales, *Historia de la educación en Nicaragua. Restauración conservadora: 1910-1930* (Managua: Editorial Hispamer, 2005), 60.

[83] Ministerio de Instrucción Pública. *Memoria de Instrucción Pública* (Managua: Imprenta Nacional, 1912), 221-222, citado en Isolda Rodríguez Rosales, "La Restauración Conservadora y la creación de colegios religiosos," *Encuentro* 37, Nº 71, 2005, 123.

"la voluntad nacional".[84] Tanto la idea de que la religión católica es "la Verdad Suprema" como la afirmación de que la gran mayoría de los nicaragüenses pertenecen a esa corriente del cristianismo, demuestran cómo continuaba vigente la aspiración de mantener la unanimidad de criterios. Además, revela cómo la población de Nicaragua era concebida como una entidad homogénea y unitaria. Al mismo tiempo, aunque en términos oficiales había libertad de culto, en el fondo ésta no se deseaba y se pretendía obstaculizarla. Así, el Ministro de Instrucción Pública en 1921, en una carta dirigida a sus subalternos escribió:

> "Por razones de alta política y de cultura internacional nuestra legislación establece y garantiza la más completa tolerancia de cultos; pero nunca debe entenderse, en desacato de la voluntad nacional, que dicha tolerancia redunde en desprestigio o falta de respeto a la religión católica, a la cual pertenece la casi totalidad de los nicaragüenses; el radicalismo y sus tendencias corruptoras de la moralidad pública, combaten el sentimiento religioso, y no son gratos al gobierno".[85]

En otras palabras, se decía sí pero no, a la libertad de culto. Formalmente se aceptaba que existieran otras creencias religiosas fuera del catolicismo, pero en la práctica éstas no eran bien vistas. Durante el primer gobierno conservador de Emiliano Chamorro (1917-1920), la fusión entre estado e iglesia llegó a ser tan estrecha, que el Ministro de Educación, David Arellano, dio la orden de "colocar la imagen del Sagrado Corazón de Jesús en todas las oficinas públicas".[86] Todo ello demuestra cómo el predominio de la religión, igualmente ha sido una condición favorable para que perviva un bajo grado de tolerancia a la divergencia de criterios. A su vez, esto ha impactado negativamente en el establecimiento de un sistema político democrático, en donde la confrontación política se base en diferentes proyectos ideológicos que buscan -desde una perspectiva particular- construir un mejor país. En este sentido, el papel preponderante de la religión ha contribuido a que no se tolere la divergencia política. Por esta razón, no se puede sostener que la influencia del catolicismo sobre el sistema político nicaragüense

---

[84] Ibid.
[85] Ministerio de Instrucción Pública, *Memoria de Instrucción Pública*, Ibid.
[86] Jorge Eduardo Arellano, *Breve historia de la iglesia en Nicaragua: 1523-1979* (Managua: 1979), 77.

—desde la colonia hasta la actualidad— ha sido solamente la de fomentar la idea de que el devenir histórico de Nicaragua es "un proceso determinado por fuerzas que los nicaragüenses no controlan";[87] cuya consecuencia ha sido el surgimiento de una cultura pragmática-resignada.[88] En realidad ha contribuido a bloquear la institucionalización en el sistema político tanto de las ideologías como el componente central de las disputa política, así como el establecimiento de la escisión de la cima del poder político en gobierno y la oposición. Esto debido a que esta escisión requiere que se admita la diversidad de criterios y no que se busque cómo imponer solo uno, como es el caso, cuando se pretende que el Estado tenga un credo religioso y adopte políticas para promoverlo e imponerlo.

Esta incapacidad de aceptar la negación de la propia posición política y religiosa, también se demuestra claramente en la afirmación despectiva que se expresaba hacia quienes se oponían a declarar a la religión católica como el credo religioso oficial de Nicaragua. A éstos se les acusaba de emanar un "líquido fétido, tufo permanente de sus doctrinas perversas".[89] Igualmente se refleja aquí muy bien el grado de aversión e incapacidad de tolerar la divergencia de criterio. El uso del calificativo de "doctrinas perversas" para referirse a la posición e ideas de quienes se oponían a hacer del Estado nicaragüense un estado confesional, evidencia cuán fuerte era el rechazo a toda opinión que se desviara de la propia.

Al mismo tiempo, los opositores a la fusión entre Estado y catolicismo, sostenían que era necesario mantener la separación entre ambos para garantizar la libertad de culto, es decir, para que los otros credos cristianos pudieran ser practicados libremente. Uno de ellos demandó que "se deje a todos adorar a Dios según los dictados de su conciencia, aunque no sea propiamente en la forma en que nosotros lo hacemos".[90] Se partía de la idea de que no se podía dictar leyes que impusieran a las personas creencia religiosa

---

[87] Pérez Baltodano, *Entre el Estado Conquistador y el Estado Nación*, 25.
[88] Ibid.
[89] Cuadra Pasos, "Cabos Sueltos de mi Memoria," 365.
[90] Chamorro, *Discursos*, 10.

alguna, pues "con respecto al espíritu no caben legislaciones".[91] Era ésta una posición más tolerante en comparación con la de los partidarios de la fusión del Estado y la iglesia. Además promovía la separación entre el Estado y la Iglesia que a la vez es la diferenciación entre política y religión.

Esta disputa no se limitó únicamente a crear una enmienda confesional en la nueva constitución. La pugna prosiguió cuando se discutió la Ley de Matrimonio durante el primer gobierno de Adolfo Díaz (1911-1916). Esta controversia parlamentaria muestra cómo en el fondo se reñía sobre la naturaleza misma del Estado y el alcance de la influencia de la iglesia católica sobre éste. La discrepancia se centraba en si el matrimonio eclesiástico debía tener el mismo estatus legal que el matrimonio civil. Para los conservadores pro-catolicismo, el matrimonio eclesiástico debía ser reconocido como un acto legal, tal como se hacía con el matrimonio civil. Ellos afirmaban que su objetivo era otorgar:

> "a cada uno lo que es de cada uno: que los que deseen casarse civilmente lo hagan a su gusto y ante el Juez que les dé la gana o que les corresponda, y que cuando dos católicos traten de contraer matrimonio, según las prescripciones de su culto, la ley civil no se ponga frente a ellos para poner obstáculos para su celebración o tratar de destruir sus efectos en relación con la legitimidad de la prole y del propio vínculo contraído".[92]

Los adversarios de esta moción, entre los cuales también había miembros del Partido Conservador, consideran que se procuraba "destruir esa gran conquista del derecho moderno y hacer predominar del todo al clero".[93] En otras palabras, se temía que el equiparar ambos tipos de matrimonios era parte de una serie de medidas para subordinar el Estado a la iglesia. Además, para los oponentes de esta nueva Ley de Matrimonio, "los principios de la Iglesia" estaban "en oposición con la civilización moderna",[94] la cual se asociaba "con la ciencia, con la libertad y con el progreso",[95] es decir, que constituía un retroceso en el proyecto de modernizar

---

[91] Ibid.
[92] Ibid, 78.
[93] Ibid, 73.
[94] Ibid, 74.
[95] Ibid, 76.

al país. Para los partidarios de esta ley, subordinar el Estado a la iglesia era un acto natural y una consecuencia lógica del hecho que todos los derechos del hombre, como son "el derecho a la vida, a la propiedad, a la inviolabilidad del honor, la libertad de la conciencia, del pensamiento" emanaban de Dios. Pero su proyecto de revertir la separación entre el Estado y la iglesia -iniciada durante los treinta años conservadores y llevada con mayor fuerza durante el gobierno de José Santos Zelaya- tenía también tintes de revancha política y demostraba su lectura personalista de la política. Así, se argumentaba que modificar la Ley de Matrimonio era parte de su ataque "al sistema de leyes tiránicas"[96] instituidas durante "la tiranía de Zelaya".[97] De esta manera, no se distinguía entre las ideas de secularización de los liberales y los conservadores progresistas y la dictadura de Zelaya, y se adoptaba la actitud de que estar en contra del régimen dictatorial de Zelaya, también demandaba estar en contra de las ideas de secularización impulsadas durante su mandato. Con ello, se demostraba como en el sistema político no existía la diferenciación entre el individuo y la ideología.

La misma falta de diferenciación, en el caso de la religión y la política, se demuestra tanto en la discusión sobre la Constitución como respecto del proyecto de Ley de Matrimonio. Aquí, la fusión Estado e iglesia, así como el gran peso que tenía la iglesia católica y el catolicismo en la Nicaragua de la época quedan muy claros. El eje central de este conflicto se centró en redefinir cuán secular debía ser el Estado nicaragüense, y hasta qué punto se iban a limitar o impulsar -desde el Estado- la capacidad de la iglesia católica de regir la vida de los nicaragüenses. Para los conservadores allegados a ésta, la no equiparación del matrimonio religioso con el civil equivalía a someter al primero a una categoría de inferioridad. Y en realidad lo era, pues la iglesia católica estaba perdiendo una potestad frente al Estado, lo cual demuestra cómo la diferenciación entre política y religión a inicios del siglo XX en Nicaragua estaba todavía inconclusa.

El mayor símbolo de esta falta de diferenciación era la ostentación del cargo de diputado, del primer arzobispo de Managua, Monseñor

---

[96] Ibid., 77.
[97] Ibid.

José Antonio Lezcano y Ortega,[98] quien fue uno de los principales impulsores de equiparar el matrimonio eclesiástico al civil y de demandar que los juicios de la iglesia tuvieran vigencia legal frente al Estado nicaragüense.[99] Así mismo, este arzobispo proclamaba el "derecho divino de los reyes". Según Lezcano y Ortega -inspirado en esta doctrina-, el origen de todo poder político era divino, independientemente de quién fuera el que lo ejercía y cuál fuera su posición dentro del Estado.[100] En esencia, esto significaba que se negaba el principio democrático según el cual el poder emana del pueblo soberano. De igual forma, para un sistema político en donde el liderazgo era marcadamente autocrático, es decir, con un alto nivel de autoritarismo y arbitrariedad, esta justificación divina del poder ayudaba a reproducir y a continuar tal forma de ejercer el poder. Además, demuestra la influencia adversa que tenía el catolicismo y la iglesia católica en aquellos años en la modernización del sistema político nicaragüense, y como impulsaba que la confrontación política no se basara en diferencias ideológicas y sino en la búsqueda perenne de excluir al oponente político.

En el contexto de este enfrentamiento legislativo sobre el catolicismo y el Estado, aparecieron las mujeres luchando a favor de la causa católica. En un país cuya esfera pública había estado controlada por los hombres, la aparición de estas mujeres era un fenómeno nunca antes visto. En palabras del político de la época, Carlos Cuadra Pasos, estas "damas distinguidas de toda la república" eran una "novedad".[101] Para Michel Gobat, este activismo femenino a favor de la enmienda católica se debía a que la participación de las mujeres pertenecientes a la alta sociedad, en la esfera pública, se daba por medio de instituciones de la iglesia católica. Por tal razón, fortalecer el papel de la iglesia, ampliaba la participación de estas mujeres del estrato superior en la vida pública. Hasta esa fecha, había sido a través de la iglesia católica, o más concretamente por medio de los colegios religiosos y las

---

[98] Arellano, "Breve historia de la iglesia en Nicaragua", 78.

[99] Chamorro, *Discursos*, 78.

[100] José Antonio Lezcano y Ortega, *Carta Pastoral del Excmo. y Rvmo. Sr. Dr. Don José Antonio Lezcano y Ortega, Arzobispo de Managua, con motivo de la elección del Presidente de la República* (Managua: Tipografía Alemana de Carlos Hueberger, 1920), citado en Pérez Baltodano, *Entre el Estado Conquistador y el Estado Nación*, 403.

[101] Cuadra Pasos, "Cabos Sueltos de mi Memoria", 364.

organizaciones católicas dedicadas a realizar obras de caridad, que estas mujeres habían logrado contrarrestar la exclusión a las que la dominación masculina las sometía.[102]

Esta participación en organizaciones caritativas era una forma común -y probablemente la más importante en Latinoamérica- a través de la cual las mujeres de los estratos altos podían gozar de presencia en la esfera pública y tener cierta influencia social.[103] De ahí que la defensa del poder de la iglesia y por ende de las organizaciones adjuntas fuera tan importante para estas mujeres. No obstante, aparte de salvaguardar y ampliar el poder de las organizaciones de caridad, otra razón que motivaba la decidida defensa de las mujeres del Estado confesional era la amenaza que representa el retorno de sus maridos conservadores a la vida pública y política de Nicaragua. Para estas distinguidas damas, ello significaba perder la influencia política que habían ganado durante la ausencia de los hombres, al ser perseguidos políticos durante la dictadura de Zelaya, pues ahora se buscaba cómo relegarlas nuevamente a la esfera doméstica.[104]

En la historiografía que se ha ocupado de las mujeres en la historia de Nicaragua, se encuentran dos acercamientos al tema. Por un lado, se ha buscado rescatar la historia de la lucha de las mujeres por obtener mayor inclusión en el sistema político para la conquista del derecho al voto. Aquí se ha puesto el énfasis en las principales lideresas, en sus ideas sobre la mujer y en las concepciones sobre la femineidad predominantes.[105] Otro enfoque se centra en la exclusión de las mujeres de la política y de la esfera pública en general. Esta perspectiva ha basado su

---

[102] Gobat, *Confronting the American Dream*, 79

[103] Para un análisis de la importancia que tenía una de estas organizaciones para las mujeres del estrato alto a finales del siglo XIX en Argentina, ver: Sandra Carreras, "Zwischen sozialreform, Wohltätigkeit und Selbstinszenierung: Weibliches Engagement und 'soziale Frage' in Buenos Aires im späten 19. und frühen 20. Jahrhundert," en *Von fernen Frauen: Beiträge zur lateinamerikanischen Frauen- und Geschlechtergeschichte*, edit. Delia González de Reufels, (Sttugart: Verlag Hans-Dieter Heinz, 2009), 229-251.

[104] Gobat, *Confronting the American Dream*, 79.

[105] Victoria González-Rivera, *Before the revolution: women's rights and right-wing politics in Nicaragua, 1821-19179* (University Park, PA: Pennsylvania State Univ. Press, 2011), 22 -58.

análisis en el concepto de patriarcado,[106] que es definido como "una protección y un control sistémico por parte de los hombres de mayor edad de mujeres y hombres subordinados a ellos, tanto en la esfera pública como privada de la sociedad".[107] La ventaja de esta segunda variante para estudiar la historia femenina es que ha logrado describir muy bien cómo se ha dado de la exclusión y subordinación de la mujer en Nicaragua. Sin embargo, el concepto no resulta tan útil para ofrecer una explicación de este fenómeno, ya que es principalmente descriptivo al limitarse a señalar como es la relación entre hombre y mujer. Para ello, resulta más fructífero analizar cómo se describe a la mujer y cómo la diferenciación hecha entre mujeres y hombres conduce a la exclusión de la política y de la esfera pública de la mujer. Aquí la concepción predominante de la feminidad es un componente central. Dentro esta noción, la participación de la mujer en política era considerada contraria a su naturaleza, es decir, totalmente opuesta a lo que significaba ser mujer. Como consecuencia, su participación en la política no era posible o deseable. Mujer y política eran vistas como mutuamente excluyentes y una como la negación de la otra.

José María Moncada, militar y político liberal, formuló esta concepción de la mujer y de la feminidad muy claramente en su libro "El Gran Ideal". Así, refiriéndose a la mujer en general, afirmaba que "en la política y en trabajos pesados no quisiera verla nunca".[108] Y esto, debido a que "sería necesario despedirse para siempre de la belleza y la moral".[109] Como demuestra esta cita, para Moncada y muchos de sus contemporáneos, la participación de la mujer en la política traía como consecuencias su degeneración moral y la pérdida del atributo que consideraban más preciso: "la belleza". Este temor a la degeneración de la mujer por su participación en la política, demuestra cómo la asociación de la política a lo amoral y lo corrupto, típica del neo-patrimonialismo, contribuía a justificar la exclusión de las mujeres, al catalogarlas como seres bellos e

---

[106] Elizabeth Dore, "The Holy Family: Imagined households in Latin American History," en *Gender Politics in Latin America: Debates in Theory and Practice*, edit. Elizabeth Dore (New York, N.Y: Monthly Review Press, 1997), 101– 117. Elizabeth Dore y Maxine Molyneux, edits. *Hidden histories of gender and the State in Latin America* (Durham, NC: Duke University Press, 2000).

[107] En el original "a systemic senior male control over and protection of subordinate females and males in society's public and private domains". Dore, *Myths of Modernity*, 27.

[108] José María Moncada, *El Gran ideal* (Managua: Imprenta Nacional, 1929), 58.

[109] Ibid.

inmaculados, cuyos atributos eran la "virginidad y pureza".[110] Por esta razón, se concluía que si se inmiscuía en la política, por la naturaleza corrupta y amoral de ésta, ellas perdían su belleza y su pureza moral, es decir, la mujer dejaba de ser mujer. Además, se consideraba que el campo de los conflictos políticos, el cual podía ser muy violento, no era adecuado para ella. En general, la política y el quehacer político eran asociados a lo masculino, de allí que no fuera considerado como un espacio propio para las mujeres. Todo lo contrario, la política iba en contra de la naturaleza femenina, ligada a la belleza. Esta idea de la mujer como personificación de la belleza, queda muy clara en la alusión que se hace a las damas que participaban en la discusión sobre la relación entre Estado e iglesia en la Constituyente de 1910. Según Carlos Cuadra Pasos, el diputado José María Silva, durante su única intervención, se refirió a estas mujeres como "flores humanas".[111]

En esencia, para los políticos masculinos de la época, el ser mujer implicaba que ella no pertenecía al quehacer político. Las mujeres no debían involucrasen en política porque era contra su naturaleza. Por eso, cuando en un texto de la época se hace referencia al pueblo nicaragüense y a cómo sus gobernantes se comportan frente a éste, se le describe únicamente con características masculinas. Se habla del "pueblo heroico viril, en cuya alma palpita el alma latina con la altivez de hombres libres".[112] Así, las mujeres no pertenecían al cuerpo soberano del cual emanaba la legitimidad para ejercer el poder político.

El lugar más cercano a la política y al poder al que podía llegar una mujer lo deja muy claro Emiliano Chamorro en un discurso pronunciado ante jóvenes colegialas. En esta ocasión, el entonces presidente de Nicaragua, expone la importancia que tiene la escuela para formar a las futuras generaciones de hombres que llegarían a regir el destino del país tanto en lo militar y lo político, como en lo económico y en las artes. Cuando se refiere al papel que tendrían en el futuro las "amables niñas" a las que les hablaba, les dice que

---

[110] Francisco G. Miranda, *La prostitución a través de los tiempos. Conferencia leída por su autor ante la sociedad de artesanos "UNION"*. Granada, 9 de abril de 1916. Archivo BCN, http://bibliotecavirtual.bcn.gob.ni/imagenes/bodega/patrimoniales/historia/2793_PAT363_44_M672.pdf (visitado 29.10.2013).

[111] Cuadra Pasos, "Cabos Sueltos de mi Memoria," 365.

[112] Serrano, *Acusaciones ante la Historia*, 5.

llegarán a ser las futuras "candidatas a esposas de los grandes servidores del país",[113] mientras que sus compañeros masculinos estaban destinados a ser los futuros "candidatos a la Presidencia" y estaban siendo educados para ser los futuros ciudadanos de Nicaragua que participarían activamente en la política y forjarían el destino del país; a las mujeres, únicamente se le otorgaba un rol pasivo al lado de los hombres, ya que en el futuro no estaba previsto que participaran en política. Esta exclusión a inicios del siglo veinte, no se daba solamente en Nicaragua. Como afirma Barbara Potthast, este fenómeno se encontraba igualmente en el resto de Latinoamérica y Europa, donde se estima que un reducido 10% de la población masculina tenía el derecho al sufragio.[114]

La estrecha asociación entre lo masculino y la política, que es a la vez negación de la misma relación respecto de la femineidad, se observa claramente en cómo son descritas las mujeres que tomaban un papel activo en los asuntos políticos. A éstas se les consideraba como mujeres no femeninas, sino más bien dotadas de "espíritu varonil, fuerte".[115] Así fue retratada en aquellos años la mujer del ex-presidente Juan José Estrada, quien durante los sucesos que condujeron a la renuncia de éste a la presidencia, lo exhortó a no rendirse fácilmente y a "cae[r] como hombre",[116] es decir, a no demostrar signos de flaqueza, considerados como impropios de lo masculino.

El ideal predominante sobre la mujer en aquellos años la relegaba totalmente a la esfera doméstica y familiar. Se consideraba que el "HOGAR DOMÉSTICO" era "su reino".[117] Además, ella debía ser abnegada; esto era parte de "sus méritos y virtudes domésticas".[118] Igualmente debía "sufrir con dulzura todos los dolores"[119] y estar entregada completamente a la maternidad. Se esperaba de la mujer

---

[113] Ministerio de Instrucción Pública Memoria. Managua: Tipografía Nacional, 1921, p V, citado en Rodríguez Rosales, *Historia de la educación en Nicaragua*, 56.

[114] Barbara Potthast, *Von Müttern und Machos: Eine Geschichte der Frauen Lateinamerikas* (Wuppertal: Peter Hammer Verlag, 2003), 251.

[115] Huezo, "La Caída de un presidente", 47.

[116] Ibid., 46.

[117] Miranda, *La prostitución a través de los tiempos*.

[118] Alejandro Miranda, *Una Odisea Centroamericana, 1861-1937* (Schuylerville NY: Full Quart Press, 2005), 120.

[119] Ibid.

que viviera en "su nido rodeada de sus pequeñuelos que con tierno amor los arrulla[ba]".[120] Esta circunscripción de la mujer a la familia y al hogar (a la esfera privada), conducía a que su misión en la vida fuera solamente "de amor y sufrimiento",[121] ya que el destino de las mujeres nicaragüenses era el de "amar, sufrir y llorar".[122] Como se puede ver, este concepto de la mujer y de lo femenino, primero la condenaba a sacrificarse a sí misma a favor de la familia (los hijos y el marido), independientemente de que ello implicara negar sus propios deseos y aspiraciones. A la vez, la excluía completamente de la esfera pública y por ende de toda actividad política que, por ser colectivamente vinculante, siempre conlleva algún tipo de manifestación pública.

Un fuerte opositor a sacar a las mujeres a la esfera pública, a emplearlas en labores fuera del hogar y a extraerlas de los confines de lo doméstico, bajo los anteriores axiomas, era la iglesia católica. El Director General de Comunicaciones durante la primera administración de Emiliano Chamorro, Toribio Tijerino, tuvo que enfrentarse a la oposición de esta institución cuando adoptó "una medida que era trascendental y atrevida en aquellos días".[123] Dicha medida consistía en emplear a mujeres en los servicios de correos y telégrafos. Era tal el grado osadía de este hecho, que no pasó mucho tiempo sin provocar una reacción adversa. Así, un día, Tijerino recibió la visita de un sacerdote cuyo objetivo era aclararle: "la grave responsabilidad que contraía exponiendo a pecado a las muchachas al revolverlas con los varones".[124] De esta manera, el ideal de inspiración católica que tenía el estrato superior nicaragüense de sus mujeres las presentaba como vírgenes puras y castas, y servía para legitimar y promover la exclusión de éstas de la esfera pública y del quehacer político. Ello se hacía por la suposición que, al abandonar la mujer el hogar para realizar actividades laborales no domésticas, se ponía en peligro, tanto su cumplimiento del ideal de la pureza moral femenina, materializado en su castidad, como su misión de reina abnegada y sufrida del hogar, al servicio de sus hijos y marido.

---

[120] Ibid.
[121] Ibid.
[122] Ibid.
[123] Tijerino, *Reminiscencias históricas*, 41.
[124] Ibid.

En la Nicaragua de aquellos años, la castidad femenina tenía un gran valor y su conservación era fuertemente vigilada. Así, el contacto entre ambos sexos, previo al matrimonio, se daba siempre bajo el cuidado de una acompañante llamada "chaperona". Asimismo, a las mujeres que aún no habían contraído matrimonio, no se les permitía salir solas de la casa y socializar con hombres solteros. Esta estricta segregación de género, la observó Gardner Munro durante su primera visita a Managua. Este viajero de los Estados Unidos, describe de la siguiente manera la vida social de la Managua de la década de 1910:

"...a los muchachos y muchachas raramente se les podían ver caminado juntos. La mayoría de las chichas parecían quedarse al lado de sus madres. A donde quiera que fueran los jóvenes, se les acompañaba y vigilaba atentamente. En una invitación al cine, se sobrentendía que estaban incluidas las chaperonas, así era probable que no solo las madres y las hermanas vinieran; sino también las primas y tías. Aparentemente, los jóvenes no se encontraban de manera informal a bailar o jugar cartas...".[125]

En resumidas cuentas, aquí se ve cómo el control de la sexualidad femenina dictado por la moral católica, ayudaba a mantener en pie un sistema político en donde la participación femenina en la política no tenía lugar y no era deseada. Al mismo tiempo, conduce a que su presencia autónoma o libre en la esfera pública, por lo menos en el caso de las mujeres no casadas y de la alta sociedad, fuera fuertemente controlada y restringida. Claro, las mujeres a quienes aplicaban estas concepciones eran aquellas que pertenecían al estrato superior de la jerarquía social en Nicaragua. En relación con las mujeres de los estratos bajos, su posible participación política no era tema de discusión. A diferencia del caso de las mujeres de la alta sociedad, la situación en la que éstas vivían ni siquiera hacía posible que su inclusión en el sistema político llegara a ser debatida, pues -de acuerdo con Dore- ellas y sus niños eran la principal fuerza laboral del sistema de trabajo forzoso en el que se basa la

---

[125] En el original: "... the boys and girls rarely walked around together. Most of the girls seemed to stay with their mothers. Wherever they went, the young people were vigilantly chaperoned, and when one asked a girl to go to the movies, the invitation was understood to include chaperones, so that not only the mother and sisters but cousins and aunts were likely to come along. The young people apparently did not get together informally to dance and play cards...". Munro, *A Student in Central America*, 19.

industria cafetalera nicaragüense.[126] El carácter coercitivo de este sistema para reclutar la fuerza laboral era tan fuerte, que un oficial militar de los Estados Unidos inclusive llegó considerarlo como "la ilegal esclavitud del peonaje".[127] Dentro de estas condiciones, su posible participación en la política no era un tópico que pudiera ser tematizado. Esta situación no era exclusiva de Nicaragua. Lo mismo sucedía en otros países centroamericanos, como Guatemala, en donde igualmente "las deudas pagaderas en trabajo, aunque contraídas usualmente por el jefe de familia, obligaban a todos sus miembros".[128]

---

[126] Dore, *Myths of Modernity*, 122.

[127] Informe del almirante Kimball (12 de marzo de 1910, U.S. State Department Records, 6369/811, National Archives), citado en Jeffrey L. Gould, *El Mito de "La Nicaragua mestiza" y la resistencia indígena, 1880-1980* (San José, CR: Editorial de la Universidad de Costa Rica, 1997), 55.

[128] Mario Samper K, *Producción cafetalera y poder político en Centroamérica* (San José, CR: EDUCA, 1998), 133.

Camino a la guerra civil

Una vez disuelta la Asamblea Constituyente de 1910, el presidente Estrada convocó a la elección de una nueva para el 16 de abril de 1911.[129] Después de la disolución, el General Emiliano Chamorro, al ver que no tenía la posibilidad de enfrentarse a Mena y Estrada, por estar todas las armas bajo el control del primero, tomó la decisión de exiliarse en Honduras.[130] No obstante, esta medida no logró apaciguar los recelos y enemistades entre los líderes revolucionarios de tendencia liberal y conservadora. Así, pese a la salida de Chamorro del país, quedaban enfrentados Estrada y Mena. El primero no confiaba en absoluto en el segundo y sospechaba que éste se encontraba conspirando en su contra. Por ello, trató de destituir a Mena como Ministro de Guerra por medio de la fuerza[131] y lo mandó a arrestar por el temor de que "quería derribarlo de la presidencia".[132]

La intentona de Estrada de deshacerse de Mena terminó obligándolo a dimitir de la presidencia. De esta manera, le entregaba el poder a la facción conservadora liderada por Adolfo Díaz y Carlos Cuadra Pasos. A diferencia de las otras facciones conservadoras, cuyos máximos líderes eran Mena y Chamorro, los diíztas -como los llamaban sus contrincantes- eran mucho más dóciles ante los dictados de los Estados Unidos. Por ello, no resulta extraño que, una vez en el poder, el gobierno de Díaz estuviera "especialmente ansioso de continuar con el programa a como había sido arreglado".[133] El programa acordado consistía en cumplir los puntos pendientes de los Pactos Dawson. El punto que resultaría más difícil y conflictivo de implementar era el que estipulaba que el gobierno de Nicaragua recurriera al gobierno de los Estados Unidos para obtener un préstamo cuya garantía serían los ingresos aduaneros. El documento legal que regularía esto sería

---

[129] American Legation. Managua, April 6, 1911. File No. 817.00/1562, *FRUS 1911*, 657.

[130] Chamorro, *El último caudillo*, 195.

[131] Huezo, "La caída de un presidente," 15-16.

[132] Ibid., 2.

[133] En el original: "especially anxious to go on with the program as arranged". Northcott. Managua, May 11, 1911. File N° 817.00/1575,1579

el tratado Knox-Castrillo, el cual fue rechazado tres veces por el Congreso de los Estados Unidos.[134] Por esta razón, con la ayuda del Departamento de Estado, se procedió a negociar un préstamo de 15 millones de dólares con los banqueros de Nueva York, Brown Brothers and Company y J. and W. Seligman and Company, cuya entrega a Nicaragua se daría si el convenio Knox-Castrillo era aprobado por parte del Senado de los Estados Unidos.[135] Debido a que el Senado nunca ratificó el convenio Knox-Castrillo, los banqueros jamás entregaron la suma completa de los 15 millones de dólares, sino que una serie de préstamos de menor cantidad. Este arreglo entre el gobierno de Nicaragua y los banqueros fue denominado el "Treasury Bill Agreement" (Acuerdo Bono del Tesoro). El mismo se basaba en lo estipulado por en el convenio Knox-Castrillo y mandaba la entrega del control sobre los ingresos fiscales, el Banco Nacional y el Ferrocarril de Nicaragua a los banqueros neoyorquinos[136] y al gobierno de los Estados Unidos. Este último designaba al administrador de las aduanas, y el gobierno nicaragüense únicamente se limitaba a nombrarlo.[137] De esta manera, las fuentes más importantes de ingresos del Estado estaban fuera del alcance de los políticos nicaragüenses.

Como era de esperar, dentro de un sistema político en donde la instrumentalización del Estado para enriquecerse (el rent-seeking) tiene un papel muy importante, no faltarían opositores a esta medida. En esencia, se estaban perdiendo los recursos más importantes y necesarios para financiar el clientelismo político, siendo éste un elemento central en el que se basaba el liderazgo de los caudillos de la época. Por ello, la afirmación del entonces Ministro de Guerra de que "el afán de todo grupo [político] es llegar al poder, apoderarse del Tesoro y robar!",[138] era únicamente la exclamación de una forma de administrar el Estado en busca siempre del beneficio personal del gobernante y sus allegados, característica todavía vigente en la política nicaragüense. Por esta razón, sería este mismo ministro el más importante opositor al dominio financiero de los Estados

---

[134] Jorge Eduardo Arellano, *La Paz Americana en Nicaragua: 1910-1932* (Managua: Fondo Editorial Cira, 2004), 108.

[135] Munro, *The five republics of Central America*, 235.

[136] Hill, *Fiscal Intervention in Nicaragua*, 11-12.

[137] Bolaños, *Génesis de la intervención norteamericana en Nicaragua*, 22.

[138] Huezo, "La caída de un presidente," 20.

Unidos. Desde su perspectiva, "la ratificación [de estas medidas] impediría sus designios de tomar posesión de la presidencia de la república",[139] lo cual demuestra cuán importante era tener disponible alguna fuente de ingresos para ser capaz de repartir prebendas entre sus seguidores y poder garantizarse el apoyo político necesario para conquistar la presidencia.

Paradójicamente, fue su oposición a la intervención financiera de los Estados Unidos lo que impidió su llegada a la presidencia y condujo a la invasión de los marines norteamericanos. Tras la renuncia de Estrada y el exilio de Emiliano Chamorro, Luis Mena se había convertido en el hombre más poderoso de Nicaragua. No sólo era el Ministro de Guerra y tenía bajo su poder el armamento del país; además, controlaba la nueva Asamblea Constituyente. Esta última había incluido en la nueva Constitución, la elección de Mena como presidente de Nicaragua, una vez culminara el período de Adolfo Díaz. Asimismo, el texto constitucional mandataba que todos los empleados del Estado nicaragüense debían ser ciudadanos nicaragüenses, excepto los miembros de la Comisión Mixta de Reclamos.[140] Para los Estados Unidos, esos artículos de la nueva Constitución eran inaceptables, al ir en contra de su control de las finanzas del Estado nicaragüense.

Esta posición del Departamento de Estado la supieron utilizar los adversarios de Mena para impedir su llegada a la presidencia. Al retorno de Emiliano Chamorro de su exilio, éste unió fuerzas con Díaz para "eliminar a Mena".[141] El primer paso de los enemigos de Mena fue condicionar su apoyo a suprimir los artículos adversados por el Departamento de Estado, a que la delegación de los Estados Unidos en Nicaragua presentara "una protesta formal en contra de la cláusula que convierte en constitucional la elección de Mena".[142] Los opositores más férreos a que el General Luis Mena llegara a la presidencia eran los conservadores granadinos, cuya cabeza se encontraban en los integrantes de la familia Chamorro, quienes

---

[139] Bolaños, *Génesis de la intervención norteamericana en Nicaragua*, 28.

[140] The American Chargé d'Affaires to the Secretary of State. American Legation, Managua, December 31, 1911. File N° 817,011/1, *FRUS 1912*, 993.

[141] Chamorro, *El último caudillo*, 197.

[142] En el texto original: "a formal protest against the clause making constitutional the election of Mena", The American Chargé d'Affaires to the Secretary of State. American Legation, Managua, December 31, 1911. File N° 817,011/1, ibid.

aspiraban a que uno de su círculo sucediera a Díaz en la presidencia. Así, en septiembre de 1911, éstos habían decidido oponerse a las aspiraciones de Mena.[143] Igualmente, desde el retorno a Nicaragua de Emiliano Chamorro, la tensión política había incrementado y se esparcían rumores de que se avecinaba un golpe de estado, debido al descontento del último con la preeminencia política de Mena.[144] Chamorro, inclusive, en una visita al Encargado de Negocios de Estados Unidos en Nicaragua, le aseguró que si no se cumplían los Pactos Dawson en lo concerniente a la realización de elecciones libres para elegir al próximo presidente, él llevaría a cabo un levantamiento armado.[145]

A su vez, la representación de Estados Unidos en Nicaragua, expresó a Mena su inconformidad con su designación por parte de la Asamblea como el próximo presidente. Alentado por esta oposición a las aspiraciones presidenciales de Mena, el presidente Díaz, el 29 de julio de 1912, decidió quitarle el control de las fuerzas armadas[146] y nombrar a Emiliano Chamorro "General en Jefe de las Fuerzas Militares de Nicaragua". También, le ordenó a Chamorro que arrestara a Mena y lo destituyera de su cargo ministerial.[147] Sin embargo, gracias a la mediación del entonces Ministro de Estados Unidos en Nicaragua, George T. Weitzel, se evitó un enfrentamiento armado entre Chamorro y Mena. En estas circunstancias, Mena logró fugarse de la capital,[148] partiendo hacia la ciudad vecina "Masaya con un grupo de amigos".[149] Este sería el inicio de una guerra que le costaría al Estado de Nicaragua 2,405,766.61 córdobas oro; solamente por daños de guerra, el Estado estaba obligado a pagar 405,766.61 córdobas. Éste era el monto a pagar que la Comisión Mixta de Reclamos había reconocido como legítimo.[150]

---

[143] Emilio Álvarez Lejarza, "Recorrido histórico de las principales figuras de la familia Chamorro", 6.

[144] Harold N. Denny, *Dollars for Bullets: The Story of American rule in Nicaragua* (New York: The Dial Press, 1929), 104.

[145] The American Chargé d'Affaires to the Secretary of State. American Legation, Managua, January 6, 1912. File N° 817/1764, *FRUS 1912*, 1013.

[146] Munro, *The Five Republics of Central America*, 243.

[147] Chamorro, *El último caudillo*, 197.

[148] The American Minister to the Secretary of State. N° 68. American Legation, Managua, July 31, 1912. File N° 817.00/2166, *FRUS 1912*, 1027-1032. Nicaraguan Mixed Claims Commission, *Report of Nicaraguan Mixed Claims Commission*, 70.

[149] Luis Mena, "Carta Abierta al Presidente Woodrow Wilson," en *Revista de la Academia de Geografía e Historia de Nicaragua*, N° 72 (Abril 2012), 97.

[150] Nicaraguan Mixed Claims Commission, *Report of Nicaraguan Mixed Claims Commission*, 71.

A su vez, los costos en los que había incurrido el gobierno para vencer al ejército libero-conservador liderado por Mena ascendía a 2,000,000 de córdobas oro.[151] Si adicionalmente se considera el monto de 2,050,523 córdobas de reclamos por pérdidas causadas por el enfrentamiento bélico, presentados ante la Comisión Mixta de Reclamaciones y negados por ésta, la pérdida económica para el país llegaba, por lo menos, a un total de 4,050,523.11 córdobas oro. Esto equivalía a 3.55 veces el presupuesto para gastos ordinarios e imprevistos a disposición del gobierno, según el plan financiero de 1917.[152] La consecuencia directa de este fuerte golpe económico provocado por la Guerra de 1912, fue el incremento de la dependencia financiera de Nicaragua de los banqueros estadounidenses y del Departamento de Estado. De esta manera, el levantamiento armado de Luis Mena logró agudizar precisamente lo que pretendía revertir.

La gran popularidad de Luis Mena entre la población se basaba en su imagen como opositor al someter la política financiera de Nicaragua a los dictados de los Estados Unidos. En la construcción de esta imagen, la prensa nacionalista jugó un papel muy importante al retratarlo como un gran abanderado de la oposición a la intervención financiera de los Estados Unidos,[153] pues en aquel momento predominaba en Nicaragua un fuerte anti-americanismo, el cual se agudizó debido a la escasez de alimentos a finales de marzo. Esta escasez fue atribuida al efecto económico de los préstamos obtenidos con los banqueros de Nueva York, es decir, a la intervención financiera de los Estados Unidos, lo cual fue reforzado por la negativa de permitir la importación de trigo y maíz, tanto del gobierno de Adolfo Díaz, como del director estadounidense de las aduanas.[154]

De acuerdo con Gobat, la escasez de alimentos y de agua -esta última generada por la ineficiencia de las compañías aguadoras locales- contribuyó a que creciera entre los estratos sociales bajos, el resentimiento y la animadversión hacia los estratos superiores,

---

[151] The Department of State, *The United States and Nicaragua*, 22.

[152] Carlos Quijano, *Nicaragua: ensayo sobre el imperialismo de los Estados Unidos 1909-1927* (Managua: Editorial Vanguardia, 1987), 117.

[153] Gobat, *Confronting the American Dream*, 84.

[154] Gobat, *Confronting the American Dream*, 95.

quienes debido a su posición social privilegiada poseían mayor capacidad adquisitiva y por ende podían resistir mejor la grave situación en que se encontraba el país. Otro factor que contribuyó a fomentar el descontento, que terminó convirtiéndose en violencia social, fue el alto precio con el que algunos miembros de "la aristocracia" -como en aquellos años se llamaba al estrato superior- vendían alimentos para incrementar sus ganancias.[155] En resumen, se puede decir que dentro de este contexto de extrema tensión social, la agudización de la rivalidad entre Luis Mena y el presidente Díaz fue el catalizador necesario para iniciar una breve pero cruenta guerra civil, que tendría como resultado la ocupación militar de Nicaragua por parte de los Estados Unidos de Norteamérica.

---

[155] Ibid, 94-98.

"La Guerra de Mena" o "la Guerra a Mena": la oligarquía criolla bajo ataque

Es ta guerra, conocida como La Guerra de Mena, ha sido considerada -desde una interpretación marcadamente dialéctica y marxista- como una expresión más del conflicto entre una ascendente "burguesía agraria"[156] ligada al "mercado mundial" por medio de la producción cafetalera y la "fracción oligárquica tradicional" que había sido desplazada del poder por la primera.[157] Como consecuencia, esta oligarquía se encontraba "liquidada como clase y como sujeto político".[158] En este enfrentamiento, los liberales representaban los intereses de la burguesía "económicamente hegemónica", que necesitaba deshacerse de "la dominación económica, financiera y militar de los Estados Unidos que les impedía incrementar la reproducción del capital social".[159] Por esta razón, lucharon y se opusieron a la intervención de los Estados Unidos en Nicaragua. Mientras, los conservadores son vistos como "grandes terratenientes", ganaderos y comerciantes, desvinculados del comercio global, cuyo "poder económico y social" había surgido durante la colonia. De ahí, su interés en preservar "el legado de tradiciones estamentales" heredado de la colonia española,[160] en tanto que en el caso de los liberales, se consideraba que "defendían cierta democracia liberal".[161]

No obstante, la realidad histórica resulta ser más compleja de lo que esta lectura de la historia de Nicaragua señala. Así, no se puede afirmar tajantemente que cada partido representaba proyectos políticos y clases sociales opuestos. Como se señaló antes, no todos los conservadores recibían con júbilo la intervención de los Estados

---

[156] Jaime Wheelock Román, *Imperialismo y dictadura* (Managua: Editorial Nueva Nicaragua, 1985), 122.

[157] Amaru Barahona, *Estudio sobre la historia de Nicaragua: del auge cafetalero al triunfo de la revolución* (Managua: Editorial INIES, 1989), 19-20.

[158] Wheelock Román, *Imperialismo y dictadura*, 124.

[159] Oscar René Vargas, *Historia del Siglo XX. Tomo II: Nicaragua 1910-1925, La intervención norteamericana* (Managua: CEREN/ CEDOH, 2000), 36.

[160] Barahona, *Estudio sobre la historia de Nicaragua*, 19-20. Una perspectiva similar se encuentra en Walter, *The regime of Anastasio Somoza*, 15-16.

[161] Wheelock Román, *Imperialismo y dictadura*, 124.

Unidos en la política nicaragüense; tampoco todos los liberales se le oponían rotundamente. Igualmente -como se verá en el resto de este capítulo- no es posible afirmar que todos los conservadores pertenecían a la oligarquía de origen colonial. Tampoco se sostiene la hipótesis de que éstos representaban únicamente los intereses de la vieja oligarquía granadina. Ambos bandos estaban compuestos por alianzas entre integrantes de las familias criollas oligarcas y miembros de los estratos medios y bajos. Esto no significa que no hubiera múltiples intereses y aspiraciones opuestas que generan confrontaciones violentas y bélicas, pero esto no se expresaba inequívocamente en las etiquetas políticas como conservadores y liberales, ni puede ser explicado con la noción de lucha de clases basadas en intereses económicos en pugna, atribuidos a ambos partidos.[162]

La Guerra de 1912 permite muy bien observar esta complejidad. Y como el conflicto social y armado era impulsado por la resistencia, tanto de quienes recientemente habían logrado cierto ascenso social como de los estratos medios y bajos, estos segmentos se oponían a las aspiraciones de las viejas familias criollas -que habían ostentado el poder político, económico y social desde la época colonial- a restablecer su dominación bajo los mismos conceptos imperantes durante el período colonial. Sin embargo, el objetivo principal de estos advenedizos no era necesariamente crear un nuevo orden social más incluyente que desmontara la estructura jerárquica del orden social. Su objetivo más importante era ser integrados en los estratos altos, lo cual la vieja oligarquía no quería permitir.[163] Además, siguiendo el análisis de Gobat sobre la disputa en torno a los criterios de admisión en los clubes sociales de aquellos años, se puede decir que querían imponer la riqueza como nuevo criterio en el cual se debía basar la estratificación social en Nicaragua.[164] De ahí que éste era un conflicto por reconfigurar la composición del estrato superior y modificar los criterios de inclusión y exclusión, no una lucha de clases.

---

[162] Una opinión similar sobre el surgimiento de una burguesía cafetalera se encuentra en: Elizabeth Dore, "La producción cafetalera nicaragüense, 1860-1960: transformaciones estructurales," en *Tierra, café y sociedad: ensayos sobre la historia agraria de Centroamérica*, edits. Héctor Pérez Brignoli y Mario Samper (San José, CR: FLACSO, 1994): 397-398.

[163] Una interpretación parecida del conflicto social y político de este período se encuentra en: Belli, "Un ensayo de interpretación sobre las luchas políticas nicaragüenses," 53-55.

[164] Gobat, *Confronting the American Dream*, 91.

Lo anterior se refleja en la disputa que tuvieron Carlos Cuadra Pasos y Luis Mena en 1918, durante un viaje a las orillas del Lago Cocibolca. En dicha ocasión, ambos divergieron sobre cómo se le debería llamar a esta guerra. Para esa fecha, el General Luis Mena ya se encontraba retirado de la política, tras haber fracasado el levantamiento armado que, junto con el general liberal Benjamín Zeledón, había liderado para derrocar a su correligionario y entonces presidente de la república, Adolfo Díaz. El meollo de la diferencia de opinión entre ambos era a quién debía atribuírsele la responsabilidad de haber causado la guerra de 1912. Según narra en sus memorias Don Carlos Cuadra Pasos, la discusión surgió cuando al general se le ocurrió inquirir a su hijo (Pablo Antonio Cuadra) cuándo había nacido, a lo que éste respondió: "Yo nací, cuando la guerra de Mena".[165] Ante tal afirmación, el General replicó: "Mira Pablito, dile a tu papá que te enseñe bien la historia de Nicaragua para que diga la guerra a Mena".[166] Esta protesta es un serio cuestionamiento a la noción predominante de la época en torno a quién se le debía atribuir la responsabilidad de un suceso histórico que en aquellos años era considerado: "una de las guerras más violentas y catastróficas que han desolado esta república".[167]

El rechazo de Mena a ser presentado como el responsable de la guerra de 1912 refleja tanto el conflicto social y político que la provocó, como las diferentes lecturas que se hacían de ésta. Decir la guerra "a Mena" significaba entenderla como el producto de la férrea oposición de ciertos miembros del Partido Conservador a que éste llegara a ser presidente de Nicaragua en 1913. Mientras que llamarla "La Guerra de Mena" implicaba entenderla como el resultado de la aspiración ilegítima del General Mena a ocupar el puesto más importante y poderoso del Estado nicaragüense. Esta última era la posición de los Estados Unidos, al igual que la de Adolfo Díaz, Emiliano Chamorro y sus allegados familiares y políticos.

---

[165] Cuadra Pasos, *Cabos sueltos de mi memoria*, 485.

[166] Ibid.

[167] En el original: "one of the most violent and disastrous wars that have desolated the Republic". Nicaraguan Mixed Claims Commission, *Report of Nicaraguan Mixed Claims Commission*, 70.

Para el Departamento de Estado, este levantamiento armado era ilegítimo porque constituía una violación a los Pactos Dawson, los cuales Mena se había comprometido solemnemente a acatar.[168] Para los adversarios nicaragüenses de Mena, su aspiración no era aceptable porque este último no pertenecía a ninguna de las familias que habían integrado la cúspide de la jerarquía social nicaragüense desde los tiempos de colonia y que buscaban recuperar su control de la política del país. Por lo tanto, no lo consideraban como "gente civilizada, culta y de buena complexión moral",[169] debido a que "carecía de los quilates de ley",[170] los cuales solamente los tenía quien pertenecía a esta vieja oligarquía criolla.

Estos criterios con los que se juzgaba a Mena son un claro indicio de la estructura estratificada de Nicaragua, pues presentan una característica típica de esta forma de diferenciación social. Se trata presumir que los integrantes del estrato superior poseen cualidades naturales y morales de las cuales los estratos inferiores carecen.[171] Al argumentar que Luis Mena no poseía los "quilates de ley", "ni buena complexión moral" y no era "gente civilizada", se sostenía que no tenía las cualidades naturales y morales superiores de quienes pertenecían a la cima de la jerarquía social. Al mismo tiempo se daba a entender que no contaba con el suficiente mérito social y político que le diera el derecho de ocupar el cargo que anhelaba. Como consecuencia, esta descalificación también implicaba que Mena carecía de las aptitudes necesarias para ser Presidente de Nicaragua, al ser "ciego de inteligencia, de estrecho criterio político y sin ningún conocimiento de la historia de los partidos".[172] Aquí nuevamente se reafirma cómo Luis Mena es visto como alguien que carece de las cualidades necesarias para que se le permita realizar sus aspiraciones. Igualmente, se refleja cómo sus pretensiones son percibidas como una agresión al control que han tenido tradicionalmente un par de familias sobre la política nicaragüense, a las cuales él no pertenece.

---

[168] Wilson Huntington, The Acting Secretary of State to the American Minister, Department of State, Washington, September 4, 1912. File N° 817.00/1940b, *FRUS 1912*, 1044.

[169] Carta de Reinaldo Chamorro a Adolfo Díaz, 1 de febrero de 1912, Archivo IHNCA, Fondo Adolfo Díaz.

[170] Federico Silva, *Jacinta* (Managua: Tipografía Pérez, 1927), 165.

[171] Luhmann, *Die Gesellschaft der Gesellschaft*, 682.

[172] Silva, *Jacinta*, ibid.

Por esta razón, sus fines eran vistos como absolutamente perniciosos para Nicaragua, pues se le achaca "conceb[ir] la funesta idea de castigar al país concitándolo a la matanza".[173] Esta afirmación demuestra, además, el predominio de una noción personalizada de la política al atribuírsele a una persona la responsabilidad de todo un acontecimiento social (la guerra de 1912). La consecuencia de esta personalización de la política es que el adversario es considerado la personificación y la causa del mal que sufrió el país (la guerra). A su vez, esta personalización sirve a tres fines: legitimar la pretensión de excluirlo de la política, llevar a cabo dicha exclusión y a la vez ocultar el propio rol en lo sucedido, pues todo lo malo ocurrido es imputado al otro y la propia participación no es tematizada. Bajo este esquema binario de buenos y malos, la confrontación política se da en términos opuestos e irreconciliables, en donde no caben las diferencias políticas como diferencias de criterios o ideas. Ello conduce a que el sistema político opere de manera excluyente y con la pretensión de eliminar todo disenso.

Otro factor que explica esta concepción peyorativa de la lucha de Mena, es el hecho de que -por un breve momento- se suspendió el orden social establecido. Por esta razón, se afirma que Mena "permite que los de abajo se lancen sobre los de arriba".[174] Esta última frase muestra una vez más la noción jerárquica que se tenía del orden social nicaragüense y que permeaba la interpretación que hacían los contrincantes del General Mena sobre la guerra de 1912. Quienes se referían a sí mismos como "la más alta sociedad política y financiera [...] de toda Nicaragua"[175] o como "la sociedad ilustrada",[176] y a cuyos miembros se les atribuye ser "de noble familia",[177] de "ilustre sangre"[178] y poseer "ascendencia ilustre",[179] calificativos que reflejan claramente cómo en Nicaragua predominaba una concepción jerárquica del orden social, al establecerse una marcada diferencia entre las nobles familias que

---

[173] Ibid.

[174] Ibid.

[175] Marco A. Cardenal Tellería, *Nicaragua y su historia: 1502-1936: cronología del acontecer histórico y construcción de la nación nicaragüense* (Managua: Banco Mercantil, 2000), 486.

[176] Cuadra Pasos, "Cabos sueltos de mi memoria," 419.

[177] Tijerino, "Reminiscencias históricas," 29.

[178] Ibid., 30.

[179] José H. Montalván, *Hace medio: Monografía Histórica* (León, Nic. Imp. El Centro-Americano, s.f.), 71.

componían la más alta sociedad y el resto de los nicaragüenses, vistos como "la masa rústica".[180] Aquí no era importante el mérito individual, sino su pertenencia familiar y a la vez social.

Otra característica importante de la estratificación social, y que se puede ver en los escritos de la época en Nicaragua, es la importancia y el énfasis que se le da al origen familiar. Ello se debe a que la dominación del estrato superior era ejercido por un conjunto de familias y no por organizaciones políticas como los partidos. Esta importancia y poder que ha ostentado un conjunto de familias en la historia política centroamericana y latinoamericana, se ha querido explicar con el concepto de redes.[181] Así, se considera que ha sido la creación y existencia de estas redes las que han permitido la preponderancia política, económica y social de estas familias, desde la independencia hasta nuestros días.[182] El enfoque de redes centra su atención en la existencia de estas alianzas y familias por largos períodos históricos y el acceso privilegiado que tienen y mantienen a la política y a otros ámbitos sociales. De este modo, se ilustra muy bien el dominio político y social de estas familias, pero no se logra explicar cabalmente, al pasarse por alto como la estructura social -es decir, la estratificación- que presenta la condición necesaria para la continuidad de estas familias como la minoría dominante, ya que genera un acceso diferenciado a la política, la economía, la educación, entre otros. Este acceso privilegiado para una minoría y la exclusión para la mayoría era regulado por dos factores: la pertenencia a una de las familias que componen el estrato alto y sus vínculos sociales,[183] gracias a que los integrantes del estrato superior se relacionaban principalmente con quienes pertenecían al mismo estrato. Quien no fuera de una de estas familias y por ende del mismo estrato social, no tenía derecho a controlar la posición de poder más importante en el país (la presidencia). Esta

---

[180] Cuadra Pasos, "Cabos sueltos de mi memoria," ibid.

[181] Ver: Marta Elena Casáus, "La pervivencia de las redes familiares en la configuración de la élite de poder centroamericana: el caso de la familia Díaz Durán" en *Anuario de Estudios Centroamericanos* 20, Nº 2, (1994) : 41- 69. Casáus Arzú, „Das Überleben der Machteliten in Zentralamerika vom 16. bis zum 20. Jahundert", 147 -166. Una publicación que se ocupa de las redes familiares en Latinoamérica es: Diana Balmori, et. al. edits. *Notable Family Networks in Latin America* (Chicago/London: University of Chicago Press, 1984).

[182] Casáus Arzú, „Das Überleben der Machteliten in Zentralamerika vom 16. bis zum 20. Jahundert," 147.

[183] Luhmann, *Die Gesellschaft der Gesellschaft*, 679.

es la razón por la que ciertos sectores del Partido Conservador, que buscaba mantener vigente este sistema de inclusión y exclusión, no consideraban legítimas las aspiraciones políticas de Luis Mena.

Esto también explica la importancia que se le atribuía a tener "por ambos apellidos [...] ascendencia ilustre", como fue el caso del médico León Salinas Guerrero, quien, exiliado en Costa Rica, llegó el 15 de septiembre de 1912 a Nicaragua para participar en la guerra en el bando liberal (falta la fuente). Este origen familiar era el que determinaba a qué estrato social se pertenecía. En consecuencia, era muy importante para establecer con qué derechos y privilegios o desventajas sociales se contaba. Asimismo, señalaba a qué bando político se pertenecía, ya que la afiliación política era un asunto que dependía de la tradición familiar, el origen geográfico (León o Granada) y la relación personal y clientelar con uno u otro caudillo.

Por estas razones, las relaciones de parentesco y familiares fueron importantes criterios para unir a los adversarios de Mena. Un escrito del cónsul de Nicaragua en California, Reinaldo Chamorro, enviado en febrero de 1912 al presidente Adolfo Díaz, lo demuestra. En dicha carta, éste remarca que a ambos les unían "vinculaciones de antaño"[184] y la "vieja amistad de nuestros padres".[185] En el mismo escrito, se reafirmaba la ilegitimidad de la elección de Mena como presidente de Nicaragua para el período de 1913 a 1916, realizada por la Asamblea Nacional en octubre de 1911.[186] En palabras de Reinaldo Chamorro, ésta era "una zanganada de la Asamblea y una violación del Pacto de Dawson".[187]

Así, la guerra de 1912, que duró únicamente cuatro meses -de julio a octubre-[188] más que una simple disputa por el control del Estado, fue un ataque al poder y a la posición social del auto llamado "patriciado criollo de raíces coloniales",[189] cuyo predominio político se expresaba en los integrantes del gabinete del gobierno de Adolfo Díaz. Éstos, según el miembro nicaragüense de la Comisión Mixta

---

[184] Carta de Reinaldo Chamorro a Adolfo Díaz, 1 de febrero de 1912.

[185] Ibid.

[186] Günther, F.M. The American Chargé d'Affaires to the Secretary of State. American Legation, Managua, October 26, 1911. No 133, *FRUS 1911*, 668.

[187] Ibid.

[188] Pérez Baltodano, *Entre el Estado Conquistador y el Estado Nación*, 386.

[189] Cuadra Pasos, "Historia de medio siglo," 572.

de Reclamaciones, Carlos Cuadra Pasos, garantizaban al país que "la respetabilidad y el alto vuelo se impondría en el Gobierno".[190] Las palabras de Cuadra Pasos muestran una vez más la estratificación social, pues el concepto de "respetabilidad" les imputa estar dotados de una superioridad moral innata, mientras el concepto de "alto vuelo" hace referencia a su posición social situada en el estrato superior.

Así, entre los ministros se encontraban miembros de las familias que habían gobernado el país desde los tiempos de la colonia[191] y que después de la independencia habían seguido teniendo un papel preponderante en la política nicaragüense, como Diego Manuel Chamorro, Ministro de Relaciones Exteriores, y Pedro Rafael Cuadra, Ministro de Hacienda.[192] La familia Chamorro -antes de Zelaya- había puesto dos presidentes: Fruto Chamorro (1854-1859)[193] y Pedro Joaquín Chamorro (1875-1879),[194] mientras un Cuadra, Vicente Cuadra, había sido presidente de 1871 a 1875.[195] Otro factor importante que unía a los integrantes del gobierno de Díaz era la endogamia que sus familias practicaban, siendo ésta otra característica del estrato superior en una sociedad estratificada.[196] Así, el Ministro de Hacienda estaba casado con Carmela Chamorro,[197] hermana del Ministro de Relaciones Exteriores quien, a su vez, estaba casado con Dolores Bolaños Chamorro, quien era su prima hermana por el lado materno y sobrina en segundo grado por la familia de su padre.[198]

A diferencia de estos señores de "respetabilidad" y "alto vuelo", Luis Mena y Benjamín Zeledón no pertenecían a estas "viejas

---

[190] Cuadra Pasos, "Cabos sueltos de mi memoria," 386.

[191] Carlos Cuadra Pasos, "Libro de Familia: Los Cuadra, una hebra en el tejido de la historia de Nicaragua," en *Revista Conservadora del Pensamiento Centroamericano* 17, N° 83 (Agosto 1967). Pedro Pablo Vivas Bernard, "Genealogía de la Familia Chamorro: Los Chamorro Nicho" en *Revista del Pensamiento Conservador Centroamericano* , N° 91 (Abril 1968).

[192] Cuadra Pasos, "Cabos sueltos de mi memoria," 386.

[193] Andrés Vega Bolaños, *Gobernantes de Nicaragua: Notas y documentos. Tomo primero* (Managua: 1944), 194.

[194] Díaz Lacayo, *Gobernantes de Nicaragua*, 74.

[195] Ibid., 73.

[196] Luhmann, *Die Gesellschaft der Gesellschaft*, 680.

[197] Cuadra Pasos, "Cabos sueltos de mi memoria," 212.

[198] Adolfo Díaz Lacayo, "Los Chamorro. Cuadro 9 de 22," en *Nicaragua: Gobiernos, Gobernantes y Genealogías* (Managua: 2010).

familias enriquecidas durante la colonia".[199] Mena era originario de Nandaime,[200] un pueblo que desde los tiempos coloniales había sido parte del área de influencia de Granada; su padre, de oficio ganadero y propietario de una finca mediana, había ocupado el puesto de alcalde. El ser de Nandaime lo marcaba en términos étnicos y raciales, pues este lugar era identificado como pueblo de mulatos y mestizos; de ahí que a Mena también se le llamaba despectivamente "negro" e "indio semisalvaje".[201] Este contraste de su origen, en comparación con los integrantes del gobierno de Adolfo Díaz, le había permitido estilizarse como "el rústico y tremendo general Mena, hombre de machete y popular boga", como lo describió Rubén Darío en un texto publicado en La Nación de Buenos Aires, en septiembre de 1912.[202]

Para sus partidarios, el General Luis Mena era un "hijo del pueblo" y representaba a los "inditos, zambos mulatos o mestizos";[203] es decir, a los estratos inferiores. Zeledón, por su parte, había nacido en 1879 en una zona marginal y de difícil acceso del país, como era en aquellos años el pequeño pueblo de La Concordia, situado a 159 kilómetros de la capital, en el actual departamento de Jinotega.[204] Todavía en 1920, para viajar en automóvil de Managua a la ciudad más poblada de esta parte del país, Matagalpa[205] -ubicada a 62 kilómetros al Sur de La Concordia- se tenía que tomar "una trocha veranera por la cual se llegaba [...] en quince o más horas de zangoloteo".[206] De profesión abogado y notario, llegó a ser Ministro de Guerra en el gobierno de Zelaya, debido a sus méritos militares.[207] Esto último lo había convertido en un connotado liberal zelayista.

---

[199] Cuadra Pasos, "Historia de medio siglo," 573.

[200] Gardner Munro, *A Studen in Central America*, 17.

[201] Gobat, *Confronting the American Dream*, 86-87.

[202] Rubén Darío, "El fin de Nicaragua," en *Escritos dispersos de Rubén Darío: Recogidos de periódicos de Buenos Aires. Tomo I*, edit. Pedro Luis Barcia (La Plata: Universidad Nacional de la Plata, 1968), 263.

[203] Gobat, *Confronting the American Dream*, 85. Frances Kinloch Tijerino, "Bajo la bota del imperio: 1910-1933," en *Enciclopedia de Nicaragua*, vol. 1 (Barcelona: Editorial Océano, 2004), 130.

[204] Pedro Rafael Gutiérrez, *Partes de guerra del General Zeledón* (Managua: Ediciones Lena, 1977), 1.

[205] De acuerdo con el Censo de 1920, para dicha fecha la población de Matagalpa era de 78,226 personas, mientras Estelí contaba únicamente con 30,515 habitantes. Dirección General de Estadísticas, *Censo de 1920*, (Managua: Oficina Central del Censo, 1920), 11.

[206] Alberto Vogl Baldizón, *Managua de mis recuerdos* (Managua: PAVSA, 2008), 111.

Selser, *La Restauración Conservadora y la Gesta de Benjamín Zeledón*, 241.

Ambos habían logrado recientemente cierto ascenso social y notoriedad en la política, gracias a su desempeño militar en el campo de batalla. La trayectoria de ambos ilustra cómo los precarios ejércitos de la época podían ser un mecanismo de movilidad social en Nicaragua. Para los tradicionales integrantes del estrato superior, Mena y Zeledón representaban lo que en aquellos años consideraban era una nobleza corrupta en dos sentidos. Primero, porque su acenso social era visto como el resultado de la corrupción del régimen de Zelaya,[208] durante cuyo régimen, las viejas familias habían perdido "su fortuna por las fuertes multas y contribuciones forzosas"[209] que les habían sido impuestas. En segundo lugar, esta nueva nobleza estaba integrada por "mulatos, mestizos y cuarterones",[210] es decir, por individuos de origen racial inferior frente a quienes proclamaban representar "la inteligencia, riqueza y la sangre española más pura de Nicaragua".[211] Para ellos, estos advenedizos no eran "ilustres" y tampoco se distinguían del pueblo común; igualmente, sus aspiraciones de nobleza se basaban únicamente en el dinero que poseían.[212] Por estas razones, no podían ser parte del estrato gobernante. El meollo del conflicto consistía en que "las viejas familias", que se entendían a sí mismas como los descendientes de los criollos españoles, se sentían amenazadas por "una burguesía de nuevos ricos"[213] que carecía de legitimidad en términos morales y de origen. Para este patriciado criollo, los nuevos ricos no tenían su superioridad natural derivada de su linaje racial y social. Por lo tanto, carecían de la calidad moral requerida para poder pertenecer al estrato gobernante.

Este desprecio era resultado de la diferenciación étnica y racial sobre la que se basaba la jerarquía social todavía vigente en la década de 1910. De acuerdo con la descripción de Nicaragua que ofrece Dana G. Munro, en aquellos años el estrato superior estaba compuesto en su mayoría por descendientes europeos, mientras

---

[208] Gobat, *Confronting the American Dream*, 92.

[209] Cuadra Pasos, ibid.

[210] Gobat, ibid.

[211] En el original: "the intelligence, wealth and purest Spanish blood of Nicaragua"". The American Minister to the Secretary of State. American Legation, Managua, October 24, 1912, *FRUS 1912*, 1059.

[212] Gobat, ibid.

[213] Cuadra Pasos, ibid.

que los estratos inferiores eran predominantemente mestizos. Salvo en escasas localidades, en general no se podía encontrar una clara distinción entre los "mestizos" y la población indígena, pues -según la percepción de Munro- tanto sus costumbres como sus rasgos eran "marcadamente indígenas".[214] Para este testigo de la época, las diferencias sociales vigentes parecían "coincidir hasta cierto punto con las diferencias raciales, pero difícilmente se puede decir que dependían de estas".[215] Tal como dejan entrever las palabras de Munro, esta estratificación social se fundamentaba, más que en un criterio de superioridad o inferioridad racial, en el carácter étnico de la familia al que se pertenecía. Es decir, lo más importante o primordial no era ser –en términos raciales– blanco, sino poder mostrar que se procedía de una familia de origen europeo y que se era lo más europeo posible, puesto que ni siguiera en el estrato superior había familias capaces de declararse racialmente puras o netamente europeas, aunque no estuvieran dispuestas a enorgullecerse de sus raíces no europeas. Como escribió un intelectual de la época: "aquí nadie se cree descendiente de africano, aun cuando los belfos o el pelo lo digan sin ser preguntados".[216] Esta mezcla racial negada de las "prominentes familias españolas" con descendientes africanos, se había dado desde el siglo XIX, tanto de Granada como de León.[217]

---

[214] En el original: "distinctly Indian". Munro, *The five republics of Central America*, 72.

[215] En el original: "to some extent to coincide with, but they can hardly be said to depend upon, racial lines". Ibid.

[216] Salvador Mendieta, *La enfermedad de Centro-América: Descripción del sujeto y síntomas de la enfermedad*. Tomo I (Barcelona: Tip Maucci, 1934), 191.

[217] Justin Wolfe, "»The Cruel Whip«: Race and Place in Nineteenth-Century Nicaragua," en *Blacks & Blackness in Central America: Between Race and Place*, edits. Lowell Gudmundson y Justin Wolfe (Durham/London: Duke University Press, 2010), 177-208. La presencia africana en la historia de Nicaragua y su legado cultural se analiza en: Sergio Ramírez, *Tambor olvidado* (San José, CR: Aguilar, 2008).

El retorno a los treinta años: el proyecto político de la descendencia criolla y el concepto de pueblo

La aspiración de estos conservadores era restablecer el orden social heredado de la colonia, que pensaban había estado vigente hasta la toma del poder de los liberales en 1893. Y como se consideraban los descendientes de la aristocracia criolla colonial, se arrogaban el derecho de gobernar. El proyecto político de esta fracción del Partido Conservador en el poder, consistía solamente en un punto: lograr "un franco regreso a los Treinta Años".[218] Con "los Treinta Años" se referían al período posterior a la guerra contra Walker y que culminó con la "revolución liberal" que llevó a Zelaya a la presidencia. Su ideal era restablecer el "viejo sistema de gobierno patriarcal, [...], con los Poderes Públicos flotando sobre una honorable y culta oligarquía"[219] que imaginaban había estado vigente en ese lapso histórico. Así, se quería construir -según su imagen idealizada de ese período-, una "democracia rudimentaria, [que] consistía en un equilibrio mansamente guardado entre dos partidos, de los cuales el de arriba hacía concesiones para los de abajo, y éstos mostraban una conformidad aparente, pero que producía tranquilidad en la República".[220]

Esta democracia no se basaba en la noción del pueblo como soberano y fuente de la legitimidad política, sino en una noción jerárquica, en la que el poder político estaba reservado únicamente a "las familias ricas y patricias, que recib[ían] su fuerza social en herencia de la sociedad jerarquizada de la colonia".[221] De allí, también la importancia que se le daba a la pertenencia y el origen familiar, pues el estatus social y los privilegios y poderes que les acompañaban se legitimaban gracias a esta procedencia. Es esta última la que -así se estima- garantiza que la persona estuviera dotada de las cualidades, sobre todo morales, requeridas para

---

[218] Cuadra Pasos, "Historia de medio siglo," 601
[219] Ibid.
[220] Ibid.
[221] Ibid.

pertenecer al estrato superior y tener derecho de gobernar sobre el resto. De aquí se deriva la importancia de tener "los quilates de ley" o ser de "ilustre sangre".

Un elemento importante dentro de este ideal "democrático" jerárquico era la "casona [que] tenía su grande clientela mantenida por las ligas de los negocios y por el numeroso servicio de haciendas".[222] Esta idea de la casona presenta dos elementos importantes del sistema político. Primero, su carácter patrimonialista y segundo, cómo el orden político se basaba en la imposición de un acceso diferenciado y clientelista al poder, controlado de manera inamovible por una minoría que se percibía a sí misma como "honorable y culta". En esta idea de democracia, no estaba provista la inclusión en el sistema político de la mayoría de la población nicaragüense, al no basarse en una idea de igualdad que -por lo menos potencialmente- la hiciera viable. Quienes no pertenecían a estas familias eran considerados como parte del pueblo. Y el pueblo por sí mismo, no estaba destinado a gobernarse. Esta negación de la idea del pueblo autogobernándose, a su vez, era producto de la estratificación en la que se basaba la diferenciación social. Un análisis de los significados implícitos en el concepto de pueblo de los bandos en pugna lo demuestra.

Con el término pueblo se hacía referencia por un lado a los estratos inferiores y por el otro a la gente de algún lugar poblado. Ambas acepciones se encuentran en los escritos publicados para contrarrestar "la ola de saqueos y de allanamientos de moradas" ocurridas "después del gran triunfo que obtuvo el pueblo leonés en la lucha del 17 de agosto por la TOMA DE LEÓN" durante la guerra de 1912. Para lograr tal fin, se publicaron en aquel momento "LECTURAS PARA EL PUEBLO", que debían "señalar al pueblo senderos de honestidad".[223] El uso del concepto de pueblo como poblado se encuentra también en los apuntes autobiográficos de Carlos Cuadra Pasos, cuando comenta la llegada de Knox a Managua y afirma que "el pueblo de Managua le miró con respeto".[224] Este mismo autor habla de "las contradicciones que en la conducta de nuestros pueblos se suceden entre el bien y el mal, por culpa de las

---

[222] Ibid.
[223] Montalván, *Hace medio*, 36.
[224] Cuadra Pasos, "Cabos sueltos de mi memoria," 391.

pasiones políticas".²²⁵ Como se puede ver, no se tiene la concepción del pueblo como una unidad. Esta idea se encuentra más cercana al concepto de "pueblo entendido como plebe o vulgus" que existía en la Nueva España en el siglo XVIII, en donde se distinguía entre "la plebe o el vulgo" y "los que son nobles, ricos y esclarecidos".²²⁶ Por esta razón, el político conservador de la época Diego Manuel Chamorro, se declara representante "del pueblo conservador"²²⁷ y no del pueblo nicaragüense.

Esta representación de la que habla Chamorro se basa en la relación jerárquica y clientelista entre las familias oligárquicas y el pueblo, en donde a este último se le asigna un rol pasivo, de sumisión y servicio abnegado al primero. En la novela "Entre dos filos", escrita por Pedro Joaquín Chamorro Zelaya, se presenta una imagen idealizada de esta relación. En ella se retrata cómo estas familias vivían en una relación armoniosa y campestre con "el pueblo", en la cual casi no existían confrontaciones por "las diferencias de clases" y todos eran "una sola y grande familia".²²⁸ Un componente central de este ideal es que el pueblo no presentaba ningún tipo de resistencia, insatisfacción o rebeldía al dominio de estas familias oligárquicas. Así, los estratos bajos "después de cobrar su justo salario, se iban a sus casa bendiciendo el nombre del buen patrón y dando gracias a Dios que les proporcionaba el pan nuestro de cada día".²²⁹ A su vez, "vivían los amos disfrutando honestamente y en santa paz lo que era suyo, sin que la envidia ni la codicia fueran sabedoras de tanta dicha, ni intentaran estorbar aquel santo derecho".²³⁰ Como evidencian estas líneas, este orden jerárquico de dominación era entendido como lo justo y la voluntad divina. Por ello, se describe la posición privilegiada de estas familias como un "santo derecho". Por otro lado, el deber del pueblo era respetar este derecho y considerar ese respeto como "precioso".²³¹

---

[225] Ibid., 419.

[226] Eugenia Roldán Vera, "Pueblo: México," en Diccionario político y social del mundo iberoamericano. La era de las revoluciones, 1750-1850. Javier Fernández Sebastián, dir. (Madrid: Fundación Carolina, 2009), 1203.

[227] Arturo Elizondo, "El pensamiento político de Diego Manuel Chamorro," en *Revista Conservadora del Pensamiento Centroamericano*, N° 92, (Mayo 1968), 13.

[228] Pedro Joaquín Chamorro, *Entre dos Filos: Novela Nicaragüense* (Managua: Talleres de la Imprenta Nacional, 1927), 37.

[229] Ibid.

[230] Ibid.

[231] Ibid.

Implícita en esta relación jerárquica estaba la idea de que el estrato superior (la oligarquía) tenía el derecho de dominar al estrato inferior (el pueblo) y que su única obligación frente a éste era proveerle un medio de subsistencia, es decir, "el pan nuestro de cada día". En esencia, la fórmula se puede resumir de la siguiente manera: el jefe de la familia oligarca (el patrón) domina con benevolencia al pueblo, el cual debe sentirse agradecido y asumirlo pasivamente. De allí, que el pueblo debía "bendec[ir] el nombre del buen patrón y [dar] gracias a Dios".[232] En este sentido, la soberanía, entendida como la posesión y el ejercicio legítimo del poder político, no radicaba en el pueblo sino en las familias oligarcas. Radicar la soberanía en el pueblo sería entregársela a los estratos inferiores, lo cual destruiría el orden jerárquico en el que se sustentaba el ideal de sociedad y democracia de la entonces oligarquía nicaragüense.

Para llegar a atribuirle la soberanía política al pueblo, se requería del predominio de la idea de igualdad. Es decir, se debía eliminar la diferenciación entre "la plebe o el vulgo" y los "nobles, ricos, y esclarecidos". De lo contrario, no es posible hablar de la existencia de una democracia en el sentido moderno de la palabra, pues desde la Revolución Francesa, ésta presume la abolición de todo tipo de privilegios civiles y políticos y el establecimiento de la igualdad social, "entendida como igualdad de estatus y consideración, implicando que no se discrimina en base a distinciones de clase y riqueza".[233] En esto, Nicaragua no era un caso único. En otros países de Latinoamérica, como Bolivia por ejemplo, los gobernantes creían igualmente tener el derecho divino a gobernar y que era preferible el dominio de una minoría oligárquica y un sistema de castas, a un gobierno democrático.[234]

A esta aspiración de dominio oligárquico se oponían los rebeldes libero-conservadores liderados por Luis Mena y Benjamín Zeledón. Así, este último proclamó en su "Libro de Órdenes Generales" el fin de la dominación del pueblo por parte de la oligarquía. Literalmente, prometía que una vez logrado el triunfo: "La madre

---

[232] Ibid.

[233] Giovanni. Sartori, *The Theory of Democracy Revisited: Part Two: The Classical Issues* (Chatham, NJ: Chatham House Publishers, 1987), 343.

[234] Herbert S. Klein, *Parties and political change in Bolivia 1880-1952* (Cambridge: University Press, 1969), 36-37.

anciana encorvada por la miseria, el niño pálido por la escasez, serán redimidos".[235] Además: "El pobre humillado, explotado, escarnecido por una insolente oligarquía, tendrá pan para sus bocas hambrientas y lienzo para cubrir sus ateridos cuerpos desnudos".[236] En estas palabras, Zeledón revela muy bien la limitación de los liberales para lograr establecer un sistema político democrático en Nicaragua y superar la lógica excluyente con la que operaba el sistema político. Su estereotipación del pueblo nicaragüense no supera la concepción estratificada que tenían los partidarios de Adolfo Díaz. Igual que cuando los conservadores ostentaban el poder, el pueblo era asociado con los estratos inferiores y no con una comunidad de iguales. Por esta razón, se evocaban imágenes de privación económica como son "la madre anciana encorvada por la miseria" y "el niño pálido por la escasez" y hace referencia al "pobre humillado, explotado, escarnecido". La diferencia estriba en que para los liberales como Zeledón, el pueblo no es asociado a un estatus de inferioridad social, en términos de su naturaleza y comportamiento moral, sino que solamente en relación con su bienestar económico. Más bien se da el caso contrario. El comportamiento inmoral es atribuido al estrato superior, que es la "insolente oligarquía" explotando al pueblo. Lo que para las viejas familias patricias es su santo derecho, aquí es definido como una injusticia social e inmoralidad. Con esta perspectiva, se proclama la ilegitimidad del dominio político de estas familias y la necesidad de acabar con su gobierno. Sin embargo, el problema estriba en no superar las diferencias sociales basadas en la distinción de estratos superiores e inferiores. No se crea la noción del pueblo como una comunidad de iguales, pese a que en el escrito se declara la aspiración de lograr la "igualdad ante la ley". Así escribe Zeledón: "la igualdad ante la ley será como Sol alumbrando a todos, a los grandes y los humildes, a los ricos y a los pobres".[237]

Por esta razón, aunque no se puede negar el señalamiento de Gobat de que este proyecto político era más incluyente para los estratos inferiores,[238] tampoco se puede perder de vista su carácter

---

[235] Benjamín Zeledón, "Orden General del 10 de agosto de 1912, dada en el Cuartel General de Tipitapa" en *Partes de guerra del General Zeledón*, edit. Pedro Rafael Gutiérrez, E.
[236] Ibid.
[237] Ibid.
[238] Gobat, *Confronting the American Dream*, 87.

excluyente para el estrato superior, al no lograr abolir el orden social jerárquico y la lógica excluyente con la que opera el sistema político. Aquí hay que tomar en cuenta dos aspectos: primero, que se mantiene la diferenciación entre estrato superior e inferior por medio de la contraposición de pueblo y oligarquía; y segundo lugar, porque se recurre al término oligarquía para justificar la propia lucha y deslegitimar el poder político del oponente. Así, el bando que se define a sí mismo como anti-oligárquico puede auto-denominarse representante del pueblo y catalogar a su oponente como el enemigo de éste. De esta manera, le niega al otro su derecho a tener influencia política y a ser parte del sistema político. En otras palabras, se proclamaba la exclusión inversa para legitimar el propio dominio excluyente sobre la toma de decisiones colectivamente vinculantes. Al mismo tiempo, no se logra superar la dinámica de exclusión del adversario político con la que ha operado el sistema político desde la Independencia. En el fondo, se da la reproducción en el sistema político de la exclusión implícita en la jerarquización de "los arriba" y "los de abajo", generada por la estratificación social. Sólo que en este caso la distinción se da en términos de buenos y malos, como correlato de la diferenciación binaria amigos/enemigos con la que opera el sistema político y en la que se basa su lógica de mutua exclusión de los bandos en pugna. Los buenos son los rebeldes liderados por Mena y Zeledón, que pretenden redimir al pueblo de la explotación de la oligarquía, que son los malos. Desde la perspectiva de los rebeldes anti-oligárquicos, ellos mismo son los buenos porque representan y luchan por el pueblo que, al mismo tiempo, es visto como "los de abajo", mientras que sus oponentes son los malos, debido a que representan a "los de arriba" (la oligarquía) que siempre ha excluido y explotado a los de abajo (al pueblo).

Como se puede observar, las premisas de la oligarquía criolla, representada por el gobierno de Adolfo Díaz y de los rebeldes libero-conservadores, tiene como objetivo excluir al oponente del sistema político y monopolizar el control del Estado. Dentro de esta lógica de mutua exclusión de los bandos en disputa con la que opera el sistema político nicaragüense, no cabe la posibilidad de que exista "un consenso nacional" o que se puedan "integrar los intereses y aspiraciones de los diferentes sectores" del país. De igual forma, no se puede esperar que existan "visiones nacionales, compartidas por los partidos", como recientemente se les ha imputado.[239] Para que esto se diera, el sistema político tendría que haber funcionado a partir de otras premisas semánticas que no implicaran la mutua exclusión de las partes enfrentadas en la contienda política. Sin embargo, resulta difícil que tales premisas se impusieran en el contexto político de la época, en el que prevalecían las guerras civiles, el ejercicio del poder de manera autocrática, el personalismo, el control imperial de los Estados Unidos de la política nicaragüense, entre otros elementos.

---

[239] Pérez Baltodano, *Entre el Estado Conquistador y el Estado Nación*, 374–375.

Los ataques y las torturas de los miembros de "la oligarquía" en La Guerra de 1912

Esta guerra fue en primera instancia un conflicto entre quienes habían logrado un reciente ascenso social y algunos miembros de aquellas familias que formaban desde los tiempos de la colonia el estrato superior y que se negaban a integrarlos a ese nivel de la jerarquía social. En esencia, la causa del enfrentamiento era la aspiración de estos últimos, a mantener excluidos a los primeros, al negarles el mismo estatus social y los privilegios asociados a éste. Esta confrontación, inició con una retórica de mutua exclusión y deslegitimación que, dentro del contexto de la cada vez más aguda privación material de los estratos bajos, produjo una ola de violencia hacia las familias "oligárquicas" liderada por los advenedizos.[240] Al generarse esta ola de violencia, asimismo contribuyó la fuerte condena moral de los liberales y conservadores opuestos al gobierno de Díaz, que resaltaba las contrastantes diferencias sociales al retratar a sus contrincantes, en palabras de Gobat, como "parásitos holgazanes bebedores de champán que se habían enriquecido por medio del saqueo del tesoro nacional".[241]

La violencia dirigida en contra de las familias "oligárquicas" y extranjeras es un aspecto fundamental para entender el significado y el impacto que tuvo la Guerra de 1912. Esta violencia se caracterizó por concentrase especialmente en miembros de las familias que componían el estrato superior. Una de estas víctimas fue Martín Bernard, empresario y político conservador, cuya familia de origen francés se había establecido en Nicaragua a inicios del siglo XIX y, por medio de uniones matrimoniales con familias como los Chamorro y Cuadra, se había integrado a "la alta sociedad" granadina.[242] El miembro más prominente de

---

[240] Gobat, *Confronting the American Dream*, 106.

[241] En el texto original: "lazy, champagne-drinking parasites who had enriched themselves by looting the national treasury". Ibid, 86.

[242] Pedro Pablo Vivas Benard, "Familia Bernard: Antecedentes e Historia," en *Revista Conservadora del Pensamiento Centroamericano* 17, N° 82 (Julio 1967), 36-37.

esta familia había sido Emilio Benard Doudé, quien durante la administración de Pedro Joaquín Chamorro Alfaro (1875-1879) había ocupado el cargo de Ministro de Hacienda.[243]

Durante la ocupación de Granada, Martín Benard fue cruelmente humillado por soldados del General Luis Mena. Éstos lo desvistieron en la Estación de Policía y posteriormente lo obligaron a caminar por la cuidad desnudo hasta llegar a la Iglesia de San Francisco, cuyas instalaciones eran usadas como cárcel. Allí, en cautiverio y enfermo, Martín Benard terminó cayendo en un estado de histeria. Pese a este maltrato, Benard sobrevivió a la guerra y, para las elecciones de 1920, su pre-candidatura a la presidencia fue impulsada sin éxito por el caudillo conservador Emiliano Chamorro.[244]

Otra forma de denigración y tortura practicada en este contexto a estos "ciudadanos prominentes" fue encarcelarlos bajo condiciones deplorables, en celdas muy estrechas sin las mínimas condiciones sanitarias. Además, por días se les negó el agua y la comida. Pero el acoso y hostigamiento, violento y denigrante, no se limitó únicamente a los hombres. Las esposas e hijas de estos "ciudadanos acaudalados" también debieron pagar contribuciones y mostrar su sexo a los soldados.[245] Según una de estas mujeres víctimas, en la ciudad de Granada "los elementos más perversos predominaron" y se padeció "un estado de terror y espanto" en el cual se encontraron amenazadas de perder lo todo e incluso se enfrentaron al peligro a ser violadas.[246] En la ciudad León, la violencia llegó a tal extremo, que dos miembros de la familia Cardenal fueron "despedazados a machetazos".[247]

Una peculiaridad importante de esta guerra fue que se llevó a cabo en urbes tan importantes como Managua, Granada, León y Masaya, situadas en el área que históricamente ha sido la más densamente poblada de Nicaragua. Para el año 1920, la población de los departamentos del mismo nombre –a los que pertenecen estas ciudades– representaba un tercio de la población del país

---

[243] Jorge Eduardo Arellano, *Emilio Bernard Doudé (1840-1879) y su época* (Managua: 2001), 12.

[244] Chamorro, *El último caudillo*, 289.

[245] The American Minister to the Secretary of State. American Legation, Managua, October 24, 1912, ibid.

[246] Ladies of Granada to Admiral W.H.H. Southerland. Granada, October 11, 1912, *FRUS 1912*, 1062.

[247] Cuadra Pasos, "Cabos sueltos de mi memoria," 417.

(35,64 %). En aquella época, el departamento más poblado del país era León, con 78,300 habitantes. Managua, con 74,696 habitantes, ocupaba el cuarto lugar en el ranking nacional. Masaya, cuya población ascendía a 40,386 habitantes, se encontraba en séptimo lugar, seguido por Granada con 34,035 habitantes.[248]

El enfrentamiento bélico se inició en los primeros días de agosto, después del rompimiento de Luis Mena con el gobierno de Adolfo Díaz el 29 de julio y de su fuga a Masaya en los días subsiguientes, ciudad de la cual salió el primer ataque a la capital, liderado Benjamín Zeledón, al frente de 600 hombres. La estrategia tanto de Mena como de Zeledón era atacar y conquistar Managua uniendo a sus ejércitos. El primero se encontraba en control de Granada y el segundo, de Masaya; ambas ciudades están ubicadas al sur de la capital. Al inicio, el avance fue exitoso. Ya para el 10 de agosto, Zeledón se encontraba acuartelado en Tipitapa y daba la orden de atacar Managua,[249] donde se dio un intenso combate por tres días, durante los cuales los rebeldes no lograron apoderase de la cuidad, defendida por las tropas de Emiliano Chamorro[250] y un contingente de 100 marines estadounidenses que arribaron previamente del puerto de Corinto.[251] Esto obligó a los rebeldes a replegarse a Masaya.[252] Para finales de agosto, el gobierno había perdido el control de León[253] y Bluefields,[254] así como de la línea ferroviaria que conectaba a las ciudades más importantes del país en la costa del Océano Pacífico. Únicamente se encontraban bajo su poder Managua y el puerto de Corinto. Las vidas humanas sacrificadas habían sido cuantiosas; en el enfrentamiento por Managua hubo más de mil muertos y en León murieron al menos quinientos soldados gubernamentales.[255]

Una guerra de esta magnitud en las principales ciudades de esta zona tan poblada era un suceso que no se había experimentado desde la quema de Granada, ordenada por William Walker a mediados

---

[248] Dirección General de Estadísticas, *Censo de 1920*, 3.

[249] Selser, *La Restauración Conservadora y la Gesta de Benjamín Zeledón*, 242 – 243.

[250] Ibid., 245

[251] Gobat, *Confronting the American Dream*, 103.

[252] Selser, *La Restauración Conservadora y la Gesta de Benjamín Zeledón*, 250

[253] The Department of State, *The United States and Nicaragua*, 20.

[254] Selser, *La Restauración Conservadora y la Gesta de Benjamín Zeledón*, 247.

[255] Gobat, *Confronting the American Dream*, 103.

del siglo XIX. El hecho que el conflicto se diera en estas urbes lo hizo especialmente cruel, al permitir a los soldados provenientes de "la masa rústica" (estratos bajos) agredir impunemente y sin limitación alguna, a los integrantes de la "sociedad ilustrada".[256] Estos ataques eran la manera en que el "pobre humillado" y "explotado"[257] -como llama Zeledón a su seguidores- invirtió temporalmente el orden jerárquico excluyente. A la vez, esta violencia les permitió infringir al patrón y a su familia, el sufrimiento ligado a encontrarse en la base de la pirámide social. No obstante, una vez restablecido el orden bajo el control del gobierno de Díaz, el castigo a estos transgresores no se hizo esperar. Una medida correctiva tomada por subalternos del general Emiliano Chamorro -en contra de sus propios soldados quienes, al a apoderarse de Masaya, procedieron a llevar a cabo "un saqueo del comercio local bastante desenfrenado"- fue "cortar [les] las dos manos".[258] Como se puede ver, las crueldades y humillaciones fueron cometidas por ambas partes.

La violencia de los estratos bajos, que se escapaba del control tanto de los líderes de la rebelión como del gobierno, es un factor clave para entender el desenlace de la Guerra de 1912. Como ha señalado Gobat, esta violencia condujo al fracaso de la rebelión contra el gobierno de Díaz, al contribuir a que se diera la sorpresiva rendición del General Mena el 24 de septiembre ante los numéricamente inferiores marines estadounidenses que contaban con 350 soldados y se enfrentaban a un mínimo de 500 hombres en Granada,[259] sin sumar el ejército liderado por Zeledón, acuartelado en Masaya.

Esta impotencia ante la furia de "la chusma"[260], -como llamó un testigo de la época a los estratos inferiores que se dedicaban a saquear a los ricos-, y la casi segura perspectiva de ser derrotados por los rebeldes, impulsa al gobierno de Díaz a solicitar la intervención militar de los Estados Unidos para que asegurara "con sus fuerzas armadas la seguridad de las propiedades de los ciudadanas americanos en Nicaragua y que extendiera dicha

---

[256] Cuadra Pasos, *Cabos sueltos de mi memoria*, 419.
[257] Zeledón, ibid.
[258] Chamorro, *El último caudillo*, 210.
[259] Gobat, *Confronting the American Dream*, 114-116.
[260] Cuadra Pasos, "Cabos sueltos de mi memoria", 428

protección a todos los habitantes de la república".²⁶¹ Este contexto de desesperación y de despiadada agresión al estrato alto, en donde las tropas gubernamentales no tienen la posibilidad de salir airosas, obliga a los representantes de la oligarquía criolla a clamar por el auxilio de la potencia del Norte. Esta ayuda de los Estados Unidos junto a la situación de violencia incontrolable son los dos factores que conducen a la rendición de Luis Mena, que deja a Benjamín Zeledón abandonado en la lucha contra los marines, sucumbiendo el 4 de octubre al ataque de esta fuerza militar foránea.²⁶²

Si esto se toma en cuenta en la situación antes descrita, de violencia descontrolada y la eminente derrota del ejército gubernamental, no se puede descalificar el proceder del entonces gobierno de Nicaragua y el agradecimiento que manifiesta a los marines de los Estados Unidos, cuyos representantes se consideran como "la más alta sociedad política y financiera no sólo de Granada sino de toda Nicaragua",²⁶³ simplemente con el epíteto de "vende patria"²⁶⁴ o apátridas,²⁶⁵ tal como ha hecho parte de la historiografía sobre este período de la historia nicaragüense. Para analizar y valorar el proceder del gobierno y del general Mena, se debe tomar en cuenta la situación desesperada y sin salida en la que éstos consideraban encontrarse. Tanto el gobierno, como las familias oligárquicas liberales o conservadoras, se enfrentaban a ser aniquiladas por la furia de los estratos bajos, demostrado por la violencia de la que fueron víctimas durante este breve enfrentamiento bélico. Como argumenta Gobat, la rendición de Mena igualmente respondió a esta incapacidad de controlar la violencia de sus subalternos, que cada vez más se dirigía

---

[261] En el texto original: "with its forces security for the property of American citizens in Nicaragua and that it extends its protection to all the inhabitants of the Republic". The Secretary of State to the President. Department of State, Washington, August 5, 1912. File N° 817.00/1822, *FRUS 1912*, 1032.

[262] William E. Richmond, *Nine Months on a Cruise and Experiences in Nicaragua* (San Diego: U.S.S. California, 1912), 6a.

[263] Cardenal Tellería, *Nicaragua y su historia*, ibid.

[264] Sergio Ramírez, *Sandino y los partidos políticos: Lección inaugural del curso académico 1984* (Managua: Consejo Nacional de la Educación Superior/Universidad Nacional Autónoma de Nicaragua, 1984), 14- 20.

[265] Selser, *La Restauración Conservadora y la Gesta de Benjamín Zeledón*, 245.

a sus simpatizantes procedentes de la oligarquía. Otro factor importante por el cual Luis Mena capituló fue su convicción de que enfrentarse a los marines norteamericanos significaba perecer en el intento.[266]

A impulsar la ola de violencia anti-oligárquica, igualmente contribuyeron las características pre-modernas de las fuerzas militares en pugna, las cuales carecían de disciplina, entrenamiento regular y formación militar. El ejército de Mena y Zeledón estaba integrado principalmente por "artesanos, campesinos y estudiantes."[267] Mientras que las tropas gubernamentales "se componían de soldados rasos sin jefe que, [...], no sabían escribir".[268] En otras palabras, los soldados de esta guerra no eran militares profesionales. Tampoco estaban sometidos a un rígido régimen disciplinario y, en su mayoría, carecían de la mínima formación académica. Ello no resulta sorprendente, ya que en 1920 únicamente el 27.78 por ciento de los nicaragüenses sabía leer y escribir.[269]

Otra propiedad de estos cuerpos armados que demuestra su carácter pre-moderno es su carencia de una logística de abastecimiento, lo que los obligaba a provisionarse "con lo que pudieran encontrar en la región, en la cual estaban operando".[270] La falta de esta organización logística como de los otros elementos mencionados dejan claro que las condiciones bajo las cuales operaban los soldados eran un fuerte estímulo para saquear y cometer todo tipos de abusos, al no existir una estructura organizativa militar que los constriñera y les proveyera los insumos requeridos para alimentarse y mantener en pie su actividad bélica. En ese sentido, los actos cometidos en contra de los integrantes del estrato social superior no solamente respondían a la opresión sufrida por la estratificación social, sino que también resultaban de las características propias de las fuerzas armadas nicaragüenses involucradas en la guerra, situación que no aplicaba únicamente al caso de Nicaragua.

---

[266] Gobat, *Confronting the American Dream*, 115 - 116.

[267] Ibid, 101. Igualmente, en Selser, *La Restauración Conservadora y la Gesta de Benjamín Zeledón*, 242.

[268] En el texto originial: "were composed of private soldiers without a chief and who, [...], did not know how to write", Otto Schoenrich, "The Nicaraguan Mixed Claims Commission," en *The American Journal of International Law* 9, N° 4, (Octubre 1915), 866.

[269] Dirección General de Estadísticas, *Censo de 1920*, 14.

[270] En el texto orginal: "with whatever they [could] find in the region where they operate[d]". Otto Schoenrich, The Nicaraguan Mixed Claims Commission, 867.

En general, los cuerpos castrenses en Centroamérica a inicios del siglo XX eran "pequeños, mal equipados y pobremente entrenados".[271] La consecuencia directa era que frecuentemente "en un momento de crisis política, una parte de ellos resultaban siendo desleal",[272] al gobierno que se suponía debían defender. Esta tendencia a ser desleal se encuentra ligada al bajo nivel de diferenciación interna del sistema político, es decir, a la no diferenciación entre el "partido político", el ejército y la policía. Por esta razón, parte sustancial tanto de esos ejércitos como de la policía era su carácter partidario o mejor dicho de lealtad personal al caudillo militar que los dirigía. De tal manera que no resulta extraño que "los partidos políticos" de la época fueran equiparados con los ejércitos organizados por los caudillos liberales y conservadores para defenestrase mutuamente. De esta forma, se refiere a ellos Carlos Cuadra Pasos, cuando escribe sobre la defensa militar de Masaya por Benjamín Zeledón y afirma que para tal acometido éste fue "apoyado decididamente por el Partido Liberal".[273] O cuando reflexiona sobre la intervención militar de los Estados Unidos y la Guerra de 1912, y llega a la conclusión de que "nuestro procedimientos han sido de intransigencia y de violencia entre los dos Partidos",[274] demuestra cómo las guerras y los levantamientos armados no eran directamente atribuidos a los caudillos y a su ejército de seguidores, si no a los entonces llamados "partidos políticos". De esta manera se entrelazaban y se confundían al caudillo, al "partido" y a sus ejércitos. Aquí es importante tener en mente que el funcionamiento y la organización de estos "partidos" diferían mucho de lo que en la actualidad, las ciencias políticas entienden por el término.[275] Por esta razón, podría ser más adecuado llamarlos *partidas de políticos*, como lo hizo el intelectual y activista político de la época, Salvador Mendieta.[276]

---

[271] En el texto original: "small, ill-equipped, and poorly trained". Munro, *The five republics of Central America*, 188.

[272] En el texto original: "part of it proves disloyal in a political crisis". Ibid.

[273] Cuadras Pasos, *Cabos sueltos de mi memoria*, 422.

[274] Ibid, 423.

[275] Una discusión de cómo la ciencia política ha definido a los partidos políticos se encuentra en: Víctor Hugo Martínez López, "Partidos políticos: un ejercicio de clasificación teórica," en *Perfiles Latinoamericanos*, N° 33 (enero-junio 2009): 39-63.

[276] Mendieta, *La enfermedad de Centro-América*, 189.

Sin embargo, por encima de existir lealtad hacia el partido y su lucha político-ideológica, ésta era con el líder o caudillo. Casi siempre, estos caudillos eran destacados dirigentes militares, lo cual presenta muy bien la falta de diferenciación interna del sistema político, al fusionarse en su figura la dirigencia política y militar. En el Partido Conservador de Nicaragua de inicios del siglo XX, Emiliano Chamorro y Luis Mena ejemplifican muy bien lo anteriormente descrito. Ambos debían su fuerte liderazgo político a sus hazañas durante la lucha armada contra Zelaya y su sucesor liberal; al segundo, era considerado como "el general más exitoso" de la revolución que derrocó a Zelaya.[277]

Otro cargo donde se muestra claramente la fusión de aparato estatal, partido y ejército era el de jefe político del departamento. Este "era todo un gobernador civil y militar en su departamento [...], es decir, representaba en plenitud a la autoridad central de la nación".[278] Para llegar a ser el jefe político de un departamento, era necesario ser "un hombre de la confianza del presidente de turno",[279] es decir, el nombramiento dependía de la relación y lealtad personal de quien era nombrado al presidente que le confería el puesto. Uno de estos jefes políticos fue Toribio Tijerino, quien -según sus propias palabras- durante el gobierno de Adolfo Díaz se desempeñó como Jefe Político de Chinandega. Una vez en el cargo, se dedicó a realizar dos tareas. Primero a organizar "un cuerpo militar eficiente" compuesto por "30 jóvenes conservadores de lealtad probada"; y en segundo lugar "a fortalecer y organizar el Partido" Conservador.[280] Este recuento de Tijerino sobre su desempeño como Jefe Político, expone claramente cómo las tareas militares y partidarias eran realizadas por una misma persona y no se distinguía entre ambas. Pero la falta de diferenciación no se limita solamente a mezclar las funciones y los cargos militares, partidarios y policiales. Asimismo, no se diferenciaba entre lo público y lo privado, como se dio en 1913 con el jefe político de Matagalpa, Bartolomé Martínez, quien empleaba al mandador de su finca, José León Fernández, simultáneamente como agente de policía.[281]

---

[277] En el texto originial "the most successful general", Denny, *Dollars for Bullets*, 103.
[278] José Francisco Borgen, *Una vida a la orilla de la historia: Memorias* (Managua: DILESA; 1979), 70.
[279] Ibid, 126.
[280] Tijerino, "Reminiscencias Históricas," 20-21.
[281] Gould, *El mito de "la Nicaragua mestiza" y la resistencia indígena*, 58.

El "orgullo de sangre": conflictos y divisiones en el Partido Conservador

Tras el fin de la guerra y derrotados los rebeldes libero-conservadores, rápidamente se decidió efectuar elecciones para saldar de una vez el tema de la sucesión presidencial. Para designar al candidato presidencial del Partido Conservador, el ministro de Estados Unidos en Nicaragua, George T. Weitzel, convocó a una reunión a los signatarios de los Pactos Dawson todavía activos en la política nicaragüense: Adolfo Díaz, Emiliano Chamorro, Fernando Solórzano y Carlos Cuadra Pasos (en representación de Juan José Estrada).[282] En dicho encuentro, debido a la negativa de los representantes del Departamento de Estado de aceptar a un candidato de corte militar, quedaron cercenadas -por el momento- las aspiraciones presidenciales de Emiliano Chamorro. El ungido fue Adolfo Díaz, cuya reelección se dio el 2 de noviembre.[283] Tal como se había hecho en el pasado, esta vez también se dictó la tajante exclusión -no del Partido Liberal per se- sino de quienes la administración del presidente Woodrow Wilson declaraba representar a "los peores elementos" de la política nicaragüense, ya que éstos eran "enemigos de la paz y el bienestar". En concreto, se refería a los seguidores de Mena y a los liberales "zelayistas".[284]

De esta manera, se mantenían vivos dos de los factores que habían provocado la Guerra de 1912: la exclusión política del partido liberal, que era controlado "por los elementos zelayistas",[285] y la continuación en el poder de las familias de "la primera sociedad"[286] granadina, de las cuales las de mayor influencia política eran las Chamorro y Cuadra Pasos. La consecuencia de este estado inalterado en términos sociales y políticos desembocaría en una nueva guerra civil, iniciada con el golpe de estado -conocido como

---

[282] Cuadras Pasos, "Cabos sueltos de mi memoria," 433.

[283] The American Minister to the Secretary of State. American Legation, Managua, November 5, 1912. No 78, FRUS 1912, 1032, 1064. Chamorro, El último caudillo, 213.

[284] Munro, "Dollar Diplomacy in Nicaragua", 229.

[285] Tijerino, "Reminiscencias Históricas," 20.

[286] Éste es el término que usan Emiliano Chamorro y Toribio Tijerino para referirse el estrato superior. Ver: Chamorro, El último caudillo, 11. Y Tijerino, "Reminiscencias Históricas", 17.

El Lomazo- que dio el General Emiliano Chamorro al presidente Carlos José Solórzano el 25 de octubre 1925, al tomar bajo su control el cerro situado en el entonces borde sur de la cuidad de Managua, llamado La Loma de Tiscapa. En aquellos años, éste era el punto estratégico más importante para garantizarse el controlar de la capital y de Nicaragua entera. Esta loma era una atalaya y fortaleza natural desde cuya cúspide se podían registrar y aniquilar todos los movimientos enemigos dentro y en los alrededores de Managua. Además, dado que en su costado sur se encuentra una laguna de origen volcánico, Tiscapa sólo podía ser atacada desde el costado norte. Estas características, la convertían en un fuerte sumamente difícil de conquistar. En este sentido, las palabras de Richard L. Millett no resultan exageradas, cuando dice: "quien dominara este cerro dominaba la nación".[287]

Los acontecimientos que condujeron al golpe de estado de Chamorro se encontraban ligados: 1) a la exclusión política de los liberales dictada por el Departamento de Estado y apoyada por los conservadores en el poder; y 2) al conflicto interno de estos últimos. Según un testigo de la época, la pugna entre los conservadores se debía al "orgullo de sangre" de los granadinos, el cual al mismo tiempo fue "el germen remoto de la ruina del Partido Conservador de Nicaragua",[288] es decir, de la pérdida de su preponderancia política hasta pasar a la casi insignificancia de la que goza hoy en día. En concreto, este orgullo de sangre de la "primera sociedad" granadina -que también se encontraba en el estrato alto de la ciudad de León- se manifestaba en "cierto aire de superioridad" que éstos ostentaban frente al resto del país.[289] Esta noción de superioridad se debía a que "lucían genealogías en muchos de sus miembros, que se remontaban a los españoles de la conquista".[290] En otras palabras, pretendían mantener vigente el sistema de estratificación social y de exclusión heredados de la colonia española, en el que la posición que se ocupaba dentro de la jerarquía social dependía de cuán español se era.[291] "El orgullo de sangre" de la primera

---

[287] Richard L. Millett, "The History of the Guardia Nacional de Nicaragua, 1925-1965" (PhD Dissertation, University of New Mexico, 1966), 51.

[288] Borgen, *Una vida a la orilla de la historia*, 52.

[289] Ibid, 51.

[290] Ibid.

[291] Ver: Capítulo 2: la estratificación social en Centro América previo a la independencia de España.

sociedad granadina y leonesa era, precisamente, la expresión de la persistencia de esta forma de diferenciación social heredada del colonialismo español. Otra manifestación de esta estratificación social era la gran desigualdad que existía en el acceso a la propiedad. De acuerdo con Munro, en la Nicaragua de inicios del siglo XX, la mayoría de la población estaba compuesta por jornaleros de las haciendas de "la aristocracia", la cual al mismo tiempo poseía "las mejores propiedades agrícolas".[292]

En política, la aspiración del estrato superior granadino de mantener su posición privilegiada en la cúspide de la jerarquía social se traducía en la pretensión -de los allegados al gobierno de Adolfo Díaz, autodenominados "Amigos del Gobierno"[293] o "los Verdaderos Amigos del Gobierno"-[294] de controlar el Partido Conservador y el gobierno del país. A este afán se oponían tanto los liberales como los conservadores seguidores de Emiliano. Estos últimos se llamaban a sí mismos "chamorristas".[295] Los nombres de ambas facciones demuestran claramente el carácter personalista de sus objetivos políticos y del sistema político nicaragüense. La selección del nombre en sí misma era personalista; ya que pretendía demostrar y enfatizar la relación personal existente entre los integrantes con un líder político. En el caso de los "Amigos del Gobierno", esta relación era con el presidente Adolfo Díaz, cuyo objetivo era resaltar su cercanía al presidente y cómo esto les garantizaba el respaldo del poder político que éste ostentaba para salir victoriosos en las elecciones de 1916;[296] mientras, los "chamorristas" expresaban con su nombre su lealtad personal al caudillo Emiliano Chamorro, a quien consideraban una persona virtuosa, políticamente hábil y con quien podían establecer una duradera relación personal (amistad). Un declarado "chamorrista" lo retrató en sus memorias, como:

> "caballeroso en la amistad, generoso con el adversario, cordial con los humildes, exquisito con las damas, valiente en la acción como pocos lo fueron en la historia de Nicaragua. [...] amigos

---

[292] Ibid.
[293] Tijerino, "Reminiscencias Históricas," ibid. Y Chamorro, *El último caudillo*, 236.
[294] Cuadra Pasos, "Cabos sueltos de mi memoria," 453.
[295] Tijerino, "Reminiscencias Históricas," 21
[296] Tijerino, "Reminiscencias Históricas," 20.

los tenía por millares y los reconocía siempre, en cualquier momento, no sólo a ellos sino también -y recordándolos por sus propios nombres- a sus padres, esposas, hijos y hermanos".[297]

Como se puede ver en esta imagen idealizada de la figura de Emiliano Chamorro, su liderazgo tenía algunas de las características de lo que Max Weber definió como la dominación carismática, en el sentido de que se le atribuían cualidades fuera de lo ordinario, de las cuales no estaba dotada cualquier otra persona.[298] Una de estas dotes extraordinarias es la gran memoria anotada en este retrato, que le permite cultivar las relaciones personales en las cuales se fundamentaba su liderazgo y poder político.[299]

Al final, la lucha entre los "amigos del gobierno" y los "chamorristas" se decidió a favor de los últimos, quienes lograron imponer a Emiliano Chamorro como el candidato presidencial del Partido Conservador para las elecciones de 1916. Según Carlos Cuadra Pasos, quien era el candidato de los "Amigos del Gobierno", su candidatura no se dio debido a que la directiva de su partido y la mayoría de los conservadores preferían a Emiliano Chamorro.[300]

La ventaja de Chamorro sobre Cuadra Pasos no se debía únicamente a su liderazgo carismático. Probablemente, aún más importante era su vinculación con aquellos que para "la primera sociedad" granadina no pertenecían a su estrato social. A diferencia de Carlos Cuadra Pasos, que era más un político intelectual de una familia criolla granadina y a quien el pueblo no dejaba de infundirle cierto temor,[301] Emiliano Chamorro era un caudillo popular venerado por aquellos catalogados despectivamente por las ilustres familias y la gente honorable como la "chusma". Para el ex-corresponsal del New York Times, Harold N. Denny, quien estuvo en Nicaragua a

---

[297] Borgen, *Una vida a la orilla de la historia*, 9.

[298] Max Weber, *Grundriss der Sozialökonomik III: Abteilung Wirtschaft und Gesellschaft* (Tübingen: Verlag von J.C.B. Mohr, 1922), 140.

[299] Otros estudios que han analizado a caudillos y el liderazgo político en Latinoamérica desde esta perspectiva son: Richard M. Morse, "Political Theory and the Caudillo" en *Caudillos: Dictators in Spanish America*, edit. Hugh M. Hamill, 72–86. Pedro Castro, "Álvaro Obregón: el último caudillo" en *Polis: Investigación y Análisis sociopolítico y psicosocial* 2, N° 3, (2003): 209-229. Fernando Díaz Díaz, *Caudillos y caciques: Antonio López de Santa Anna y Juan Álvarez* (Mexico, D.F: El Colegio de México, 1972), 1-7.

300 Cuadra Pasos, "Cabos sueltos de mi memoria," 453, 458 - 459.

301 En este sentido, Cuadra Pasos narra su encuentro con "un fuerte grupo del pueblo bullicioso" durante la navidad de 1911 en la ciudad de León. Ver: Ibid, 420.

finales de 1928 e inicios de 1929, Emiliano Chamorro era "el ídolo de los mozos".[302] Con su presencia lograba -a donde quiera que iba- que "pequeños grupos de hombres, mujeres y niños descalzos, se reunieran a su alrededor".[303] En otras palabras, la popularidad del General Chamorro se debía a que no respondía únicamente a los intereses de la "alta sociedad" granadina, como era el caso de Carlos Cuadra Pasos, quien era asociado al predominio político de su familia y de las familias criollas granadinas allegadas al gobierno de Adolfo Díaz.

Otra ventaja de Chamorro era su pertenencia tanto a la "alta sociedad" granadina, como a quienes eran considerados -por ésta- como situados en una posición social inferior. Ello era producto de los diferentes estatus sociales de sus padres y de su propia condición de hijo bastardo. Según el mismo Emiliano Chamorro, las familias de las que provenían su madre y padre biológicos eran "de la primera sociedad de sus respectivos departamentos, Chontales y Granada".[304] No obstante, Denny afirma que la madre del General Chamorro era una sirvienta indígena en la casa de su padre, miembro de "one of the great Spanish families of Nicaragua".[305] Fuese o no fuese indígena la madre de Emiliano, lo cierto es que al ser de un departamento tan remoto como Chontales, ubicado en el borde norte del Lago Cocibolca, se encontraba -en términos de su estatus social- por debajo del padre de Chamorro, pues era originaria de un área del país que tradicionalmente había sido parte de la zona de dominio de "la primera sociedad" granadina.

Esta posición inferior que tenía la madre del General Chamorro respecto de su padre era la expresión geográfica de la estratificación social de Nicaragua. En dicho orden, Granada y León se encontraba en la cúspide, seguidos de Managua y las otras ciudades de la costa Pacífica de Nicaragua.[306] Tanto los leoneses como los granadinos

---

302 En el texto original: "the idol of the mozos". Denny, *Dollars for Bullets*, 172.

303 En el texto original: "little knots of barefoot men, women, and children gather about him". Ibid.

304 Chamorro, *El último caudillo*, 11.

305 Denny, *Dollars for Bullets*, 172.

306 Un análisis de cómo esto ha generado y mantiene viva la marginalización de la población indígena y afro-descendiente de la Costa Caribe nicaragüense se encuentra en: Juliet Hooker, "Race and the Space of Citizensship: The Mosquito Coast and the Place of Blackness and Indigeneity in Nicaragua" en *Blacks & Blackness in Central America*, edit. Gudmundson y Wolfe, 246-277.

tenían "cierto aire de superioridad" frente al resto del país;[307] así, por ejemplo, consideraban a los habitantes de Masaya como ladrones y "gentes de mal gusto en el vestir y de costumbres plebeyas".[308] Esta percepción negativa se agravaba hacia quienes provenían de ciudades no situadas en la costa del Pacífico, cuyos pobladores eran vistos como personas tontas y "alejadas de la »civilización« y hasta cuyos habitáculos no alcanzaba el brillo del intelecto leonés o de la elegancia granadina".[309]

Esta posición como miembro de una familia granadina de "ascendencia ilustre" en la política nicaragüense, con fuertes vínculos a quienes no eran parte de este "patriciado criollo de raíces coloniales", obligaba a Emiliano Chamorro a tener que intermediar cuando surgían conflictos entre políticos provenientes de ambos estratos. Generalmente, se inclinaba en contra de los primeros. El nombramiento de Toribio Tijerino[310] como su secretario presidencial, demuestra cuán consciente estaba Chamorro sobre la importancia que tenían los plebeyos para sostener su liderazgo y poder político. Esto también queda claro en su interferencia en la disputa por la candidatura del Partido Conservador en Granada para las elecciones municipales -realizadas durante su mandato- a favor del "joven caudillo Dr. Urbina" en contra del candidato "de la Calle Atravesada[311] que patrocinaba al distinguido ciudadano don Inocente Lacayo".[312]

La inclinación del general Chamorro por el primero respondía a que éste era respaldado por "casi todos los caudillos conservadores de los barrios de la cuidad, muchos de los cuales eran viejos soldados del General Chamorro",[313] en contraste con los "aristócratas caballeros" habitantes de la Calle Atravesada, quienes para lograr su propósito se basaban "en la fuerza tradicional y en el apoyo del

---

[307] Borgen, *Una vida a la orilla de la historia*, 51.
[308] Ibid.
[309] Ibid, 52.
[310] Tijerino, "Reminiscencias Históricas," 25.
[311] La Calle Atravesada, como su nombre lo indica, atraviesa de norte a sur la cuidad de Granada. En ésta vivieron durante el siglo XIX e inicios del siglo XX las familias más importantes y poderosas de la cuidad, como los Chamorro, entre otras.
[312] Tijerino, "Reminiscencias Históricas," 31.
[313] Ibid.

Gobierno que suponían dominar";[314] estos viejos soldados habían entendido lo importante que era "ganarse a las masas, curándoles gratis, ayudándolos en sus necesidades y ganándose la confianza",[315] es decir, sabían que para poder movilizar a la población cuando se trataba de defender con las armas su poder político, era necesario repartir prebendas para garantizarse la lealtad de sus seguidores. Como en el pasado, ya no se podía apelar a "los quilates de ley" o a la "ascendencia ilustre", si se quería que el pueblo sirviera como "carne de cañón".[316]

Aparte de los caudillos de los barrios granadinos, otra clientela importante de Emiliano Chamorro era la población indígena tanto del Pacifico como del centro y norte del país. Para la facción conservadora liderada por Emiliano, éstos eran un importante aliado en su lucha contra los liberales; sobre todo en la lucha militar contra Zelaya, los indígenas habían ayudado a los rebeldes conservadores.[317] La enemistad de las comunidades indígenas nicaragüenses con los liberales se debía a que éstos representaban en mayor medida los intereses de los ladinos, en su afán por arrebatarles las tierras comunales, al impulsar su privatización.[318] Una importante medida de esta política había sido el desconocimiento de la existencia de dichas comunidades.

Una vez en el poder, Emiliano Chamorro se vio obligado a retribuir el apoyo de los indígenas. Fue por esto que los Conservadores chamorristas legalizaron las comunidades indígenas que los liberales habían declarado ilegales y las respaldaron en su lucha contra los ladinos que amenazaban en apoderarse de sus tierras.[319] Otra medida a favor de los indígenas que adoptaron los chamorristas fue eliminar las leyes de pago de deuda por trabajo y el reclutamiento forzoso, implementadas desde los gobiernos conservadores a mediados del siglo XIX. Un connotado abanderado de esa abolición fue Toribio Tijerino, quien desde su posición de diputado se opuso a "la prisión por deuda" y procuró aprobar una ley que mejorara

[314] Ibid.
[315] Ibid.
[316] Zeledón, ibid.
[317] Gould, *El mito de "la Nicaragua mestiza" y la resistencia indígena*, 64.
[318] Gould, *To Die in This Way*, 43.
[319] Jeffrey Gould, "La Supresión de la Comunidad Indígena Nicaragua, 1980-1940," en *Nicaragua en busca de su identidad*, edit. Frances Kinloch Tijerino (Managua: IHN-UCA, 1995), 473.

en gran medida las condiciones de los trabajadores agrícolas[320] que, en su vasta mayoría, era indígena. Como afirma Jeffrey Gould, esta agenda pro-indígena de Chamorro y sus seguidores, no se debía a su convicción ideológica a favor de los derechos de los indígenas. Más bien era el resultado de su cálculo político.[321]

La relación del General Chamorro con las comunidades indígenas hace recordar que el caudillismo no es un sistema de sumisión pasiva al líder, en el que éste puede disponer irrestrictamente de sus seguidores e imponer ilimitadamente su voluntad. Más bien, se trata de un sistema de intercambio de favores y de continuas negociaciones de lealtades que generan el apoyo político al caudillo. En esto, los lazos personales son vitales, al producir la confianza necesaria para mantener la reproducción del intercambio. Además, estos lazos personales son lo único que asegura alguna influencia sobre el proceso de toma de decisiones, ya que no existen otros mecanismos para condicionar a la dirigencia política, como lo permitiría un sistema electoral competitivo basado en la igualdad política del ciudadano que le permite potencialmente igual acceso a la toma de decisiones colectivamente vinculantes.

---

[320] Tijerino, "Reminiscencias Históricas," 16. Gould, *El mito de "la Nicaragua mestiza" y la resistencia indígena*, 262.
[321] Gould, *To Die in This Way*, ibid.

Las elecciones fraudulentas de 1920: la no competitividad electoral

Un claro ejemplo de la no competitividad de los procesos electorales de la época fueron los comicios de 1920, en los que salió electo Diego Manuel Chamorro, tío de Emiliano Chamorro, como presidente. Estas elecciones estuvieron marcadas por la represión de la oposición por parte del gobierno. En Managua, en el mes agosto, fueron encarcelados 24 liberales, siendo cuatro de ellos importantes dirigentes del partido. Este acto fue justificado con el argumento de que instigaban a sus seguidores a causar problemas durante el proceso de inscripción de votantes.[322] En los periódicos, se reportaron disturbios similares al de Managua en el resto del país, resultando en algunos muertos. A miles de personas, se les obstaculizó inscribirse para ejercer el voto.[323] Una grave irregularidad del proceso fue que las listas de electores fueron rellenadas con simpatizantes del gobierno y se eliminaron a seguidores del adversario político que habían estado inscritos previamente. De esta forma, se negaba de facto a los simpatizantes su derecho al voto, pues la legislación de la época establecía que únicamente personas previamente inscritas podían ejercer el sufragio.[324] La conclusión del agregado militar de los Estados Unidos, enviado especialmente para buscar cómo lograr que se dieran elecciones limpias, el mayor Jesse I. Miller[325] fue que "indudablemente las autoridades del gobierno realizaron un fraude flagrante, tanto en el registro de los votantes como en el conteo de los votos emitidos".[326]

---

[322] The Minister in Nicaragua (Jefferson) to the Secretary of State, Managua, Agust 23, 1920. 817.00/2674, United States Department of State, *Papers relating to the foreign relations of the United States, 1920*, Vol 3. (Washington D.C.: U.S. Government Printing Office, 1920), 296. En adelante FRUS 1920. Disponible en: http://digicoll.library.wisc.edu/cgi-bin/FRUS/FRUS-idx?type=article&did=FRUS.FRUS1920v03.i0009&id=FRUS.FRUS1920v03&isize=M&q1=Nicaragua (Visitado 10.12.2013)

[323] The Minister in Nicaragua (Jefferson) to the Secretary of State, Managua, August 26, 1920. 817.00/2674, *FRUS 1920*, 297.

[324] The Special Military Attaché at Managua (Miller) to the Secretary of State, Managua, September 10, 1920. 817.00/2679, *FRUS 1920*, 298.

[325] Dana G. Munro, *Intervention and Dollar Diplomacy in the Caribbean 1900-1921* (New Jersey: Princenton University Press, 1964), 420.

[326] En el texto original: "gross fraud was undoubtedly practiced by the authorities of the Government, both in the registration and in the counting of votes cast". The Acting Secretary of State to the Minister in Nicaragua (Jefferson), Washington, December 1, 1920. 817.00/2716, *FRUS 1920*, 306.

El obstáculo central para que se dieran elecciones verdaderamente competitivas, que reflejaran la voluntad de los votantes, era que el proceso electoral se encontraba bajo el absoluto control del partido de gobierno y excluía a la oposición, de la organización y ejecución de los comicios. Este control iniciaba con la inscripción de los votantes, realizada por una junta de directores electos por voto popular y en la cual no estaban incluidos miembros de los partidos contendientes, opuestos al gobierno. Dicha junta también se encargaba de realizar el conteo de los resultados y sus decisiones eran inapelables en el caso de la elección del presidente.[327] Por ende, el partido de oposición no tenía garantía alguna de la fiabilidad de los resultados y protestó contra los mismos. En general, hubo mucho descontento con los comicios por parte de los opositores al gobierno y entre miembros del Partido Conservador.[328] Para Emiliano Chamorro, entonces presidente del país, estos reclamos eran "reclamos gratuitos", es decir, injustificados y se debían a un plan previo de los liberales.[329] La consecuencia directa de estas elecciones diseñadas para aparentar la existencia de una democracia electoral era que al adversario político sólo podía recurrir a la violencia armada para lograr la alternancia en el poder, lo cual a su vez fomentaba continuamente las guerras civiles y todo tipo de movimientos políticos armados de la oposición.

Igualmente, la incapacidad del General Chamorro de aceptar como legítimas las protestas de los liberales y su descontento, muestra la indisposición predominante de considerar válida la aspiración política del oponente de llegar al poder. Para estos conservadores, únicamente sus propios gobiernos habían sido beneficiosos para el país y por ello se justificaba la exclusión de los liberales. Así, el nuevo presidente, en un discurso electoral, calificó la política que el Partido Conservador había implementado en el país, como "la que ha salvado a Nicaragua."[330] Y declaró como una importante enseñanza de la historia nicaragüense, el

---

[327] The Judge Advocate General, War Department (Crowder) to the Chief of the Division of Latin American Affairs, Department of State (Rowe), Washington, April 14, 1920, *FRUS 1920*, 293.

[328] The Acting Secretary of State to the Minister in Nicaragua (Jefferson), Washington, December 1, 1920. *FRUS 1920*, 306.

[329] Chamorro, *El último caudillo*, 295.

[330] Diego Manuel Chamorro, "Plataforma Política del Candidato a la Presidencia de la República, Excmo. Ciudadano D. Diego M. Chamorro," en *Discursos*, 132.

hecho "que cada vez que se amengua en el país la influencia del Partido Conservador, o de lo que los adversarios, en señal de reto, dan en llamar »Calle Atravesada«, ceden los cimientos de la vida nacional".[331] En otras palabras, cuando los conservadores o más específicamente la primera sociedad granadina no gobernaba el país, se enfrentaba la debacle. De este modo, se quería legitimar la aspiración de excluir al adversario político y al resto de los nicaragüenses, argumentando que el gobierno de éstos sólo producía resultados sumamente negativos o desastrosos para el país. En consecuencia, la confrontación política no se podía dar a través de la competencia electoral, al no aceptarse la legitimidad de la aspiración del oponente de llegar a gobernar.

Al mismo tiempo, esta falta de competitividad de los procesos electorales, basada en la negativa de aceptar la legitimidad de las aspiraciones políticas del adversario, es un factor por el cual los vínculos personales se convierten en la principal forma de inclusión en el sistema político. Es decir, permiten participar en política e influir mínimamente, como es el caso de quien se encuentra en la base de jerarquía clientelista, en el proceso de toma de decisiones. Ello llevaba a que la representación política fuera clientelista y se fundamentara en un esquema jerárquico, que era la reproducción en el sistema político del orden social jerárquico que estructuraba el entorno social. En el caso de ahora, en la cúspide de la pirámide se encontraba el caudillo Emiliano Chamorro, y en la base, el indígena de a pie, habitante de las cañadas. Dentro de la jerarquía política de la época aquí analizada, una figura clave era el jefe político, encargado de garantizar no sólo la ejecución de las órdenes del presidente, sino también del suficiente respaldo político de la población en su localidad.

---

[331] Diego Manuel Chamorro, "La Gaceta, Diario Oficial, No 183 de 22 de agosto de 1923," citado en Orlando Cuadra Downing, "Zepeda, Rector político nicaragüense 1876-1946: Ambientación Biográfica Centroamericana, 2ª parte" en *Revista Conservadora del Pensamiento Centroamericano* 26, Nº 169 (Abril 1972), 59.

"Al indio es mejor matarlo que resentirlo": Bartolomé Martínez asciende a la presidencia

En el caso de Matagalpa, donde el General Chamorro gozaba del apoyo de los indígenas, su jefe político era Bartolomé Martínez. Este hijo bastardo de un hacendado de la zona y una indígena,[332] cobraría notoriedad en la historia política de Nicaragua al ocupar la presidencia del país tras la muerte de Diego Manuel Chamorro en octubre de 1923. Así, con la ayuda del azar, este advenedizo ocuparía el puesto que once años antes su antecesor, el General Luis Mena, apoyado en la fuerza de las armas no fue capaz de alcanzar. En sí, la nominación como candidato a vice-presidente de Martínez había sido una victoria de los plebeyos organizados en la facción conservadora, denominada "el grupo occidental", liderada por los hermanos Tijerino de Chinandega e integrada por conservadores de Managua, León, Chinandega[333] y Las Segovias (los departamentos del norte del país). Otro triunfo de este mismo grupo había sido la imposición de la candidatura de Diego Manuel Chamorro, adversada por su sobrino en las elecciones de 1920,[334] para quien resultaba perjudicial a sus aspiraciones de retorno a la presidencia.[335]

Ambos logros de los occidentales dieron inicio al rompimiento con el General Chamorro, quien favorecía la candidatura de un miembro de la "Calle Atravesada", Martín Benard. Por esta razón, quiso primero hacerlo candidato a la presidencia y posteriormente a la vice-presidencia. Sin embargo, dado el apoyo de los occidentales y con ello de la mayoría del Partido Conservador a Diego Manuel Chamorro para presidente, la primera opción no fue posible. Igualmente, fracasó el intento de nombrarlo candidato a vicepresidente, al no aceptar Benard esta candidatura. Ante tal negativa, el General Chamorro se vio obligado a consentir la candidatura de Martínez, pues había prometido apoyarla en caso de que Benard se rehusara.[336]

---

[332] Gould, *To Die in This Way*, 47.

[333] Borgen, *Una vida a la orilla de la historia*, 129.

[334] Tijerino, "Reminiscencias Históricas," 43-47.

[335] Cuadra Pasos, "Cabos sueltos de mi memoria," 507.

[336] Chamorro, "El último caudillo," 293. Cuadra Pasos, "Cabos sueltos de mi memoria", 509-510. Tijerino, "Reminiscencias Históricas,"45-46.

Los principales afectados por este avance de los occidentales eran los conservadores granadinos, representantes de las nobles familias, agrupadas en la facción conocida como el "cuadrapasismo", nombre derivado de su apoyo a la candidatura presidencial de Carlos Cuadra Pasos.[337] Para éstos, la nominación de Bartolomé Martínez era "un peligro para el Partido Conservador",[338] ya que manifestaba claramente la creciente pérdida de poder de sus familias sobre el partido y el Estado. Un logro de los occidentales, que les restó poder a las nobles familias granadinas, fue estipular que los congresistas y senadores, debían ser oriundos del departamento por el cual habían sido electos. Esta medida fue una de las demandas hechas a Diego Manuel Chamorro por los occidentales durante la campaña electoral y adoptada durante su presidencia. Anteriormente, en el poder legislativo tendían a predominar los diputados granadinos sobre los del resto del país.[339]

En el fondo del conflicto, entre los occidentales -grupo al que pertenecía Bartolomé Martínez- y los granadinos de la Calle Atravesada, estaba la lucha en contra de la exclusión política que los segundos querían mantener sobre la base de su noción jerárquica del orden social en Nicaragua. Dicho orden lo consideraban como natural y deseable. Por esta razón, entendían la enemistad y animadversión de Martínez con ellos, como producto del "complejo de inferioridad" que "padecía con respecto a los hombres eminentes del conservatismo".[340] Sin embargo, esto era más bien la manifestación de su oposición y resistencia a la oligarquía granadina y su pretensión de dominio hegemónico sobre la política nicaragüense.

Un papel importante que jugaba en este conflicto era la ascendencia indígena del presidente Martínez y el hecho que provenía de una región marginal del país. Por ello, los ricos de Granada se mofaban "de su figura aindiada y de la humildad de su cuna".[341] La narración de un testigo de la época sobre la respuesta de Bartolomé Martínez ante el trato que recibía de los conservadores granadinos, refleja muy bien el estigma y desprecio

---

[337] Cuadra Pasos, "Cabos sueltos de mi memoria," 502.

[338] Ibid., 511.

[339] Agustín Tijerino Rojas, "Fe de errata," en Cuadra Pasos, "Cabos sueltos de mi memoria," 525.

[340] Ibid., 513.

[341] Borgen, "Una vida a la orilla de la historia," 141.

del que era víctima. En palabras de este autor, "el resentimiento de aquel personaje con la plutocracia granadina, resentimiento que, llegada la hora oportuna, afloraría en él con furor de odio declarado, como para confirmar el decir nicaragüense de que al indio es mejor matarlo que resentirlo".[342] En estas palabras se evidencia, primero, que el presidente Martínez era percibido como indio y por ende como un miembro de un estrato inferior. En segundo lugar, demuestra que la discriminación y exclusión de los indígenas se basaba en atribuirles ser incapaces de controlar sus actos racionalmente. En este caso, Martínez permite que su relación con los conservadores granadinos sea determinada por sus sentimientos (resentimiento y odio). Este problema de irracionalidad y de falta de dominio sobre sus emociones, que en el texto es presentado como propio del ser indígena, sólo se puede resolver aniquilando al indio, al ser una parte esencial de éste. De ahí que fuera mejor matarlo, antes que provocar su furia irracional al resentirlo.

Dentro de esta percepción de Bartolomé Martínez como indígena, se puede decir que su llegada a la presidencia simbolizó el acenso político y social de alguien que no tenía tal derecho. Para los ricos granadinos, por su procedencia indígena y, además, por haberse convertido en presidente de manera accidental, no se le podía atribuir mayor estatus social. Por ende, tampoco merecía mayor respeto del que había gozado durante su época de jefe político de Matagalpa. En consecuencia, Bartolomé Martínez era discriminado y visto por los políticos conservadores granadinos como alguien que se consideraba mejor de lo que realmente era.

Un refrán burlesco de aquellos años, relacionado al Presidente Martínez, refleja esto muy bien. Según el historiador Orlando Cuadra Downing, el origen de esta burla es dudoso y probablemente fue producto de la inventiva de los granadinos. De acuerdo con su reporte, el refrán era de un amigo de Bartolomé Martínez, de nombre Tiburcio, quien quería reprocharle que tras haberse ido a estudiar a Granada, dejara de firmarse Bartolo y adoptara el nombre de Bartolomé. El refrán decía: "Si porque te juiste a Granada/ te llamas Bartolomé;/ sin salir de mi cañada/ llámome Tiburciomé".[343]

---

[342] Borgen, "Una vida a la orilla de la historia," 126.
[343] Cuadra Downing, "Zepeda," 59. Otra versión del refrán, con una explicación alterna de su origen, se encuentra en Borgen, *Una vida a la orilla de la historia*, 125.

Esta enemistad entre Martínez y el cuadrapasismo no sólo se basaba en el origen social del primero, sino que también había sido causada por el conflicto interno del partido. Así, durante los años en que "los amigos del gobierno" y los seguidores de Emiliano Chamorro se habían enfrentado para definir la sucesión de Adolfo Díaz en la presidencia, estos últimos habían sufrido "vejámenes, incluso expulsiones y encarcelamientos" por parte del gobierno[344] controlado por miembros del cuadrapasismo. Esta enemistad era de tal magnitud, que condujo al rompimiento definitivo entre Emiliano Chamorro y el presidente Martínez, en la fase preelectoral de los comicios de 1924.

Para estas elecciones, don Bartolomé Martínez deseaba presentarse como candidato a presidente. En un primer momento, logró asegurarse el apoyo del General Chamorro y otras importantes personalidades del Partido Conservador, quienes en noviembre de 1923 lo proclamaron como "el candidato único".[345] Sin embargo, el mismo Emiliano Chamorro aspiraba a ser electo presidente, y dado que la constitución vigente, en su artículo 104 prohibía la reelección de cualquier presidente electo o que hubiera ascendido al cargo "accidentalmente", la candidatura no logró prosperar. En esto, el General Chamorro fue una pieza clave, al negarse a imponer en el partido la candidatura de Martínez, alegando que ésta sería rechazada por los Estados Unidos, ya que el mandato constitucional la prohibía.[346]

Acto seguido, Chamorro se apoyó en los conservadores granadinos para ser nombrado como candidato, lo cual fue rechazado por el presidente Martínez, quien, en respuesta a la alianza de Emiliano Chamorro con los granadinos, con el resto de conservadores adversos a "los hombres eminentes del conservatismo", decidió fundar otro partido conservador, llamado Partido Conservador Republicano (PCR). El objetivo principal de los conservadores del PCR era impedir que granadino alguno llegara a ser presidente, pues el mismo Martínez le había dicho a Chamorro que se oponía

---

[344] Ibid, 127.
[345] "Diario Nicaragüense, 10 de noviembre de 1923" citado en Antonio Esgueva Gómez, *Elecciones, reelecciones y conflictos en Nicaragua: 1821-1963. Tomo II* (Managua: IHNCA, 2011), 277.
[346] Chamorro, *El último caudillo*, 307.

rotundamente a ello.³⁴⁷ Así, estos conservadores disidentes, liderados por Bartolomé Martínez, decidieron aliarse con los liberales para presentar ante las próximas elecciones un candidato en conjunto. A esta alianza se le llamó "pacto de transacción".³⁴⁸ En esencia, ambos partidos convenían compartirse el poder, al presentar a un conservador como candidato a presidente (Carlos Solórzano) y un liberal para la vice presidencia (Juan Bautista Sacasa). Esta sería la fórmula ganadora de las elecciones y a la cual Emiliano Chamorro daría el golpe de Estado conocido como "El Lomazo", para eliminar la influencia de los liberales en el gobierno.

---

³⁴⁷ Ibid, 305.
³⁴⁸ Esgueva Gómez, *Elecciones, reelecciones y conflictos en Nicaragua*, 278-280.

CAPÍTULO IV

DEL LOMAZO A LA REBELIÓN
DE SANDINO: EL SISTEMA POLÍTICO
NICARAGÜENSE Y SU NEGACIÓN

El 6 de enero de 1925, el presidente Carlos Solórzano se reunió con el representante de los Estados Unidos en Nicaragua para solicitarle la cancelación del retiro de los Marines del país, previsto para finales del mismo mes. Tal solicitud se originaba en la justificada percepción de que la presencia de los marines le garantizaba al actual gobierno el poder culminar el período para el cual había sido electo. Esta presunción de lo que estaba por acontecer no era únicamente del presidente, sino una opinión generalizada.[1] Su veracidad se demostraría el 28 de agosto del mismo año, cuando el jefe de la guarnición de La Loma de Tiscapa, Alfredo Rivas, -cuñado del Presidente Solórzano[2]-, enviara a un grupo armado de soldados liderados por el político conservador Gabry Rivas a asaltar una fiesta organizada en el Club Internacional en honor al Ministro de Educación, el liberal Leonardo Argüello.[3] Según un periodista de la época, el objetivo de esta invasión militar era "liberar al presidente Solórzano de la dominación del elemento liberal en su gobierno".[4] Así, en menos de un mes después del retiro de las tropas estadounidenses, el 3 de agosto,[5] el nuevo gobierno libero-conservador se enfrentaba a un levantamiento armado de sus adversarios conservadores, cuyo resultado fue el encarcelamiento del Ministro de Hacienda, Doctor Ramón y Reyes, entre otros importantes miembros liberales del gabinete.

Un factor que condicionó la reacción del ejecutivo ante esta agresión fueron los lazos de parentesco entre Solórzano y Alfredo Rivas, pues, cuando el jefe de la recién creada Guardia Constabularia, Major Carter, le propuso al mandatario enfrentarse a Rivas y

---

[1] The Chargé in Nicaragua (Thurston) to the Secretary of State, Managua, January 7, 1925, United States Department of State, Papers relating to the foreign relations of the United States, 1925, Vol 2. (Washington D.C.: U.S. Government Printing Office, 1925), 619. En adelante *FRUS 1925*. Disponible en: http://digicoll.library.wisc.edu/cgi-bin/FRUS/FRUS-idx?type=article&did=FRUS. FRUS1925v02.i0024&id=FRUS.FRUS1925v02&isize=M&q1=Nicaragua (visitado 31.01.2014).

[2] The Minister in Nicaragua (Eberhardt) to the Secretary of State, Managua, September 3, 1925. *FRUS 1925*, 637.

[3] Denny, *Dollars for Bullets*, 203-204.

[4] En el texto original: "to liberate President Solórzano from the domination of the Liberal element in his government". Ibid, 205.

[5] Jorge Eduardo Arellano, *La Pax Americana en Nicaragua: 1910-1932* (Managua: Academia de Geografía e Historia de Nicaragua/Fondo Editorial CIRA, 2004), 154.

dispararle en caso que fuese necesario, éste se opuso señalando que Rivas era su cuñando.[6] De esta forma, Solórzano cedió a la demanda de remover a los liberales de sus cargos y Rivas se comprometió a entregar la fortaleza de La Loma el 10 de septiembre.[7] Igualmente, a éste se le dieron $5000 US dólares y una casa en la capital, como premio por devolver la base militar.[8] Sin embargo, todo esto, lejos de proporcionar la tranquilidad política esperada, dio pie a que el 25 de octubre, el General Emiliano Chamorro con un conjunto de sus seguidores y auxiliado por un oficial de la guarnición de Tiscapa se apoderaran antes del amanecer, sigilosamente, de La Loma.[9] De esta manera, Chamorro recuperaba el poder que -desde su perspectiva y la de su partido- se le había usurpado con una elección fraudulenta en 1924.[10]

---

[6] Denny, *Dollars for Bullets*, 207.
[7] The Minister in Nicaragua (Eberhardt) to the Secretary of State, Managua, September 3, 1925.
[8] Denny, *Dollars for Bullets*, 207.
[9] Denny, Dollars for Bullets, 209.
[10] Chamorro, *El Último Caudillo*, 311. William Kamman, *A search for Stability:United States Diplomacy toward Nicaragua 1925-1933* (Notre Dame, Ind: 1968), 38.

La elección de 1924 y las viejas prácticas: la alternabilidad en el poder por medio de la guerra

Cuán fraudulentas habían sido esas elecciones, resulta difícil decir inequívocamente. Para los liberales, "revistieron la mayor legalidad y alcanzaron el más alto coeficiente electoral".[11] En otras palabras, la legitimidad del gobierno surgido de ese proceso electoral no podía ser cuestionada, ya que tanto la ejecución de la votación como la participación de la población no lo permitían. Según el profesor estadounidense H.W. Dodds, -quien debido a la presión del Departamento de Estado sobre el gobierno de Nicaragua había estado encargado de redactar una nueva ley electoral para hacer los comicios más ecuánimes[12] y que había asistido al registro de votantes con el fin de garantizar unas elecciones libres-, aunque estas elecciones de 1924 habían sido mejores en comparación con las anteriores, se repitieron muchas de las viejas prácticas fraudulentas.[13] Estas prácticas del gobierno consistían en intimidar a los seguidores de los dos partidos opuestos al candidato favorecido por el ejecutivo, hacer un mal uso o abusar del servicio telegráfico estatal, garantizarse el control casi exclusivo de la distribución de alcohol -producto que se acostumbraba regalar durante los mítines políticos a los seguidores y los votantes-; alterar las urnas electorales y declarar ilegalmente el estado de sitio[14] el día de las elecciones, por dos semanas. Asimismo, a los partidos de oposición se les negó el derecho a realizar manifestaciones y a distribuir su propaganda electoral.[15] Fue esta represión la que llevaría posteriormente al Partido Liberal Republicano -fundado por una

---

[11] Partido Liberal Nacionalista. MEMORAMDUM PRESENTADO POR LA JUNTA DIRECTIVA NACIONAL Y LIBERAL DEL PARTIDO LIBERAL NACIONALISTA AL SEÑOR ALMIRANTE JULIAN L. LATIMER, DE LA ARMADA AMERICANA, EN SU VISITA A ESTA CUIDAD. *USDS 817.00/4954: STIMSON PAPERS*. Disponible en: http://www.sandinorebellion.com/Top100pgs/Top100-p100.html visitado el 26 de febrero del 2014.

[12] Walter, *The Regime of Anastasio Somoza*, 14.

[13] H.W. Dodds, "The United States and Nicaragua," en *Annals of the American Academy of Political and Social Science* 132 (Julio 1927), 138.

[14] The Department of State, *The United States and Nicaragua*, 52.

[15] Oscar-René Vargas, *Elecciones en Nicaragua: análisis socio-político* (Managua: Fundación Manolo Morales, 1989), 62.

facción del Partido Liberal opuesta a la alianza con el gobierno de Bartolomé Martínez-[16] a negar su apoyo a los liberales en la guerra civil provocada por El Lomazo. En dicho conflicto, esta agrupación apelaba a sus seguidores a: "que se abstuvieran de toda participación en la contienda, observando en ella la más completa neutralidad".[17]

Otro factor que propició el fraude electoral era el alto nivel de analfabetismo de la población que, para 1920, sobrepasaba el 72 %.[18] Aunque la ley electoral no les negaba a estas personas el derecho al voto, en el momento del sufragio, les obligaba a que su derecho fuera ejercido por alguien más,[19] lo cual permitía fácilmente la alternación de la preferencia expresada. Igualmente, el problema de las precarias vías de comunicación con las que contaba el país, promovía y facilitaba la exclusión de los votantes. Así, por ejemplo, debido al difícil acceso al Caribe nicaragüense y la no consideración de las diferencias idiomáticas, muchos miembros de las comunidades indígenas de esa parte del país no pudieron inscribirse en el registro electoral.[20] De acuerdo con un reporte de 1927 del Departamento de Comercio de los Estados Unidos, la situación del transporte a la ciudad más importante de El Caribe, Blueflieds era la siguiente: "siendo Bluefields el principal puerto, no se logra acceder a través del interior del país, únicamente usando grandes ríos y caminos difíciles de transitar que conectan con las embarcaciones en la costa".[21] Si este era el estado del transporte a Bluefields, no resulta difícil imaginar cuán aparatoso y problemático habrá sido el acceso a regiones más remotas.

---

[16] Vargas, *Elecciones en Nicaragua*, 61. The Department of State, *The United States and Nicaragua*, 49.

[17] F.P. Arauz, et al. La Junta Directiva Nacional y Legal del Partido Liberal Republicano a su Correligionarios, Managua, 18 de mayo de 1926. *USDS 817.00/4954: STIMSON PAPERS*. Disponible en: http://www.sandinorebellion.com/Top100pgs/Top100-p100b.html visitado el 26 de febrero del 2014.

[18] Dirección General de Estadísticas, *Censo de 1920*, 14.

[19] Antonio Esgueva Gómez, edit. *Las Leyes Electorales en la Historia de Nicaragua. Tomo II* (Managua: Editorial El Amanecer, 1995), 837.

[20] Virginia L. Greer, "State Department Policy in Regard to the Nicaraguan Election of 1924," en *The Hispanic American Historical Review* 34, N° 4 (Noviembre 1954), 451.

[21] En el texto original: "there is no inland communication with Bluefields, still the principal port, except by the large rivers and difficult trails connecting with coastal vessels". Harold Playter, *Nicaragua: A Commerical and Economic Survey* (Washington, D.C.: U.S. Goverment Printing Office, 1927), 20.

A esta exclusión de facto -a la que estaban sometidos los habitantes de El Caribe-, se le sumaba la discriminación racial y étnica, sufrida desde que el gobierno liberal de José Santos Zelaya había anexado a Nicaragua el territorio conocido hasta entonces como La Mosquitia. Para sus pobladores, este hecho había significado la pérdida de su autogobierno y convertirse en víctimas de la discriminación y el maltrato de las autoridades provenientes del Pacífico.[22] Así lo demuestra una nota de los indígenas habitantes de la desembocadura del río Prinzapolka, dirigida al gobierno de los Estados Unidos, en la que hacen un recuento de las medidas discriminatorias que sufrían. Entre éstas se encontraba el pago desigual de impuesto; así, las autoridades gubernamentales cobraban tasas más altas de impuestos a los indígenas que las cobradas a quienes provenían del Pacífico, llegando inclusive a exonerar a estos últimos de la obligación de tributar. Cuando los indígenas reclamaban por este trato desigual, recibían como respuesta risas burlescas.[23] En palabras de los habitantes de Prinzapolka, el trato que recibían era el siguiente: "nosotros somos golpeados y pateados como perros por la más mínima ofensa. […]. Sin lugar a dudas y a nuestro pesar, hemos comprobado muchas veces que ellos matan a tiros a nuestra gente por la más mínima ofensa".[24] Tomando en cuenta esta violencia, discriminación y desprecio del que eran víctimas los habitantes de la Costa Caribe nicaragüense/ La Mosquitia, no resulta sorprendente que el gobierno de Bartolomé Martínez careciera de interés en facilitar su participación en los comicios, pues no era de esperar que estos electores fuesen partidarios de la coalición de liberales y conservadores apoyada por el mandatario, ya que constituía el retorno de los liberales al gobierno y no prometía ningún cambio de la situación en la que se encontraban.

La persistencia de estas medidas que obstruyeron la competitividad y el libre ejercicio del sufragio, se debió en mayor medida a dos razones. En primer lugar, la nueva ley electoral

---

[22] Un análisis de la incorporación de la Mosquitia al territorio del Estado nicaragüense se encuentra en: Volker Wünderich, "La unificación nacional que dejó una nación dividida: el gobierno del presidente Zelaya y la "reincorporación" de la Mosquitia a Nicaragua en 1894," en *Revista de Historia*, N° 34 (Julio-Diciembre 1996): 9-44.

[23] "Prinzapolka Indians to the U.S. Government" en *The Nicaraguan Mosquitia in Historical Documents 1844-1927: The dynamics of ethnic and regional history*, edits. Eleonore von Oertzen, Lioba Rossbach y Volker Wünderich (Berlin: Dietrich Reimer Verlag, 1990), 447.

[24] En el texto original: "We are beaten and kicked about like a dog for the slightest offense. […]. Indeed we have proven many times to our sorrow that they will shoot down our people for the slightest offenses". Ibid., 448.

continuaba otorgándole al ejecutivo el control sobre la realización del sufragio, el cual ni siquiera era secreto, al repartir a los votantes en dos filas, según su preferencia partidaria.[25] Uno de los mecanismos del ejecutivo para manipular el resultado era arrogarse, por medio de decretos, el control minoritario sobre las mesas de votación.[26] En segundo lugar, para ninguno de los partidos más importantes en la contienda, el Partido Liberal Nacionalista y el Partido Conservador, eran los procesos electorales un mecanismo efectivo para llegar al poder y generar el cambio de gobierno. Más bien, ambos favorecían realizar fraudes electorales para garantizarse la continuidad en el poder. Por esta razón, el que tanto los conservadores como los liberales se opusieran o apoyaran las medidas dictadas por el Departamento de Estado, cuyo fin era hacer más competitivos los comicios, dependía de si estaban en control del ejecutivo y con ello de la organización de las elecciones o no. La regla general era que el partido en el gobierno adversaba toda alteración de las leyes electorales y de los procedimientos usados en la ejecución del proceso electoral; mientras que el partido de oposición la favorecía para tener mayores posibilidades de llegar al poder o incrementar su cuota de poder. Una vez que se obtenía la presidencia, esta actitud se invertía, pues en realidad no se pretendía establecer un sistema democrático para lograr el cambio de gobierno por medios pacíficos. Más bien, se trataba únicamente de llegar a gobernar y perpetuarse en esa posición, lo cual implicaba excluir al oponente, que trataba de hacer exactamente lo mismo.

Al inicio, cuando los liberales todavía no habían establecido su alianza con el gobierno de Bartolomé Martínez, eran partidarios de una elección "supervisada" por los Estados Unidos. Una vez establecida la unión con los conservadores allegados al presidente Martínez, los liberales del Partido Liberal Nacionalista "perdieron todo interés en elecciones supervisadas por los Estados Unidos".[27] En cambio, fue Emiliano Chamorro quien comenzó a demandar la supervisión electoral foránea, pese a que durante su mandato se

---

[25] Walter, *The Regime of Anastasio Somoza*, 14. Esgueva Gómez, *Las Leyes Electorales en la Historia de Nicaragua*, 837.

[26] Greer, "State Department Policy in Regard to the Nicaraguan Election of 1924," 460.

[27] En el texto original: "lost all interest in an election supervised by the United States". Dodds, "The United States and Nicaragua," 138.

había opuesto a cualquier medida de esta naturaleza.[28] La razón de esta oposición la expresaría claramente Chamorro en una entrevista con el Secretario de Estado, Charles Evans Hughes, en Washington. En esa ocasión, sostuvo que la supervisión de las elecciones por parte de los Estados Unidos podía costarles a los Conservadores un gran número de votos.[29] Como se puede ver aquí, ni liberales ni conservadores creían en las elecciones como el único medio legítimo para llegar al poder.

Por tal razón, no podía haber elecciones competitivas en Nicaragua. En este sentido, no puede ser válido el argumento de que gracias a los procesos electorales, el caudillismo imperante y la democracia se encontraban más cercanos uno al otro de lo que los interventores de los Estados Unidos creían en aquellos años; y que especialmente a nivel del municipio, las elecciones fueran el principal mecanismo por medio del cual los caudillos locales competían para acceder a puesto públicos y a los recursos de poder y la riqueza que le acompañan, como sostiene Gobat.[30] El mero hecho de que las elecciones expresaran el conflicto entre diferentes redes clientelares por acceder y controlar estos recursos, no las hacía competitivas en un sentido cercano a la competitividad democrática, tal como ésta se entiende en este trabajo. Se puede afirmar que todo conflicto político conlleva un elemento de competencia o medición de fuerzas. Pero esta competencia por el poder no lo acerca a la democracia. No hay que perder de vista que para los bandos enfrentados lo más importante era lograr excluir al oponente por cualquier medio y no determinar quién tenía más apoyo de los ciudadanos nicaragüenses y por ende mayor capacidad de conquistar los puestos públicos y sus recursos. Como lo ha mostrado Michael J. Schroeder, esta pretensión de exclusión llegaba a tal nivel, que existía una larga tradición de recurrir a la más cruenta violencia con el único objetivo de crear miedo en el adversario para obtener el poder.[31] De ahí que no es posible afirmar que los procesos electorales nicaragüenses estuvieran más cercanos a la democracia de lo que se creía en aquellos años, aunque no hayan sido libres, justos e imparciales.

---

[28] Ibid.

[29] Greer, "State Department Policy in Regard to the Nicaraguan Election of 1924," 450.

[30] Gobat, *Confronting the American Dream*, 208.

[31] Michael J. Schroeder, "Horse Thieves to Rebels to Dogs: Political Gang Violence and the State in the Western Segovias, Nicaragua, in the Times of Sandino, 1926-1934," en *Journal of Latin American Studies* 28, N° 2 (Mayo 1996): 430-432.

Más bien, su naturaleza excluyente con los estratos bajos era una expresión más y el resultado de lo que ha sido catalogado como la "integración segmentada de las clases subalternas al sistema político" en Centroamérica.[32] Tal integración segmentada se entiende aquí como la manifestación en el sistema político nicaragüense de la estratificación social imperante, cuya consecuencia era un acceso desigual a la toma de decisiones colectivamente vinculantes. Dentro de este sistema de exclusión jerárquica, los procesos electorales competitivos y democráticos no tenían sentido, porque éstos necesitaban que existiera una noción de igualdad política y por ende los mismos derechos a potencialmente participar en el quehacer político para todos, independientemente de sus vínculos familiares, sociales y étnicos o de su localización geográfica. Sin embargo, en un sistema político basado en el establecimiento de redes clientelares jerárquicas y en donde las lealtades políticas dependen de vínculos personales, no pueden existir los mismos derechos para todos o la concepción de que todo individuo tiene el mismo derecho a participar en política y ante al Estado. Si a esta exclusión generada por la estructura social, se le agrega la dinámica de exclusión del adversario con la que opera el sistema político nicaragüense y que moldea el conflicto entre los bandos, facciones o partidas de políticos en disputa, no resulta sorprendente la conclusión fatalista a la que llega Dodds en su visita al país, cuando dice que los nicaragüenses tenían "más fe en las revoluciones que en las próximas elecciones",[33] refiriéndose a los comicios de 1924. Las elecciones no eran relevantes para cambiar el gobierno, éste se alcanzaba únicamente con los enfrentamientos armados.

---

[32] Víctor Hugo Acuña Ortega, "Autoritarismo y democracia en Centroamérica: la larga duración -siglos XIX y XX-," en *Ilusiones y dilemas: la democracia en Centroamérica*, comp. Klaus D. Tangermann, (San José, CR: FLACSO, 1995), 84.

[33] En el texto original: "more faith in revolution than in the coming election". Citado en Greer, "State Department Policy in Regard to the Nicaraguan Election of 1924", 452.

La Guardia Constabularia y el sistema político nicaragüenses: el ejército moderno que no fue

El papel central que tenían los levantamientos armados o "revoluciones" para alcanzar el poder en aquellos años, lo expresó claramente -previo a El Lomazo- un partidario de Emiliano Chamorro al Ministro de Estados Unidos en Nicaragua, Charles C. Eberhardt. La conversación entre ambos se dio dentro del contexto de la discusión en el poder legislativo sobre el proyecto de creación de una Guardia Constabularia bajo la dirección y el entrenamiento de militares estadounidenses. Esta idea en sí no era nueva para los Estados Unidos, pues era una medida que ya se había puesto en práctica en la República Dominicana,[34] Cuba y Haití.[35] Motivado por esta iniciativa de organizar un cuerpo castrense de este tipo, el conservador chamorrista quiso saber si en el caso que se diera un levantamiento armado para derrocar al gobierno en funciones, esta Guardia lo combatiría. A tal interrogante, el diplomático estadounidense respondió afirmativamente. La respuesta del nicaragüense expresó, sin lugar a duda, cómo la alternancia en el poder se concebía y se conseguía sólo por medio de las armas. Así, el conservador chamorrista sostuvo que él adversaría a la Guardia Constabularia "pues era únicamente por medio de una revolución que el partido que se opone al gobierno podría tener la esperanza de lograr obtener el reconocimiento apropiado".[36]

Para el Departamento de Estado, la creación de esta Guardia le debía permitir retirar a "the Legation Guard" (guardia de la delegación) -como se denominaba a los 130 marines que se

---

[34] Para el caso de la Guardia Constabularia creada en este país y el impacto que tuvo, ver: Ellen D. Tillman, "Imperialism revised: Military, society, and U.S. occupation in the Dominican Republic, 1880-1924" (PhD diss., University of Illinois, 2010). Disponible en: https://www.ideals.illinois.edu/bitstream/handle/2142/18434/Tillman_Ellen.pdf?sequence=1

[35] Un análisis de los diferentes intentos de los Estados Unidos de crear este tipo de fuerza armada, tanto en Latino América como en Asia, se encuentra en: Richard Millett, *Searching for stability: the U.S. development of constabulary forces in Latin America and the Philippines* (Fort Leavenworth, Kan: US Army Combined Arms Center, Combat Studies Institute, 2010).

[36] En el texto original: "since it was only by revolution that a party opposed to the government might hope to gain proper recognition". "The United States Minister to Nicaragua, Charles C. Eberhardt, to Kellogg, October 2, 1925, DS., 817.01051/87", citado en Millett, "The History of the Guardia Nacional de Nicaragua," 75.

encontraban estacionados en Nicaragua desde la Guerra de 1912. Este retiro era necesario llevarlo a cabo de tal manera que no se diera otra revolución. Tanto el establecimiento de esta Guardia, como la promulgación de la nueva Ley Electoral y la asistencia de una misión electoral liderada por Dodds, conformaban la estrategia con la cual Estados Unidos quería mantener la paz después del retiro de sus tropas.[37] De la Guardia Constabularia, el Departamento de Estado esperaba que asumiera el rol que hasta entonces habían realizado los 130 marines estacionados en Managua. Según Munro, la idea detrás de este proyecto era que existiera "una fuerza policial" que ninguno de los dos bandos en pugna (liberales y conservadores) controlaran. La expectativa sobre este órgano coercitivo políticamente neutral era que fuese capaz de garantizar la no persecución de los derrotados en los comicios, así como que durante la campaña electoral no fueran víctimas de algún tipo de represión política por parte del bando en el gobierno. A la vez, la Constabularia debía fortalecer al gobierno entrante,[38] es decir, protegerlo de cualquier levantamiento armado que la oposición pudiera organizar para derrocarlo. Sin embargo, si se consideran las características del sistema político nicaragüense en este período, esta doble funcionalidad que la fuerza interventora le atribuía a la Guardia Constabularia resultaba poco viable, ya que tanto la lógica de mutua exclusión que polarizaba el enfrentamiento entre los bandos políticos como el alto grado de personalismo del sistema político, operaban en contra de la realización exitosa de este acometido.

Por esta razón, los gobiernos de Diego Manuel Chamorro y Bartolomé Martínez se opusieron a la realización de este proyecto. El primero argumentó que la organización de esta Guardia bajo la dirección de los Estados Unidos iba en contra de la soberanía de Nicaragua.[39] El segundo, dado que se enfrentó a mayor presión por parte del Departamento de Estado, accedió a la propuesta pero buscó como instrumentalizarla a su favor. Así, solicitó que los oficiales del destacamento de marines -que ya se encontraba en Managua- entrenaran a oficiales nicaragüenses que su gobierno escogería. Su

---

[37] The Department of State, *The United States and Nicaragua*, 47

[38] Dana G. Munro, *The United States and the Caribbean Republics 1921-1931* (Princeton/London: Princeton University Press, 1974), 165.

[39] Milett, "The History of the Guardia Nacional de Nicaragua," 65.

objetivo era tener a su disposición a un grupo de militares entrenados leales a su persona que fungieran como contrapeso al poder militar del General Chamorro. Pese a que el Departamento de Estado lo aceptó, no esperaba obtener el objetivo que deseaba alcanzar; es decir, la creación de un cuerpo armando que no fuera controlado por conservadores o liberales y que impidiera el surgimiento de un movimiento armado que intentara derrocar al gobierno, tarea que en ese momento estaba cumpliendo el destacamento de marines. Más bien, el gobierno de los Estados Unidos creía que este entrenamiento serviría a propósitos netamente partidarios y que ello tendría una influencia negativa sobre las próximas elecciones. De allí que el proyecto de la creación de esta Guardia no prosperara significativamente. Además, la rapidez con la que se desarrollaron los acontecimientos políticos tampoco dejó mucho tiempo para llevarlo a cabo.[40] Tal como afirmó Munro, cuando se dio el golpe de estado por parte de Emiliano Chamorro: "la nueva constabularia se encontraba todavía en un estado embrionario".[41]

Una vez en el poder, el presidente Solórzano se había empeñado en impulsar la organización de la Guardia Constabularia, pues estaba muy consciente de que sin la presencia de los marines y sin un cuerpo castrense similar, su mandato sería de corta duración. Sin embargo, su esfuerzo llegaba demasiado tarde, tal como lo mostraron los meses subsiguientes al retiro de la Guardia de la delegación estacionada en Managua desde 1912. De esta manera, la estrategia con la que Estados Unidos deseaba retirar su fuerza militar de Nicaragua y, al mismo tiempo, garantizar la paz y estabilidad política, fracasó rotundamente. Esto se encontraba estrechamente ligado a la lógica bélica con la que se lograba el cambio de gobierno en Nicaragua, donde se concebía lograr conquistar el poder únicamente a través de las armas. Por esta razón, forjar un ejército que no respondiera a una de las facciones en conflicto y cuya sola función fuese garantizar la paz, no tenía sentido y más bien implicaba renunciar a llegar a gobernar el país, pues los procesos electorales no eran vistos como una posibilidad para poder sustituir al partido en el gobierno. Ello se lograba nada

---

[40] Milett, "The History of the Guardia Nacional de Nicaragua," 66-67.

[41] En el texto original: "the new constabulary was still in an embryonic state". Dana G. Munro, *The United States and the Caribbean Area* (Boston: World Peace Foundation, 1934), 246.

más por medio de las "revoluciones", es decir, con levantamientos armados o la guerra. En estas circunstancias, resultan lógicos tanto la respuesta que recibe Charles C. Eberhardt, como el desinterés y la resistencia de la mayoría de los políticos nicaragüenses al proyecto de creación de la Guardia Constabularia.

Tomando en cuenta las características del sistema político de Nicaragua en aquellos años, este proyecto de Estados Unidos se encontraba destinado al fracaso, en vista que para los bandos enfrentados la existencia de un cuerpo armado, apartidario que, al mismo tiempo, protegiera a los perdedores políticos de los vencedores e impidiera que los primeros se levantaran en armas en contra de los segundos, no era algo deseable. Además, la idea de que la Guardia Constabularia fungiera como un impedimento a que liberales y conservadores se mataran haciéndose la guerra, no conducía a resolver el problema de fondo que generaba el conflicto, o sea, la política fundamentada en la percepción de que la oposición y más concretamente el adversario es el factor generador de la inestabilidad política, al aspirar constantemente a llegar al gobierno, y que esa aspiración impide poder alcanzar la unidad o unanimidad de criterio necesaria para pacificar al país. Esto conduce a considerar las pretensiones políticas de la oposición como ilegítimas y su represión como justa y perentoria, al ser una constante amenaza para el partido de gobierno y la estabilidad política. A su vez, para la oposición al gobierno, éste siempre es ilegítimo. Dentro de este esquema, en donde el oponente político es sobre todo un enemigo, y su participación debe ser impedida a cualquier costo, la guerra resulta ser una consecuencia insoslayable.

Una forma común -en aquellos años- de explicar este fenómeno era considerarlo como producto de las pasiones políticas de los individuos enfrentados. Así, el General José María Moncada describía la lógica de las constantes guerras civiles en Nicaragua con las siguientes palabras: "si unos vencen, su primer deseo, su empeñoso ardor es vengarse del contrario, apoderarse de su hacienda, separarle de su hogar, y si fuese posible de esta vida. Los poderosos claman por el Poder, pero no piensan en la evolución, ni en elecciones, sino en otra guerra, en un golpe de fuerza y cuartel".[42]

---

[42] José M. Moncada, Monografía histórica: El Presidente Moncada explica al pueblo nicaragüense sus ideas (Managua: Imprenta Nacional, 1932), 6.

Este retrato del conflicto político como resultado de pasiones irreflexivas (el deseo de venganza) de los bandos políticos, no era algo nuevo. Desde los tiempos de la independencia de España, en Centroamérica se creía que estas "pasiones humanas" o "pasiones de facciones" eran las que alteraban el régimen constitucional que se pretendía establecer.[43] Aun autores nicaragüenses contemporáneos han visto el golpe de estado de Emiliano Chamorro de la misma manera, al atribuirlo al "resentimiento del clan granadino",[44] es decir, a los sentimientos de los integrantes del Partido Conservador provenientes de Granada. El problema con esta apreciación es que reproduce continuamente el personalismo con el opera el sistema político nicaragüense; pues fenómenos sociales y sucesos de la historia política son descritos y explicados como resultado de los sentimientos de individuos o grupos concretos. De esta manera, se le atribuía a la persona lo que es un producto de las operaciones del sistema político: la guerra como la operación que genera la alternancia del gobierno, por ejemplo. Por otro lado, no se logra alcanzar la ansiada estabilidad política y la superación de la violencia como método para obtener el cambio de gobierno, pues implícitamente, -igual que sucede con la noción de la oposición como la fuente de toda inestabilidad-, su principal efecto es deslegitimar la existencia de diferencias políticas al reducirlas, de manera sumamente simplista, a un asunto de pasiones y, a la vez, ignorando cualquier otra posible causa. De ahí que se mantuviera la alternancia en el poder a través de la lucha armada como única forma posible de lograrlo.

Dentro de este contexto, la Guardia Constabularia no resultaba atractiva para los bandos políticos nicaragüenses en los años 20 del siglo pasado. El carácter independiente del gobierno de turno y del partido en el poder, que el Departamento de Estado le deseaba imprimir, tampoco era mínimamente funcional para la forma de operar de este sistema político. En el proyecto diseñado por Estados Unidos, se establecía que la Constabularia reemplazaría a todas las fuerzas coercitivas existentes, como eran la policía nacional, la

---

[43] Víctor Hugo Acuña Ortega, "La formación del Estado en Nicaragua y Costa Rica en a perspectiva comparada: siglos XIX-XX," 9. Disponible online: https://www.american.edu/clals/upload/264n-del-Estado-en-Nicaragua-y-Costa-Rica-en-perspectiva-comparada.pdf (visitado el 19 de junio del 2014).

[44] Barahona, *Estudio sobre la historia de Nicaragua*, 38.

marina de guerra y el ejército. A la vez, la Constabularia "como una institución nacional, usada únicamente para mantener la paz, la ley y el orden, debería estar libre de ser sometida a influencias políticas".[45] Esto se garantizaba estipulando que su división de entrenamiento no estaría subordinada a la autoridad del Ministro de Guerra o del comandante de la división regular de la Guardia. Además, todos los miembros de la Constabularia se regirían por el reglamento dictado por el comandante de la división de entrenamiento, al tiempo que el comandante de esta división respondería sólo al Presidente de la República y sería nombrado por sugerencia previa del Gobierno de los Estados Unidos.[46] En otras palabras, el oficial más importante y de mayor poder en la Guardia Constabularia en la práctica iba a ser nombrado por los Estados Unidos de Norteamérica. De esta manera, se pretendía aislar a esta organización de toda posible influencia política del país. Otro elemento importante de esta propuesta era que sacaba las finanzas y el abastecimiento de la Guardia del control del gobierno de Nicaragua y de quienes lo integraran. Para lidiar con estas tareas, se nombraría a un encargado de suministros, (Supply Officer), que igualmente sería miembro de la división de entrenamiento, y que estaría a cargo de aprobar todos los gastos hechos por o en nombre de la Guardia Constabularia. Asimismo, el gobierno de Nicaragua debía proveer a la Guardia con los fondos necesarios.[47] Este último componente era igualmente inaceptable para los políticos nicaragüenses, pues hacía simplemente imposible lograr auto enriquecerse a costa de la Guardia, lo cual iba contra la forma de funcionar del sistema político de Nicaragua, dentro del cual, una parte sustancial de la política era poder aprovechar los puestos públicos para lucrarse.

Por esta razón, en el proyecto de creación de la Guardia Constabularia que fue finalmente aprobado por el Poder Legislativo nicaragüense, no se le atribuía un carácter independiente del Ejecutivo. Inclusivo, se le declaraba como una institución de carácter nacional completamente subordinada a los dictados del gobierno de Nicaragua, cuya función era garantizar la paz y el orden. Así,

---

[45] En el original: "free from political influence as a national institution and used only to maintain peace, law and order". "Plan for the Establishment of a Constabulary in Nicaragua," en United States Department of State, *FRUS 1925*, 624.

[46] Ibid., 625.

[47] Ibid., 626.

se le mandaba a cooperar con el ejército en casos de emergencia para garantizar el mantenimiento del orden público. En la práctica, esto significaba que la Guardia podía ser instrumentalizada para oprimir a la oposición, como se hizo durante las elecciones de 1924, ya que, en aquellos años, la norma era que el Ejecutivo declaraba el estado de emergencia precisamente con este fin. Tampoco se le otorgó independencia sobre el reglamento interno que debía regirla, pues, aunque los oficiales encargados de dirigirla tenían la libertad de redactar este reglamento, el mismo sólo era válido al ser aprobado y publicado por el Ejecutivo. Otro elemento clave que también mermaba su independencia era que el gobierno se reservaba el derecho de sustituir a todos o a parte de los integrantes de esta Guardia. Y, como era de esperarse, igualmente en relación con el control sobre la provisión de infraestructura y de recursos materiales y financieros, el gobierno se reservaba este derecho. Esta tarea sería realizada por la oficina de suministros ("Supply Office"); sin embargo, la misma estaría adscrita y sería organizada por el Ministerio de Policía, y sería el Presidente quien regularía cuánto dinero se le suministraría a la Guardia Constabularia. De igual manera, cualquier gasto que se hiciera debía ser previamente autorizado por el Ministro de Policía.[48] Como se puede ver, la resistencia de los políticos nicaragüenses a la independencia de la Constabularia y a que fuera controlada por los Estados Unidos, no era un asunto que estuviera ligado a su nacionalismo. Es decir, su oposición no se debía a que buscaran defender la soberanía nacional y con ello la integridad como Estado soberano y nación; más bien, se trataba de defender lo que era visto como la condición más importante para mantener y alcanzar el poder en la Nicaragua de inicios del siglo XX.

No obstante, estas limitaciones a su independencia política, por sus características organizativas y militares, la Guardia Constabularia diferiría significativamente de los ejércitos que habían existido anteriormente en el país, al ser una fuerza armada más moderna. En primer lugar, sus integrantes eran reclutados de manera voluntaria. Además, había un cuerpo de sub-oficiales y oficiales con el rango de capitán. Todos sus integrantes tenían uniformes, estaban bajo

---

[48] The Chargé in Nicaragua (Thurston) to the Secretary of State, Managua, May 16. Telegram 817.1051/69, United States Department of State, *FRUS 1925*, 629-630.

un régimen de disciplina militar y recibirían regularmente un sueldo.[49] Todo esto, sin mencionar el entrenamiento militar que los oficiales estadounidenses suministrarían a sus integrantes, desde el soldado raso, hasta el oficial nicaragüense de más alto grado. En comparación con los ejércitos que habían existido antes en el país, todas estas características de la Guardia Constabularia eran muy novedosas. De acuerdo con un reporte militar sobre el ejército nicaragüense, redactado por un oficial del cuerpo de marines para el Secretario del Departamento de Guerra de los Estados Unidos en 1916, en Nicaragua no existía un cuerpo castrense de este tipo. Los soldados eran reclutados de manera forzosa, con métodos que variaban, según si el país se encontraba en estado de guerra o de paz. Durante una guerra, cualquier persona era reclutada como soldado. Como afirma Richard Millet, durante los conflictos armados, el reclutamiento de los soldados funcionaba de la siguiente manera: "el ejército llegaba a una ciudad, rodeaban los cines, los teatros y las cantinas, para reunir a todos los hombres en edad militar que no vistieran chaquetas. [...]. Estos nuevos reclutas eran atados y enviados al campamento militar más cercano".[50]

Según el autor del reporte militar mencionado, el teniente primero Ross E. Rowell, el reclutamiento afectaba a todos los estratos sociales e iba desde los peones o campesinos descalzos -que en su mayoría eran probablemente indígenas-, pasando por los artesanos urbanos, hasta llegar a los estratos más adinerados. La única forma en que se podía soslayar la participación en la contienda bélica era si se tenía la necesaria influencia política para ser eximido. Sujetos a cumplir con este servicio militar obligatorio estaban todos los nicaragüenses entre 18 y 50 años. En tiempos de paz, se reclutaba solamente a los desempleados. A los reclutas no se le impartía entrenamiento militar alguno, previo a incursionar en el campo de batalla. Una característica importante de estos ejércitos era que reflejaban claramente la estratificación social de Nicaragua y el personalismo en el que se basaban las lealtades políticas. Por ello, los oficiales de más alto rango procedían de

---

[49] Milett, "The History of the Guardia Nacional de Nicaragua," 82.

[50] En el texto original: "the army would move into a town and, concentrating upon movie, theaters and cantinas, round up all men of militar age who were not wearing coats. [...]. These new recruits would then be tied together and sent off to the nearest army camp". Ibid., 80.

la familia del mandatario de turno y del círculo de sus amigos más cercanos, mientras que los soldados de los rangos inferiores procedían de los estratos medios o bajos, en su gran mayoría analfabetas.[51]

Rowell afirma en su reporte que el Congreso de Nicaragua autorizaba al Ejército a estar integrado por un máximo de 2000 soldados. En concreto, su fuerza se limitaba a un poco más de 1000 hombres. Tampoco existía una reserva de soldados.[52] La alimentación y el equipamiento se tornaban más precarios, cuanto más distantes de la capital se encontraran los soldados estacionados, lo cual era principalmente debido a la falta de un sistema de transporte para lograr abastecer eficientemente a las tropas[53] y de la deplorable infraestructura vial del país. El suministro, tanto de los alimentos de los soldados como de los animales, se obtenía principalmente por medio del saqueo. Oficialmente, a quienes se les incautaban sus pertenencias, se les entregaba un recibo para ser compensados posteriormente, pero esto no siempre se hacía.[54] El sistema de transporte con el que contaba el ejército nicaragüense en aquellos años era similar al de las tropas enfrentadas durante la reciente revolución mexica.[55] Igual que en aquel caso, aquí los soldados eran acompañados "por grupos de mujeres y niños que preparan en parte la comida y ayudan a cargar el equipaje".[56] En este sentido, se puede decir, -tal como lo ha señalado Víctor Hugo Acuña sobre las fuerzas armadas centroamericanas-, que "los modernos ejércitos centroamericanos son una creación del Siglo XX, en la que ha estado presente, directa o indirectamente, la mano de los Estados Unidos".[57] El caso de la Guardia Nacional -creada a finales de los años veinte durante la intervención de los Estados Unidos en Nicaragua- es el mejor ejemplo de ello.

---

[51] Rowell, Ross E. to The Secretary, War Collegge Division, War Department, Washington, D.C. Military Monograph of Nicaragua, (Chapter V), 6. United States National Archives & Records Administration, Record Group 127, Entry 38, box 26. Disponible en: http://www.sandinorebellion.com/GNNPgs/PDFs/MilitaryMonograph1916-RRowell.pdf (visitado el 26 de febrero del 2014)

[52] Ibid., 3-4.

[53] Ibid., 7.

[54] Ibid., 13.

[55] Andrés Reséndez Fuentes, "Battleground Women: Soldaderas and Female Soldiers in the Mexican Revolution," en The Americas 51, N° 4 (Abril 1995), 525-553.

[56] En el original: "by bands of women and children who do a part of the cooking and assist in carrying the luggage". Rowell, Ross E. to The Secretary, War College Division, War Department, Washington, D.C., 8.

[57] Acuña Ortega, "Autoritarismo y democracia en Centroamérica," 80.

Otro rasgo importante del sistema político que reflejaban los ejércitos anteriores a la Guardia Constabularia, era que debían también servir para el auto enriquecimiento de los oficiales de alto rango, es decir, de los allegados y familiares del presidente de turno. Rowell, en su informe, narra cómo lo anterior era visto como algo natural e implícito en el funcionamiento de este órgano del Estado. Así, el Ministro de Guerra de Nicaragua en una conversación con Rowell sobre la paga de los soldados, le manifestó que éstos podían "vivir muy bien" y que al mismo tiempo sus jefes superiores eran capaces de obtener "una muy buena ganancia".[58] Es decir, era una práctica normal y común que los oficiales de mayor rango tomaran para su propio beneficio un porcentaje del monto destinado a ser pagado en salarios a los soldados rasos. Esto se debía a que el Ejército no estaba integrado por soldados profesionales cuyo oficio era ser soldados, sino que más bien, éstos eran parte de las redes clientelares en torno al Presidente de la República o algún caudillo del bando opositor.

Este carácter clientelista y de prebendas conducía a que los soldados no recibieran un salario por los servicios que prestaban al Estado en su función de integrantes de las fuerzas armadas; lo que recibían como pago era visto como una prebenda por ser parte de la clientela que sostenía al mandatario en el poder. Se puede decir que era la parte que les tocaba en el reparto del botín, a como era considerado el Estado nicaragüense. Debido a esta relación clientelar, basada en la lealtad personal de estos "soldados" a sus superiores y estos a su vez al presidente o caudillo, ocurría que después de cada levantamiento armado exitoso se cambiaba a la gran mayoría de los integrantes del ejército. Especialmente afectados con esta medida eran los oficiales de mayor rango, ya que con estos puestos se premiaba en primer lugar a los seguidores y allegados de nuevo mandatario. Al mismo tiempo, con la asignación de estos cargos que eran utilizados para el auto-enriquecimiento, se garantizaba la lealtad y el continuo apoyo político de los colaboradores más cercanos.[59] Como ha señalado correctamente Millet, la consecuencia

---

[58] En el original dice literalmente: "Oh yes; they live very well, and the commanding officers are still able to make a very nice profit". Rowell, Ross E. to The Secretary, War Collegge Division, War Department, Washington, D.C., 12.

59 Milett, "The History of the Guardia Nacional de Nicaragua," 78.

de este sistema era que no existía lealtad alguna a la nación,[60] y cabría agregar que, de la misma manera que no existía lealtad a la nación, tampoco existía lealtad alguna hacia proyectos políticos o credos ideológicos de ningún tipo.

En vista de que la participación e integración al sistema político y, con ello, el alistamiento para luchar con uno u otro bando se basaban en los vínculos y las lealtades que se tenían con personas específicas (por ejemplo, los amigos, parientes o patrones) y no con ideas abstractas como lo son la nación o las ideologías políticas, resultaba ser mucho más relevante la idea de amistad y su negación. En este sentido, se puede afirmar -siguiendo a Michael J. Schroeder- que los políticos nicaragüenses vivían en un mundo regido por una escala que estructuraba la interacción política, según el grado de amistad o enemistad que se tenía con la otra persona. Esto iba desde un extremo positivo, en el que se situaba al "íntimo amigo" pasando por "el buen hombre" hasta llegar a quien "no es amigo", para culminar en el extremo negativo donde se ubicaba a la persona perteneciente al bando político adverso.[61] Esto es lo que en términos de la teoría de sistema, se puede catalogar como el código binario con el que operaba el sistema político de Nicaragua.[62] A este marcado carácter personalista de política nicaragüense, se le agregaba el hecho que su fin principal -aunque no necesariamente exclusivo- consistía en lograr el beneficio personal o grupal y no colectivo, como lo demandan los conceptos del bien común o de la nación.

Un buen ejemplo de la influencia que pueden tener los vínculos personales para verse forzado a participar en la contienda bélica es el caso de Sinforoso González Zeledón, quien combatió en la guerra civil de 1926 en el bando liberal contra el gobierno conservador de Emiliano Chamorro, que había llegado al poder tras dar un golpe de estado al presidente Solórzano. Según el testimonio de González Zeledón, él ingresó al ejército liberal porque de lo contrario iba a ser asesinado por las tropas conservadoras. En sus propias palabras:

---

60 Ibid., 79.
61 Schroeder, "Horse Thieves to Rebels to Dogs," 418.
62 Sobre la función de los códigos en el sistema político, ver: Niklas Luhmann, „Der politische Code „Konservative" und „progressiv" in systemtheoretischer Sicht," en *Soziologische Aufklärung 3: Soziales System, Gesellschaft, Organisation. 4 Auflage* (Wiesbaden: VS Verlag, 2005), 311.

"si me quedaba en mi casa me mataban. Estaba obligado a buscar la defensa, a no dejarme matar. Como mi jefe era liberal, y el ejército que lo apoyaba era liberal, yo no podía instruirme como conservador".[63] Este testimonio demuestra no sólo la importancia de los vínculos personales para determinar al lado de quién se combatía, sino que también revela cómo el condicionamiento recíproco de la violencia política y las relaciones personales obligaban a tomar partido por motivos totalmente ajenos a asuntos ideológicos.

Un factor importante que mantenía esta dinámica en pie era la incapacidad del Estado de garantizarse el monopolio de la violencia dentro de su territorio, debido a la ausencia de un cuerpo coercitivo moderno, desligado del conflicto entre los partidos políticos de la época. Por tal razón, predominaban estos ejércitos que, a su vez, fomentaban y se mantenían de dicha incapacidad. Para el funcionamiento del sistema político, esto significaba reforzar la violencia armada como mecanismo para dirimir el disenso y las aspiraciones políticas opuestas. De ahí que la falta de un ejército lo suficientemente fuerte para impedir el surgimiento de un levantamiento armado que pusiera en peligro el dominio político del bando en el gobierno durante los años de la intervención, resulte ser disruptivo para la paz y la estabilidad política. Previo a este período, el gobierno liberal de Zelaya había logrado organizar un ejército que le permitió mantenerse en el poder por más de una década y media;[64] de igual forma, en el resto de Centroamérica había sido durante el dominio de los liberales que se dio el primer intento de crear una fuerza armada moderna en el país.[65] Con el derrocamiento de los liberales, todo este esfuerzo se vino abajo. Así lo reconoció Rowell, cuando en su informe señala que:

> "una organización y un entrenamiento militar serio se comenzó a hacer al inicio de la década de 1890 con la llegada al gobierno del ex-presidente Zelaya, [...]. Fue durante los

[63] Instituto de Estudios del Sandinismo. *Ahora sé que Sandino manda*, (Mangua: Editorial Nueva Nicaragua, 1986) 23.
[64] Un análisis detallado del ejército durante el gobierno de José Santos Zelaya se encuentra en: Teplitz, "The political and economic foundations of modernization in Nicaragua," 106-145.
[65] Stephen Webre, "Central America," en Latin American Military History: An Annotated Bibliography, edits. David G. LaFrance y Errol D. Jones (New York/London: Garland, 1992), 558.

diecisiete años de su gobierno que el ejército alcanzó su clímax en cuanto a su fuerza y eficiencia. Desde de su caída, el ejército ha declinado tanto en tamaño como en calidad".[66]

Por esta razón, la intervención de los Estados Unidos en Nicaragua produjo un serio retroceso en la evolución de los órganos coercitivos del Estado. Igualmente, siguiendo a Acuña Ortega, se puede constatar que la intervención norteamericana no sólo evidenció la reversibilidad del "proceso de construcción del Estado en Nicaragua"[67] sino que además la provocó.

---

[66] En el texto original: "serious military organization and training in Nicaragua began in the early nineties with the advent of the rule of the Ex-president Zelaya, [...]. The Army reached its climax in strength and efficiency during the seventeen years of his administration. Since his fall the Army has declined very much in both size and quality". Rowell, Ross E. to The Secretary, War Collegge Division, War Department, Washington, D.C., 3.

[67] Acuña Ortega, "La formación del Estado en Nicaragua y Costa Rica en a perspectiva comparada," 23.

La Guerra Constitucionalista o la oligarquía contra los herejes bolcheviques: la exclusión y el personalismo del sistema político nicaragüense

Bajo estas condiciones de un Estado sin el monopolio de la violencia y en donde la alternabilidad en el gobierno se lograba solamente por medio de levantamientos armados, no resulta extraño que la consecuencia casi inmediata a El Lomazo fuera una guerra civil. De la misma forma que había sucedido después del derrocamiento de Zelaya y Madriz, los adversarios de los conservadores liderados por el General Emiliano Chamorro fueron "perseguidos, recluidos en las cárceles, vejados y destruidas sus propiedades".[68] Según un testigo de la época, esta represión se llevó a cabo con especial fuerza en la ciudad de Bluefields. Ahí, las autoridades conservadoras los lunes y martes encarcelaban a los liberales para interrogarlos. De acuerdo con este mismo autor, estos "atropellos" motivaron el primer levantamiento armado en contra de quienes para los liberales eran unos "usurpadores". Para la mañana del 2 de mayo de 1926, habían logrado tener a la ciudad bajo su control;[69] sin embargo, debido a la espontaneidad e improvisación de esta rebelión y la poca experiencia bélica de sus participantes,[70] a finales del mes, el gobierno del General Chamorro con pocas dificultades había logrado neutralizarlos.[71] Un rol preponderante en esta rápida victoria había tenido la recién creada Guardia Constabularia, gracias a las características novedosas previamente mencionadas, que le permitieron ser más letal en comparación con el ejército oficialista regular, de modo que logró matar de 27 a 54 veces más soldados enemigos.[72] Estas medidas represivas en contra de los liberales del segundo gobierno de Chamorro, se iniciaron desde el momento en que asumió la

---

[68] Comité Ejecutivo de la Federación Obrera Nicaragüense, Carta a H.L. Stimson, León, Nicaragua, 28 de abril de 1927. *USDS 817.00/4954: STIMSON PAPERS*. Disponible en: http://www.sandinorebellion.com/Top100pgs/Top100-p100b.html visitado el 26 de febrero del 2014.

[69] Luis Mena Solórzano, "Los Arquitectos de la victoria liberal," en *Revista Conservador del Pensamiento Centroamericano* 26, N° 126 (Marzo 1971), 8.

[70] Ibid., 5.

[71] The Department of State, *The United States and Nicaragua*, 59.

[72] Milett, "The History of the Guardia Nacional de Nicaragua," 102.

presidencia, y eran parte de la pretensión de garantizarle a su facción del Partido Conservador el control absoluto sobre el Estado. Para ello, eliminar a los liberales de cualquier instancia de poder en el Estado era indispensable, por lo que no escatimaron esfuerzos para perseguir al defenestrado vice-presidente liberal, el médico Juan Bautista Sacasa, quien se encontraba escondido en León, su ciudad natal; el nuevo mandatario conservador envió a esa localidad 1,200 hombres para presionarlo a firmar su renuncia a la Presidencia de la República, tras haber obligado al presidente Carlos Solórzano solicitar al Congreso un permiso de ausencia de su cargo de manera indefinida.[73] En la ciudad de León, estos soldados se dedicaron a aterrorizar a la población, forzándola a darles préstamos, llevando a cabo saqueos y encarcelando a comerciantes; este comportamiento era para los leoneses una provocación, cuya consecuencia directa sería otra guerra civil.[74] Ante la negativa de Sacasa de sucumbir a este acoso, Emiliano Chamorro amenazó con adoptar medidas más drásticas contra los amigos y familiares del primero,[75] razón para Sacasa de huir del país hacia Honduras[76] con rumbo a los Estados Unidos, en donde con escaso éxito trató de obtener la ayuda del gobierno en su lucha por ser nombrado Presidente de Nicaragua en sucesión a Solórzano.[77] Mientras tanto, en Nicaragua, el nuevo Presidente se dedicaba a expulsar del Estado a todos los liberales que ocuparan algún cargo importante. Primero, en diciembre de 1925, con ayuda de los diputados allegados a su persona, expulsó del Congreso a 18 parlamentarios percibidos como enemigos de su gobierno;[78] acto seguido, el 13 de abril de 1926, el Congreso retiró a los magistrados liberales de la Corte Suprema de Justicia,[79] dejando de esta manera todos los poderes del Estado nicaragüense libres del

---

[73] Munro, *The United States and the Caribbean Area*, 248.

[74] The Minister in Nicaragua (Eberhardt) to the Secretary of State. Managua, November 7, 1925 —9 a.m. *FRUS 1925*, 641.

[75] The Secretary of State to the American Missions in Costa Rica, Guatemala, Honduras, and Salvador. Washington, January 7, 1926. United States Department of State, *Papers relating to the foreign relations of the United States, 1926*, Vol 2. (Washington D.C.: U.S. Government Printing Office, 1926), 780. En adelante *FRUS 1926*. Disponible en: http://digicoll.library.wisc.edu/cgi-bin/FRUS/FRUS-idx?type=article&did=FRUS.FRUS1926v02.i0026&id=FRUS.FRUS1926v02&isize=M&q1=-Nicaragua

[76] Arellano, *La Pax Americana en Nicaragua*, 158.

[77] The Department of State, The United States and Nicaragua, 59.

[78] Arellano, ibid., 159.

[79] Munro, *The United States and the Caribbean Area*, 248.

"elemento liberal", para usar las palabras del mismo Chamorro.[80] Todas estas acciones, como comentó Carlos Cuadra Pasos, parecían indicar que se buscaba "provocarle a la guerra" a los liberales.[81]

Dada la forma de proceder de los conservadores chamorristas, para los liberales esta lucha armada no sólo era la única forma de recuperar el poder y de defenderse de los ataques y abusos del gobierno, sino que también se trataba de recuperar el derecho a gobernar que les garantizaba la constitución vigente y que, consideraban, les había sido usurpado. Por esta razón, denominaron esta nueva guerra civil como Guerra Constitucionalista, pues su objetivo principal era implantar la presidencia de Sacasa, en concordancia con los mandatos de la carta magna vigente. Igualmente, querían combatir a Emiliano Chamorro y a sus "chamorristas" porque -desde el punto de vista de los liberales- eran un mal que aquejaba al país. Estos conservadores constantemente aspiraban y luchaban por excluirlos del quehacer político; además, en la opinión de la Junta Directiva Nacional y Legal del Partido Nacional y Liberal, la familia Chamorro controlaba el Partido Conservador y veía la presidencia de Nicaragua como su "feudo"; adicionalmente, de forma constante alteraban el orden constitucional que otorgaba al liberalismo el derecho a gobernar.[82] En palabras de un simpatizante liberal, los conservadores eran "una Oligarquía, sistema español, heredera testamentaria del gobierno colonial coetáneo de la SANTA INQUISICION, con alianza ofensiva y defensiva con el clero católico que mantiene una guerra santa"[83] que promovía "el fanatismo del pueblo más ignorante y miserable de la tierra".[84] Al mismo tiempo, al pueblo lo mantenían "embriagado de licor y de odio y en la más degradante y vil esclavitud".[85] Como se puede ver -desde la perspectiva liberal-, los culpables de la desigualdad

---

[80] Chamorro, *El Último Caudillo*, 317.

[81] Cuadras Pasos, *Historia de Medio Siglo*, 658.

[82] Partido Liberal Nacionalista. Memoramdum presentado por la junta directiva nacional y liberal del partido liberal nacionalista al señor almirante Julian L. Latimer, de la Armada Americana, en su visita a esta ciudad. *USDS 817.00/4954: STIMSON PAPERS*. Disponible en: http://www.sandino-rebellion.com/Top100pgs/Top100-p100b.html (visitado el 26 de febrero del 2014).

[83] Carta de Félix Pedro López a Henry L. Stimson. Granada 10 de mayo de 1927. USDS 817.00/4954: STIMSON PAPERS. Disponible en: http://www.sandinorebellion.com/Top100pgs/Top100-p100b.html (visitado el 26 de febrero del 2014).

[84] Ibid.

[85] Ibid.

social preponderante en Nicaragua y de la opresión que sufría la mayoría de los nicaragüenses, eran los conservadores. Ellos eran los responsables de situar a los estratos bajos de Nicaragua en un estado que, según el tono de las anteriores palabras, era calamitoso. Es decir, los conservadores provocaban la deplorable situación en la que se encontraba el país, quedando por fuera cualquier atribución de responsabilidad a los liberales.

Además, como el pueblo y "el liberalismo" eran equiparados, la subyugación del pueblo y la opresión política en contra de los liberales se convertía inmediatamente en lo mismo. Esto significaba que combatir a los conservadores era al mismo tiempo enfrentarse y resistir la desigualdad social existente en el país, ya que éstos eran quienes la imponían. De ahí que no sea posible argumentar -como ha hecho Oscar René Vargas- que los liberales y sus seguidores "coincidieron en que el sistema político imperante estaba podrido y debía ser abolido".[86] Para ellos, el problema de Nicaragua no era cómo funcionaba o estaba estructurado el sistema político o económico; al contrario, la solución a los problemas del país se encontraba en excluir de la política a los conservadores -entendidos como una oligarquía-. De esta manera, aspiraban a superar la desigualdad social y la perenne inestabilidad política. Por esta razón, tampoco es válido -a como hace Andrés Pérez Baltodano- atribuirle a la intervención el haber obstruido que se diera "un balance de fuerza entre los partidos políticos",[87] así como haber impedido que se lograra "la articulación de un consenso social de intereses y aspiraciones en el ámbito nacional".[88] Pues no se puede culpar a la intervención de lo que resultaba ser un problema o una incapacidad del propio sistema político nicaragüense. Es decir, el no aceptar la inclusión política del bando político contrario y, por ende, poder llegar a algún tipo de consenso, no es un problema que surgió con la intervención financiera y militar de los Estados Unidos y tampoco terminó una vez concluida; más bien, se puede decir que esta forma de operar, relegando al contrincante político, brindó las condiciones propicias para la intervención y la fortaleció.

---

86 Oscar-René Vargas, *Historia del Siglo XX. Tomo III. Nicaragua 1926-1939, La Crisis y Sandino* (Managua: CEREN/ CEDOH, 2000), 160.
87 Pérez Baltodano, *Entre el Estado Conquistador y el Estado Nación*, 446.
88 Ibid.

En consecuencia, la solución excluyente de los liberales a los problemas sociales y políticos que aquejaban al país, en vez de resolverlos, los perpetuaba, al reproducir y proseguir la forma de operar excluyente del sistema político. Un componente central era equiparar al Partido Liberal con el pueblo. Esta fusión entre pueblo y liberalismo, por ejemplo, se constata de manera muy clara en una misiva que un simpatizante liberal dirigió a un importante representante de los Estados Unidos. En dicho escrito, se sostiene que el liberalismo estaba integrado por: "la juventud en general, los hombres de ciencia, médicos, abogados, ingenieros, comerciantes industriales, obreros de las ciudades, periodistas, maestros de escuela, artesanos, obreros [...], y la gran multitud de hambrientos - miserables, pobres y empobrecidos".[89] En otras palabras, los liberales se entendían a sí mismos como los legítimos representantes de todos los nicaragüenses, ya fueran éstos de los estratos altos y letrados o de los estratos bajos. Lo anterior significa que se atribuían, de manera exclusiva, el derecho soberano de ostentar el poder y controlar el Estado, al declararse ser el pueblo; y bloqueaban toda posibilidad de incluir a los conservadores en la política nicaragüense. Como resultado, se mantenía vigente la problemática que se deseaba resolver. Igual a como había sucedido durante la guerra civil de 1912, las ideas sobre el enfrentamiento con el oponente político y de la estructura social de Nicaragua, continuaban reproduciendo la estratificación social imperante y la dinámica de mutua exclusión, lo cual no le permitía al sistema político estructurar su forma de operar de otro modo y alcanzar la estabilidad deseada.

En el caso del bando contrario, la situación no era muy distinta. Aquí también se sostenía una concepción extremadamente negativa del rival político, fundamentada en ideas religiosas, que permitían justificar la aspiración de excluirlos y eliminarlos de la política nicaragüense. Para los conservadores, el liberalismo era un "pecado" y todas sus "doctrinas" una "herejía".[90] Lo anterior conducía a la convicción de que del liberalismo únicamente resultaban "hechos criminales" y "la corrupción y el error públicamente autorizados".

---

89 Carta de Félix Pedro López a Henry L. Stimson. Granada 10 de mayo de 1927.

90 IMPORTANTES ACLARACIONES SOBRE EL LIBERALISMO. (GRANADA - Nic: Tip. de El Mensajero Granada, 1927), 4. *USDS 817.00/4954: STIMSON PAPERS*. Disponible en: http://www.sandinorebellion.com/Top100pgs/Top100-p100d.html visitado el 27 de mayo del 2015

Los principales propulsores de esta percepción eran la iglesia católica y sus aliados conservadores. Para ambos, los liberales se encontraban en una "guerra sistemática al catolicismo".[91] Como había sucedido en el proceso de independencia de Centroamérica y en el conflicto político durante los gobiernos conservadores en las décadas de 1910 y 1920, se continuaba usando un lenguaje religioso en la confrontación política para legitimar las propias aspiraciones autoritarias y deslegitimar al contrincante. Esto demuestra cómo la falta de diferenciación entre religión y política perduraba. De ahí que los liberales fueran vistos como herejes y el liberalismo como herejía, ya que el conflicto entre liberales y conservadores -para estos últimos- no era netamente político, sino también religioso. Esta connotación religiosa también contribuía a enfatizar la concepción antagónica del conflicto político, según la cual el rival tenía que ser eliminado para eliminar el pecado.

El lenguaje religioso no era la única similitud que la Guerra Constitucionalista tuvo con los enfrentamientos bélicos predecesores. Al igual que la Guerra Civil de 1912, esta guerra sirvió para alterar brevemente el orden social vigente. Un buen ejemplo de esta alteración fue la relación que se dio entre Gonzalo Rivas Novoa y el General Pancho Cabuya, jefe militar de las tropas liberales en el departamento de Chinandega durante este enfrentamiento, y bajo cuyo mando tuvo que servir el primero. Rivas Novoa era hermano de Gabry Rivas, prominente político conservador, editor del periódico La Nueva Prensa,[92] seguidor de Emiliano Chamorro e iniciador del reciente golpe de estado al Presidente Solórzano con el ya mencionado asalto al Club Internacional.[93] Es decir que, en cuanto a su estatus social, Gonzalo Rivas se encontraba por encima del General Cabuya, a quien consideraba un "indio caudillo"[94] y cuyo mando ahora debía obedecer. Aquí se puede observar cómo las guerras civiles en Nicaragua no sólo provocaban una alteración momentánea del orden social jerárquico; como ha señalado Volker Wünderich, también otorgaba la posibilidad de ascender en la jerarquía social, ya que eran una buena oportunidad para adquirir

---

[91] Ibid., 2-3.

[92] Gonzalo Rivas Novoa, *General Pancho Cabuya y otras aventuras centroamericanas* (Managua: Editorial Zorrillo, 1994), 29.

[93] Gobat, *Confronting the American Dream*, 250.

[94] Rivas Novoa, ibid., 38.

riqueza, influencia y prestigio,⁹⁵ todo lo cual era indispensable para lograr los méritos necesarios que justificaran el ascenso. En este sentido, las recurrentes guerras civiles en Nicaragua no sólo tenían la función de permitir el cambio de gobierno, sino que también daban a los estratos bajos la oportunidad de liberarse -ya fuera momentáneamente o de manera definitiva- de las férreas ataduras que imponía la estratificación social.

La suspensión de las restricciones impuestas por la jerarquización social que provocaban las guerras civiles, era posible gracias a la incapacidad del Estado nicaragüense de poder reclamar efectivamente el monopolio de la coacción en su territorio. Esta incapacidad coercitiva intensificaba aún más la violencia, a la que Michael Schroeder se refiere como "una celebración virtual de la muerte, del terror y de lo grotesco, es la erotización y ritualización de una espectáculo público".⁹⁶ Prácticas comunes de este tipo de violencia eran las violaciones, los asesinatos por medio de la horca o dejar a las víctimas colgadas para que fallecieran lentamente,⁹⁷ todo con el fin de causar terror en la población y desalentar la participación en cualquier acto de resistencia al gobierno conservador. Gracias al escaso rigor militar y la poca disciplina de los ejércitos contrincantes, estos actos eran realizados por lo que un testigo de la época describió como "bandas de saqueadores semi-independientes" que usaban el estado de guerra para saquear sin restricciones, llegando inclusive a llevar a cabo sus actos en las ciudades.⁹⁸

Un caso importante, en donde bandas armadas de liberales asaltaron una ciudad, fue la embestida que acometieron sobre Chinandega en febrero de 1927. Este enfrentamiento llegó a agudizarse a tal grado que gran parte de la urbe fue incendiada⁹⁹ y un piloto estadounidense, oficial de la Guardia Constabularia, llegó a realizar el primer bombardeo aéreo de una ciudad en

---

⁹⁵ Volker Wünderich, *Sandino:eine politische Biographie* (Wuppertal: Hammer, 1995), 60.

⁹⁶ En el texto original: "a virtual celebration of death, terror, and the grotesque, a ritualised, eroticised public spectacle". Michael J. Schroeder, "Horse Thieves to Rebels to Dogs," 384.

⁹⁷ Ver los testimonios de Ángel Martínez Soza y Juan Pablo Ramírez Velázquez en Instituto de Estudios del Sandinismo, *Ahora sé que Sandino manda*, 23–25.

⁹⁸ En el original: "semi-independent bands of marauders". Henry L. Stimson, *American Policy in Nicaragua* (New York: Charles Scribner's Sons; 1927), 41.

⁹⁹ Munro, *The United States and the Caribbean Republics*, 217.

la historia de Nicaragua.[100] La batalla por Chinandega era muy significativa en términos de estrategia militar, debido a su cercanía al principal puerto de Nicaragua (Corinto). De ahí que dominarla era controlar un punto vital de la comunicación ferroviaria con la capital y de Nicaragua con el mundo. Éste fue el primer ataque sobre una ciudad en la zona del Pacífico desde el inicio de la Guerra Constitucionalista, a finales de agosto de 1926, cuando los liberales fuertemente armados desembarcaron en ambas costas del país[101] con el plan de iniciar el conflicto bélico por dos flancos al mismo tiempo.[102] El primer intento había resultado ser un completo fracaso, gracias a la filtración -por parte de un "amigo" del General Chamorro- de los detalles de la ofensiva a cambio de "quinientos dólares".[103]

No obstante este revés, la acometida en la Costa Caribe se desarrolló con mayor éxito, a tal grado que el gobierno de Emiliano Chamorro se vio obligado a gastar 507,147 dólares y a agotar las reservas del Banco Nacional, sin lograr vencer a las fuerzas rebeldes.[104] El 28 de agosto, los liberales se habían apoderado de Bilwi, en el municipio de Puerto Cabezas, siendo éste el poblado más importante en el norte de la Costa Caribe nicaragüense, y estaba listo para atacar en el sur, el puerto de El Bluff -que albergaba las aduanas-, situado en la entrada de la bahía de Bluefields. Dos días antes, un destacamento de marines había desembarcado en Bluefields, declarando la cuidad como zona neutral.[105] La imposibilidad del ejército chamorrista de imponerse militarmente sobre los liberales, obligó a Chamorro a solicitar la ayuda de Estados Unidos para organizar una conferencia a fin de llegar a un convenio de paz.[106] Las conversaciones se realizaron en octubre de 1926, sin alcanzar

---

[100] The Minister in Nicaragua (Eberhardt) to the Secretary of State. Managua, February 7, 1927. United States Department of State, *Papers relating to the foreign relations of the United States, 1927*, Vol 3. (WAshingtonD.C.: U.S. Government Printing Office, 1927), 308. En adelante *FRUS 1927*. Disponible en: http://digicoll.library.wisc.edu/cgi-bin/FRUS/FRUS-idx?type=article&did=FRUS.FRUS1927v03.i0017&id=FRUS.FRUS1927v03&isize=M&q1=Nicaragua

[101] J. M. Moncada, *Estados Unidos en Nicaragua* (Managua: Librería Cultural Nicaragüense, 1971), 17.

[102] Mena Solórzano, "Los Arquitectos de la victoria liberal," 10.

[103] Chamorro, *El Último Caudillo*, 323.

[104] The Department of State, *The United States and Nicaragua*, 60.

[105] The Consul at Bluefields (McConnico) to the Secretary of State, Bluefield, August 29, 1926. *FRUS 1926*, 790

[106] The Chargé in Nicaragua (Dennis) to the Secretary of State. Managua, September 10, 1926. Ibid., 791.

el éxito esperado. Pese al fracaso de las negociaciones, debido a la presión tanto dentro de su partido como del resto de países centroamericanos, México y Estados Unidos, el 30 de octubre el General Chamorro se vio obligado a renunciar a la Presidencia. Su sucesor fue otro prominente político conservador y expresidente, Adolfo Díaz, quien asumió su nuevo mandato el 11 de noviembre, y recibió ese mismo día el reconocimiento diplomático que los Estados Unidos habían negado a su predecesor.[107] La sustitución de Chamorro por Díaz no logró aplacar a los liberales. Para sus adversarios, él era "el más perfecto culí del régimen proxeneta"[108] impuesto por los Estados Unidos. Asimismo, su mandato no restituía el orden constitucional por el cual había tomado las armas el partido liberal. Su llegada a la presidencia era más bien vista como la "continuación" del gobierno del General Chamorro[109] y, por ende, se le consideraba un Presidente ilegítimo, criterio sostenido inclusive por políticos cercanos a Díaz. Así, Carlos Cuadra Pasos afirmó que "difícil es poder percibir la raíz jurídica de la legitimidad de este segundo mando de don Adolfo, surgido al soplo arbitrario de la intervención".[110]

Sin embargo, para la administración del Presidente Coolidge Adolfo Díaz es un hombre "honesto y capaz y de carácter firme, lo cual resulta absolutamente esencial para cualquier persona que ocupe el puesto de presidente de Nicaragua en estos tiempos convulsos".[111] En otras palabras, lo apreciaban como la persona más indicada para lidiar con los problemas políticos que sufría el país. Esta predilección por Díaz también se debía a que, en comparación con otros políticos nicaragüenses de la época, él era más dócil y sumiso a los mandatos del Departamento de Estado. Esta subordinación llegó a tal grado, que propuso a los Estados Unidos la firma de un tratado otorgándole el derecho

---

[107] Lawrence Dennis, "Nicaragua: In Again, out Again," en *Foreign Affairs* 9, N° 2 (Enero 1931), 498.

[108] Mendieta, *La enfermedad de Centro-América*, 345.

[109] "Anonymous letter of protest against our support of Díaz", sin fecha, circa Abril 1927. USDS 817.00/4954: *Stimson Papers*. Disponible en: http://www.sandinorebellion.com/images/Top100/Stimson/DSC01473.JPG (visitado 21.10.2014)

[110] Cuadra Pasos, "Historia de Medio Siglo," 662.

[111] En el texto original: "honest and capable and has that firmness of character which is absolutely essential for any person called to fill the difficult position of President of Nicaragua during these disturbed times". The Secretary of State to the Chargé in Nicaragua (Dennis). Washington, November 2, 1926. *FRUS 1926*, 804.

de intervenir durante los próximos 100 años, tanto en términos militares como financieros, con el fin de mantener un gobierno estable en Nicaragua, propuesta que fue rechaza por el presidente Coolidge.[112] Para Adolfo Díaz, este arreglo de dominación imperial era la mejor formar de lograr solucionar los problemas políticos y de desarrollo económico del país. Según su criterio, esto haría que los levantamientos armados (las "revoluciones") se convirtieran en un acometido imposible de realizar, lo cual a su vez atraería las inversiones del capital estadounidense a Nicaragua.[113] Como se puede observar, la subordinación de Díaz a los dictados de Washington obedecía a su creencia de que el desarrollo y la estabilidad del país, únicamente podían lograrse renunciando a la pretensión de un Estado nicaragüense soberano. En otras palabras, los nicaragüenses por sí mismos no culminarían estas aspiraciones. Esta convicción terminaba haciendo imposible mejorar la situación política y llegar a forjar algún tipo de bienestar económico por medio del propio esfuerzo, al ver esta posibilidad como inalcanzable y no buscar otras estrategias.

A los liberales, el apoyo de los Estados Unidos al nuevo mandatario conservador, no les aminoró su voluntad de restituir el *status quo* existente antes del golpe de estado; tampoco afectó su éxito militar. Así, para finales de diciembre, cuatro meses después de haber reiniciado su lucha armada, habían expulsado de la Costa Caribe a las tropas gubernamentales;[114] y a finales de marzo de 1927, el destacamento liberal que operaba en Nueva Segovia -liderado por quien sería la figura política más emblemática de Nicaragua en el siglo XX, Augusto Calderón Sandino-, había logrado apoderarse de Jinotega,[115] la ciudad más importante del norte del país. Para el primero de mayo, los liberales habían logrado avanzar hasta Boaquito, poblado situado a dos días de viaje de Managua.[116] Vital para alcanzar este éxito en el campo de batalla había sido el apoyo financiero y militar del gobierno mexicano. Gracias a la ayuda del

---

[112] "Coolidge Will Refuse Protectorate over Nicaragua," *The Milwaukee Sentinel, 12 de marzo de 1927*. Disponible en: http://news.google.com/newspapers?id=0llQAAAAIBAJ&sjid=aw8EAAAAIBA-J&hl=de&pg=6876%2C1608519 (visitado 21.10.2014)

[113] Crowther, *The Romance and rise of the American tropics*, 326.

[114] Munro, *The United States and the Caribbean Republics*, 214.

[115] Wünderich, *Sandino*, 55.

[116] Moncada, *Estados Unidos en Nicaragua*, 5.

Presidente Plutarco Elías Calles, los liberales habían obtenido el armamento requerido y los barcos para transportarlo a Nicaragua.[117]

La intromisión mexicana convertía a la Guerra Constitucionalista en una disputa que iba más allá de una problemática intrínseca de la política interna nicaragüense. Para los Estados Unidos, el respaldo mexicano a los rebeldes era una seria amenaza a su predominio sobre la vecindad del canal de Panamá y, con ello, sobre cualquier ruta que llegara a competir con su canal.[118] Por esta razón, el gobierno en Washington se declaró "profundamente preocupado en relación al propósito que tenía la interferencia mexicana".[119] Para el conflicto bélico en Nicaragua, este posicionamiento del Departamento de Estado trajo consigo la suspensión del embargo al envío de armas desde los Estados Unidos al gobierno de Nicaragua, introducido el 15 de septiembre de 1926, cuando Emiliano Chamorro todavía se encontraba en el poder.[120] Dicha medida había sido impuesta como reacción a El Lomazo, visto como una violación al Tratado General de Paz y Amistad, firmado por las cincos repúblicas centroamericanas.[121]

La administración Coolidge percibía el involucramiento de México en esta guerra civil no solamente como un desafío a su dominio sobre la vecindad del canal de Panamá, sino que de igual forma, representaba el peligro de la introducción y difusión del comunismo y sus ideas en el continente americano, lo cual podría afectar sus intereses económicos en la región. Éste había sido el caso de México, en donde desde la entrada en vigencia de la Constitución de 1917, las políticas de Calles, caracterizadas por un fuerte nacionalismo y anticlericalismo, habían sido la tónica, lo cual se interpretaba como una agenda bolchevique que México estaba promoviendo y que perjudicaba al capital estadounidense.[122]

---

[117] Jürgen Buchenau, *In the shadow of the giant: the making of Mexico's Central American policy, 1876 – 1930* (Tuscaloosa, Ala: University of Alabama Press, 1996), 170.

[118] Munro, *The United States and the Caribbean Area*, 253.

[119] En el texto original: "deeply concerned as to the purpose of Mexican interference". Denny, *Dollars for Bullets*, 243.

[120] Munro, *The United States and the Caribbean Area*, 252.

[121] Dana G. Munro, "The Establishment of Peace in Nicaragua," en *Foreign Affairs 11*, N° 4 (July 1933): 696.

[122] Yankelevich, Pablo. "Diplomáticos, periodistas, espías y publicistas: la cruzada mexicana-bolchevique en América Latina," en *Historia* 28, N° 2, (2009): 496-497. Disponible en: http://www.scielo.br/scielo.php?script=sci_arttext&pid=S0101-90742009000200017&lng=en&nrm=iso>(visitado 2014-10-23).

Por esta razón adicional -a su postura de no reconocimiento de cualquier gobierno que llegara por medio de la fuerza al poder-, se oponían a permitir que los liberales culminaran su campaña militar con una victoria y la toma del poder.

Sin embargo, para los liberales, el estigma de ser bolcheviques que preedisponía a Estados Unidos en su contra, era "pura farsa y mentira" promovida por Adolfo Díaz para asegurarse el respaldo de los Estados Unidos y con ello su continuidad en la presidencia.[123] Esta percepción de los acontecimientos demuestra la lectura personalista que hacían los liberales de la política. Así, la política exterior de los Estados Unidos era considerada el resultado de los actos de Adolfo Díaz. La forma de proceder de Washington no era concebida como una medida ajena a la voluntad de este último y generada por factores que tampoco estaban bajo su control. Como eran los objetivos e intereses propios del gobierno del presidente Coolidge. A como era la intención del Departamento de Estado retratar a los rebeldes nicaragüenses como bolcheviques para promover una campaña propagandística en la que se presentara a México unido a la Unión Soviética auxiliando a los liberales. El fin de esta campaña era generar presión al gobierno mexicano de Calles para que desistiera de sus políticas petroleras que afectaban a los extranjeros y retirara su apoyo a los rebeldes nicaragüenses.[124]

Esta misma noción personalista fue adoptaba por Emiliano Chamorro para explicar las circunstancias que provocaron su dimisión de la presidencia de Nicaragua. En su lectura de los sucesos históricos, su salida del gobierno se debía principalmente a la actividad en su contra del representante de los Estados Unidos en Nicaragua, Lawrence Dennis. En palabras de Chamorro, Dennis "fomentaba visiblemente los ánimos en contra de mi Gobierno".[125] En realidad, su salida del gobierno y de cualquier posición que tuviera alguna relevancia política o militar, era algo deseado por el Departamento de Estado[126] y no un interés personal de Lawrence Dennis. Con el mismo personalismo, el General Chamorro analizaba

---

[123] "Anonymous letter of protest against our support of Díaz," sin fecha, circa Abril 1927. USDS 817.00/4954: Stimson Papers. Disponible en: http://www.sandinorebellion.com/images/Top100/Stimson/DSC01473.JPG (visitado 21.10.2014)

[124] Buchenau, *In the shadow of the giant*, 173.

[125] Chamorro, *El Último Caudillo*, 331.

[126] Munro, *The United States and the Caribbean Republics*, 210.

el fracaso de las tropas gubernamentales en detener el avance hacia Managua del ejército constitucionalista. Según escribió, su "dirección y jefatura" de la fuerza armada conservadora era la que podía garantizar el éxito en el campo de batalla; de lo contrario, lo que sucedería iba a ser que Washington se vería obligado a "enviar marinos a detenerlos".[127] Es decir, el éxito militar del ejército conservador no dependía de factores como el número de soldados, su entrenamiento, el tipo de armamento o las decisiones estratégicas tomadas, sino exclusivamente del hecho que él estuviera a la cabeza. Dentro de esta concepción personalista, el desempeño del cuerpo castrense no resultaba de sus características organizativas o capacidades militares, sino de la persona que lo dirigiera. Es precisamente esta fijación, centrada exclusivamente en una persona en particular, y la falta de distinción entre la organización militar y la persona al frente de la misma, lo que generaba la interpretación personalista de Chamorro. Empero, el fracaso militar se inició durante su mandato, obligándolo a entrar en negociaciones de paz en octubre de 1926, pues las fuerzas armadas conservadoras no lograron subyugar a los liberales e impedir la disrupción del comercio por el puerto de Bluefields, causada por la prolongación del conflicto bélico, lo que significó para el gobierno quedarse sin una fuente importante de ingresos para financiar su campaña militar y verse forzado a entrar en negociaciones con su enemigo.[128]

Con la llegada de Adolfo Díaz a la presidencia, el pobre desempeño del ejército conservador se mantuvo. A esta situación, contribuyó tanto el bloqueo al suministro de armas desde Estados Unidos como el lánguido estado en el que permanecían las finanzas públicas. La escasez de dinero condujo al gobierno de Díaz a solicitar varios créditos para poder seguir financiando la guerra contra los liberales. El primer crédito lo obtuvo del Banco Nacional, propiedad del Estado nicaragüense, por un monto de $300,000 dólares. También usó 150,201 dólares del excedente tributario obtenido en enero de 1927, cuyo monto total fue de 215,884 dólares. Dado que todo esto no bastó para vencer a las tropas del partido liberal, el 25 de marzo de 1927 se vio obligado a gestionar un

---

[127] Chamorro, *El Último Caudillo*, 331.

[128] Bernard C. Nalty, *The United States Marines in Nicaragua*, revised edition (Washington: Government Printing Office, 1962), 13. Disponible en: https://archive.org/details/unitedstatesmari00nalt. Visitado: (1.11.2014).

préstamo de 1,000,000 con Guaranty Trust Co. y J. & W. Seligman, dando como garantía el 100% de las acciones del ferrocarril y el Banco Nacional.[129]

Hasta entonces, la política de los Estados Unidos respecto de la Guerra en Nicaragua se había limitado a establecer zonas neutrales, es decir, que las fuerzas armadas estadounidenses habían ocupado únicamente las ciudades más importantes y la línea ferroviaria[130] que recorría la costa del Pacífico de norte a sur, sin involucrarse activamente en el acontecer bélico. Algunas de estas zonas neutrales eran las ciudades de Bluefields, Managua, León, Chinandega, Matagalpa y parte de las márgenes del Río Escondido.[131] No obstante, el victorioso avance del ejército constitucionalista preocupaba seriamente a la administración Coolidge, que no pretendía permitir a los liberales la toma del poder por medios violentos, pues tal victoria constituiría un precedente que podría motivar la realización de levantamientos armados similares en otros países.[132] Adicionalmente, la política exterior de los Estados Unidos había vedado el establecimiento en Centroamérica de un gobierno apoyado por México o afín a éste. Tal situación ponía al Presidente en Washington frente a la necesidad de terminar lo antes posible el conflicto, para que no se diera un desenlace desfavorable a los intereses geo-políticos de Estados Unidos en El Caribe y Centroamérica. Para alcanzar esta meta, se podía adoptar dos estrategias: una intervención armada como se había hecho en 1912, con el objetivo de defender nuevamente la presidencia de Adolfo Díaz, o buscar cómo forzar a los bandos en conflicto a negociar la paz. Esto último fue la tarea encomendada a Henry L. Stimson[133] en su carácter de enviado especial del presidente Coolidge a Nicaragua.

---

[129] The Department of State, *The United States and Nicaragua*, 69-70.
[130] Munro, *The United States and the Caribbean Republics*, 220.
[131] Nalty, *The United States Marines in Nicaragua*, 14.
[132] Munro, *The United States and the Caribbean Republics*, 220.
[133] Dodd, *Managing Democracy in Central America*, 9.

El Acuerdo de Tipitapa:
el fin de La Guerra Constitucionalista

A su llegada a Nicaragua, Stimson encontró un país agobiado por la guerra y ansioso de encontrarle un fin. En su viaje de Corinto a Managua, afirmó haber visto la ciudad de Chinandega en gran parte hecha cenizas. En su camino, todos los varones independientemente de su edad estaban siempre armados. Unas imágenes que se encontró recurrente fueron las de los campos desolados sin señas de ser cultivados y la del "campesino que mientras dirige a su ganado o a su caballo cargado, porta un rifle militar que sujetado con una tira le atraviesa la espalda, mientras que en la ciudad los revólveres y las pistolas automáticas producían pliegues reveladores en la vestimenta de los hombres nicaragüenses que uno se encontraba o con los cuales se hacía algún negocio".[134] Todo esto era el resultado de lo que las autodenominadas representantes de "las mujeres nicaragüenses" llamaban una "guerra fratricida".[135] Para otro testigo de la época, esta guerra tenía un "aspecto feroz".[136] A su vez, el Departamento de Estado temía que la constante fluctuación de los integrantes de ambos ejércitos, es decir, el continuo reclutamiento de nuevos soldados para sustituir a los muchos que desertaban sin entregar sus armas, provocara estrepitosamente un estado de anarquía generalizado.[137] Al mismo tiempo, la proximidad de la estación lluviosa amenazaba con empeorar la deplorable situación, al poner en peligro el suministro de alimentos por la proximidad de la época de siembra que reclamaba con urgencia el retorno de los soldados -que en realidad eran campesinos reclutados a

---

[134] En el texto original: "a farmer driving his cattle or leading his pack horse with a military rifle strapped across his back, while the butt ends of revolvers and automatics produced telltale creases in the garments of such male Nicaraguans as one met or did business with in town". Stimson, *American Policy in Nicaragua*, 46.

[135] Las mujeres nicaragüenses a los Señores Representantes de Estados Unidos Mr. Stimson y Mr. Eberhardt, 29 de abril de 1927. *USDS 817.00/4954: STIMSON PAPERS*. Disponible en: http://www.sandino-rebellion.com/images/Top100/Stimson/DSC01533.JPG (Visitado 5.11.2014)

[136] Cuadra Pasos, "Historia de Medio Siglo," 666.

[137] Confidential for Stimson and Eberhardt, April 10, 1927, vol 1-8, Henry L. Stimson, Henry Lewis Stimson Diaries (New Haven Connecticut: Yale University Library, 1971) microfilm roll 1.

la fuerza- a sus faenas agrícolas.[138] En estas circunstancias, en donde la catástrofe parecía ser inevitable si no se le ponía fin al retumbar de las armas, no faltaban las apelaciones a Stimson para que involucrara directamente a los marines en la contienda bélica o que éstos se retiraran por completo, permitiendo así a los liberales vencer definitivamente.[139]

Sin embargo, la estrategia del enviado especial se basaría, por un lado, en amenazar a los liberales con obligarlos si fuese necesario por la fuerza a deponer su rebelión y, por el otro, en prometerles una auténtica oportunidad de llegar al poder garantizándoles elecciones no fraudulentas.[140] Así, el primero de mayo, al reunirse con el General Moncada en la localidad de Tipitapa, cuando el ejército constitucionalista se encontraba "a las puertas de la Capital",[141] Stimson le dijo muy claramente: "es imperiosa la paz. Tengo instrucciones de conseguirla por bien o por la fuerza".[142] Esto significaba que los liberales estaban obligados a aceptar la permanencia de Adolfo Díaz en la presidencia de la República hasta las elecciones presidenciales que se celebrarían el próximo año, las cuales serían supervisadas por los Estados Unidos o, mejor dicho, ejecutadas por los marines. Adicionalmente, a cambio de la capitulación y su completo desarme, se entregaría a los liberales la jefatura de "seis departamentos" con el fin de que fueran una "balanza en la elección ese control liberal" y de esta manera colaboraran "con los marines en la realización de una verdadera elección libre".[143]

Previamente, el Presidente Díaz había aceptado declarar una amnistía general para todos los adversarios políticos y militares de su administración, así como el desarme completo de las tropas gubernamentales. Esta imposición del Departamento de Estado fue aplicada a los dos bandos, ya que era vista como una condición

---

[138] Wünderich, Volker. Sandino, p 58.

[139] Carta de H. J. Lacayo a Henry L. Stimson, Managua, abril de 1927. *USDS 817.00/4954: STIMSON PAPERS*. Disponible en: http://www.sandinorebellion.com/Top100pgs/Top100-p100.html Visitado (06.11.20014)

[140] Dodd, *Managing Democracy in Central America*, 13.

[141] Moncada, *Estados Unidos en Nicaragua*, 6.

[142] Ibid.

[143] J. M. Moncada, "Bajo El Espino Negro," citado en A. Somoza, *El verdadero Sandino o el calvario de Las Segovias* 2da. (Managua: Edit. y Lito. San José, S.A, 1976), 28.

indispensable para asegurar la ecuanimidad de los próximos comicios, por cuyo cumplimiento estaban dispuestos a usar su poderío militar para forzar a quien no estuviera dispuesto a entregar sus armas.[144] La responsable en el futuro de mantener la paz y el orden público sería una nueva Guardia Constabularia, bautizada con el nombre de Guardia Nacional.[145] También, el gobierno conservador se vio obligado a tomar las medidas necesarias para regresar a "la condición política existente en Nicaragua antes del golpe de estado chamorrista".[146] Por eso, fueron restituidos los jueces liberales en la Corte Suprema de Justicia que habían sido removidos de su cargo durante la presidencia de Emiliano Chamorro y se reintegró a los diputados liberales expulsados "ilegalmente" del Congreso.[147]

Este acuerdo y la decisión de Moncada de rendirse ante los dictados de los Estados Unidos han sido vistos como una traición. Para Vargas, fue una traición a los "sectores populares" que apoyaron la rebelión contra el dominio conservador y una medida encaminada a mantener "el orden burgués".[148] Gregorio Selser, por su parte, ha visto este convenio de paz como una traición de Moncada a Nicaragua, a su Partido y al Vice Presidente Sacasa, motivada por sus aspiraciones políticas de llegar a la presidencia.[149] Esta misma ambición política se la han atribuido otros autores más contemporáneos.[150] En términos similares a Selser, Sergio Ramírez ha interpretado este acontecimiento, cuando lo describe como un acto de traición a la Patria y de sumisión a los intereses de los Estados Unidos.[151]

Sin embargo, hablar de una traición a los estratos bajos y de la clara voluntad de mantener en pie un orden o sistema social específico que se encontraba en peligro, resulta poco plausible. La Guerra Constitucionalista era esencialmente una lucha por el control del Estado nicaragüense, cuyo fin no era lograr la transformación del

---

[144] The Department of State, *The United States and Nicaragua*, 77.

[145] Agreement for the Establishment of the Guardia Nacional of Nicaragua, Signed December 22, 1927," en ibid., 131.

[146] Stimson, Henry L. The Personal Representative of the President of the United States in Nicaragua (Stimson) to General Moncada, Tipitapa, May 11, 1927. *FRUS 1927*, 346.

[147] Ibid.

[148] Vargas, Historia del Siglo XX, 165-66.

[149] Gregorio Selser, *Sandino: General de Hombres Libres* (Managua: Aldilá editor, 2004), 207.

[150] Frances Kinloch Tijerino, "El conflictivo siglo XX y la Nicaragua contemporánea," en *Enciclopedia de Nicaragua*, 133. Wheelock Román, *Imperialismo y Dictadura*, 136.

[151] Ramírez, *Sandino y los Partidos Políticos*, 19.

orden social y de las estructuras excluyentes relativas a los estratos bajos. Se trataba de superar la exclusión política a la que estaban sometidos los liberales a través de sacar del poder a los conservadores o, por lo menos, de recuperar el derecho a poder controlar en el futuro las riendas del Estado que, desde 1909, Estados Unidos les había negado y había otorgado únicamente a sus enemigos. En este sentido, no se trataba de un enfrentamiento en el que estuviera en juego la continuidad o superación del orden social vigente. Los puntos del acuerdo demuestran claramente cómo la lucha de los liberales no tenía otra meta que recuperar el poder político perdido y que carecían de motivos ideológicos. Moncada lo dejó muy claro cuando afirmó que la aspiración de los liberales y el motivo de iniciar un enfrentamiento era "que los americanos del Norte empleen con los liberales la misma vara de medir que han usado con los conservadores".[152]

Tampoco se puede sostener que en el acuerdo de Tipitapa a Moncada se le aseguró o prometió que sería el próximo presidente, una vez finalizado el período de Adolfo Díaz. No hay una fuente histórica para comprobar la existencia de este tipo de arreglo. Solamente se puede especular sobre el cálculo que pudo o no pudo haber tenido en mente el General Moncada, cuando llegó a un acuerdo de paz con Stimson. El hecho que en las elecciones de 1928 saliera electo como Presidente de Nicaragua, demuestra la pre-existencia de su ambición y nada más, puesto que después de las conversaciones de mayo de 1927, Moncada todavía tenía que luchar dentro de su Partido para llegar a ser el candidato presidencial, pues una parte del Partido Liberal -denominada "sacasista"- favorecía la candidatura de Juan Bautista Sacasa. A ésta se oponían los "veteranos" del Ejército Constitucionalista, para quienes el candidato del Partido Liberal debía ser José María Moncada por sus méritos militares ganados en la reciente contienda bélica.[153] Lo anterior demuestra cómo la candidatura presidencial de Moncada no estaba resuelta después de su encuentro con Stimson y mucho menos su ascenso a la presidencia. Todavía faltaba superar la resistencia de "los jerarcas del Partido" y su pretensión de monopolizar la candidatura presidencial.[154]

---

[152] Moncada, Bajo El Espino Negro, 29.
[153] Mena Solórzano, "Los Arquitectos de la Victoria Liberal," 21.
[154] Ibid.

Al ignorarse el conflicto en el Partido Liberal en torno a la candidatura de Moncada, se pasa por alto cómo la jerarquización social condicionó el enfrentamiento político tanto a lo interno de los partidos de conservadores y liberales, como en el enfrentamiento entre ambos. La disputa por quién sería el candidato del liberalismo para las elecciones de 1928 demuestra cómo aquí -al igual que sucedió en el Partido Conservador- existía una jerarquización interna y una atribución desigual de los derechos políticos, determinada por la procedencia social de la persona en cuestión. Así, los integrantes de "la camarilla oligárquica de León"[155] -como denominó Volker Wünderich al estrato alto leonés pertenecientes al partido liberal- reclamaba de manera restringida a sus miembros el acceso a la presidencia de la República. A esta camarilla no pertenecía Moncada. Por ello, lo "desestimaron por mucho tiempo" relegándolo siempre a ser "una figura secundaria dentro de la dirigencia del Partido Liberal".[156] En las palabras de un militante liberal de la época, se pretendía "hacer prevalecer el sistema de »señores y siervos«, se empeñaban en que los que carecen de pergaminos y escudos de armas -por muchos méritos personales que tengan o eficientes servicios que hayan hecho a su Partido-, no lleguen a la Primera Magistratura del Estado".[157] Esta exclusión a la que estaba sometido Moncada y otros que, como él, no pertenecían a la oligarquía liberal leonesa, se basaba también en lo que aquí se ha señalado como la expresión geográfica de la estratificación social de Nicaragua. Dentro de este esquema, las aspiraciones políticas de Moncada no eran legítimas por ser éste originario de un pequeño pueblo del Pacífico, llamado Masatepe,[158] perteneciente a la zona de dominio de los conservadores granadinos y no de una de las familias de la ciudad de León.

Tal como había sucedido con los conservadores, se quería imponer un acceso diferenciado a los altos cargos en el Estado y en el Partido, a partir del origen social y geográfico del aspirante. En este sentido, las pretensiones de Moncada de ser el candidato liberal y Presidente de Nicaragua eran también un ataque al dominio

---

[155] Wünderich, *Sandino*, 53.

[156] Borgen, *Una vida a la orilla de la historia*, 52.

[157] Mena Solórzano, "Los Arquitectos de la Victoria Liberal," 22.

[158] Gustavo Mercado, *José María Moncada: Vivir Haciendo Historia* (Managua: Fondo Editorial CIRA, 2002), 14.

excluyente del estrato alto leonés sobre el Partido Liberal. En este contexto, se puede considerar plausible que el cálculo de Moncada haya sido apoyar la lucha armada y aceptar el arreglo de paz propuesto por Stimson para tener mayores posibilidades de llegar a la presidencia. Esto, con una victoria del Ejército Constitucionalista sobre los conservadores que hubiera puesto a Sacasa en el poder, habría resultado más difícil, al fortalecer a la camarilla leonesa. Sin embargo, lo anterior se puede afirmar únicamente como una conjetura, no como una certeza.

Para explicar la capitulación de los liberales, otras dos razones resultan haber tenido mayor peso: la percepción de cuán inútil resultaba proseguir la guerra enfrentándose ahora a los marines y la idea de que el buen desarrollo en el futuro de Nicaragua sólo era posible bajo la tutela de los Estados Unidos. En el primer punto, la experiencia de la guerra de 1912 era un precedente importante. Durante el encuentro de Stimson con Moncada, este último tuvo en mente lo sucedido en 1912 como un sacrificio.[159] Por eso, seguir adelante significaba "obligar al pueblo nicaragüense a derramar su sangre generosa en estéril y triste sacrificio".[160] Era una confrontación imposible de ganar, por ser Estados Unidos mucho más fuerte. La manifestación más clara de esta superioridad se encontraba en su mayor número de habitantes. Ante esa ventaja, un enfrentamiento bélico era un combate desigual en donde Nicaragua con su escasa población de ochocientos mil se enfrentaría a ciento veinte millones[161] de norteamericanos.

Además, para Moncada "la influencia de Estados Unidos en Nicaragua" era benéfica y deseable, ya que este control político forjaría "las prácticas republicanas".[162] De manera que con la intervención militar y financiera surgiría la democracia y se pondría fin a la violencia política que había marcado la historia del país desde la independencia. En el sustrato de estas ideas, radicaba la visión de los nicaragüenses como violentos y necesitados de los Estados Unidos para ser instruidos en cómo hacer política

---

[159] Moncada, *Estados Unidos en Nicaragua*, 8.

[160] J. M. Moncada, A mis conciudadanos, al Ejército Constitucionalista, Managua 5 de mayo de 1927. *USDS 817.00/4954: STIMSON PAPERS*. Disponible en: http://www.sandinorebellion.com/Top100pgs/Top100-p100c.html (visitado 22.11.2014)

[161] Moncada, *Estados Unidos en Nicaragua*, 6.

[162] Moncada, *Monografía Histórica*, 8.

sin recurrir a las armas. Así, el rendimiento ante la amenaza de Stimson, no era concebido como un acto de traición a la Patria, sino que más bien era entendido como la decisión correcta, pues el futuro bienestar de Nicaragua lo ameritaba y sólo se podía alcanzar bajo el dominio foráneo. En este punto, la coincidencia con Adolfo Díaz sobre los efectos que esperar de la subordinación a los Estados Unidos era unánime y evidencia cómo el conflicto entre liberales y conservadores no se basaba en diferencias de principios ideológicos o proyectos políticos opuestos. Más bien, la disputa -como le declaró Díaz al periodista Samuel Crowther- se centraba en primer lugar en el tema de quién debía ocupar la silla presidencial[163] y no en cómo debería ser el futuro de Nicaragua y cuáles serían las mejores medidas que tomar para llegar a ello.

---

[163] Crowther, *The romance and rise of the American tropics*, 326.

"Tiene ideas muy diferentes":
el carácter revolucionario de Sandino y el sistema político de Nicaragua

No obstante, el beneplácito con esta situación de sometimiento no era generalizado. Dos generales liberales, Augusto C. Sandino y Francisco Sequeira, alias "Cabuya", se negaron a deponer las armas después del acuerdo de Tipitapa.[164] La resistencia de Cabuya no fue de mucha duración. El 26 de mayo por la noche, los marines atacaron su casa en El Viejo, pueblo situado en el departamento de Chinandega, matándolo a balazos en su alcoba junto a su pareja, Concepción Alday.[165] Sandino, por su parte, antes de aceptar y obedecer "al Pacto Moncada-Stimson", se retiró a Jinotega, la ciudad más importante de la región fronteriza y marginal de Las Segovias. Desde ahí anunció su propósito "de pelear contra la piratería yankee",[166] pues subordinarse a los dictados impuestos en Tipitapa equivalía, -en sus palabras- a "vivir como esclavos",[167] es decir, a perder el derecho de autogobernarse y ser obligados a obedecer los dictados de los Estados Unidos de Norteamérica. Al mismo tiempo, el proceder de Moncada lo interpretaba como una venta de este derecho, al entregarlo a cambio del dinero del desarme y la cuota de poder de las seis jefaturas departamentales. De ahí que para Sandino, tanto Moncada como Adolfo Díaz y Emiliano Chamorro habían traicionado y vendido a la Patria, al someterse a la interferencia extranjera.

En este punto, se muestra la divergencia de las ideas de Sandino frente a los políticos nicaragüenses contemporáneos, pues, a diferencia de cómo los políticos de la época se habían opuesto al control de los Estados Unidos sobre Nicaragua al ver amenazados sus intereses particulares y sus aspiraciones políticas, para Sandino se trataba de la defensa de un derecho de los habitantes de Nicaragua

---

[164] Michelle Dospital, *Siempre más allá: El Movimiento Sandinista en Nicaragua, 1927 – 1934* (Managua: IHN/CEMCA, 1996), 20.

[165] Neill Macaulay, *The Sandino Affair* (Chicago: Quadrangle Books, 1967), 46.

[166] Augusto C. Sandino, "*Todos menos uno, mayo de 1927,*" en *El Pensamiento Vivo. Tomo I* (Managua: Editorial Nueva Nicaragua, 1984), 100.

[167] Augusto C. Sandino, "Circular a las autoridades locales de todos los Departamentos. 23 de mayo de 1927" en ibid., 109.

y del principio de soberanía del Estado. Por ello, las palabras de Moncada no resultaron gratuitas cuando vaticinó, al inicio de la Guerra Constitucionalista: "Creo que él se alzará en armas, [...], pues tiene ideas muy diferentes de los demás y de las mías".[168] Son, precisamente, estas ideas las que se analizarán a continuación, partiendo de las siguientes interrogantes: ¿Hasta qué punto eran las ideas de Sandino y de su movimiento político, una negación del funcionamiento del sistema político nicaragüense? Y ¿constituían estas ideas una alternativa a la forma de operar del sistema? Es decir, ¿significaban las ideas de Sandino la posibilidad de que el sistema político nicaragüense operara de otra forma?

Responder estas interrogantes permitirá establecer cuán revolucionario fue Sandino y su movimiento político. Cuando se habla aquí de revolucionario o de revolución, se entiende -siguiendo a Niklas Luhmann- la aparición o introducción en el sistema político de su propia negación,[169] que al mismo tiempo perfila la posibilidad de que éste opere y se organice de otra forma. Se trata de transformarlo al negarlo y, con esa negación, reconstituir un sistema que opera basándose en otras nociones y estructuras sociales. De acuerdo con esta definición del concepto de revolución, se puede decir que Sandino fue un revolucionario, pues presentó una negación de lo que era la política nicaragüense y le contrapuso otra forma de operar.

En este sentido, no se considera que el carácter revolucionario de Sandino sea un asunto de clase social o de extracción de clase, tal como lo ha visto la historiografía marxista calificando a sus tropas de "ejército proletario"[170] y sostener que la demanda de reformas sociales de Sandino "cuestionaba al capitalismo al atacar las bases misma en que se formó y se sustentaba".[171] Esta interpretación, como se ha señalado anteriormente, no sólo se basa en la errónea idea de la existencia de un sistema económico capitalista en Nicaragua a finales del siglo XIX e inicios del siglo XX sino que, a la vez, atribuye al movimiento político de Sandino objetivos que no perseguía. Como ha recalcado Volker Wünderich, las ideas políticas de

---

[168] Moncada, *Estados Unidos en Nicaragua*, 9.

[169] Niklas Luhmann, *Die Politik der Gesellschaft* (Frankfurt am Main: Suhrkamp 2002), 208.

[170] Wheelock Román, *Imperialismo y Dictadura*, 133.

[171] Vargas, *Historia del Siglo XX*, 113.

Sandino no eran intrínsecamente adversas al capitalismo y resulta equivocado atribuirle a Sandino que persiguiera la realización de un programa socialista o estuviera tajantemente en contra de la propiedad privada.[172] Por esta razón, también se dio el rompimiento con la Internacional Comunista y con el representante de ésta en su Estado Mayor, el salvadoreño Agustín Farabundo Martí, quien se había unido al movimiento sandinista en junio de 1928, para persuadir a Sandino de luchar decididamente por el comunismo, siguiendo los dictados de la Internacional.[173]

Sin embargo, sí pretendía representar y defender los intereses de los estratos bajos y excluidos, como era el caso de los campesinos en Las Segovias, dedicados al cultivo de tabaco, quienes reclamaban la liberación de este cultivo, restringido fuertemente por el Estado.[174] Esta voluntad se muestra también cuando declara pertenecer a los estratos sociales bajos de Nicaragua y fundamentar la legitimidad y el derecho de llevar a cabo su lucha en base a dicha procedencia. Así, en julio de 1927, escribe: "Soy nicaragüense y me siento orgulloso porque en mis venas circula, más que todo, la sangre india [..]. El vínculo de nacionalidad me da el derecho de asumir la responsabilidad de mis actos".[175] Tal como estaba consciente el mismo Sandino, en la Nicaragua de aquellos años, esto significaba adjudicarse a sí mismo y a los estratos bajos el derecho de inmiscuirse activamente en determinar cuál debía ser el destino del país, algo que los estratos superiores les negaban. Por ello, en el mismo texto afirma que "no importa" la deslegitimación que impulsarán los estratos altos en su contra al tildarlo de "plebeyo".[176] Dadas las implicaciones de este posicionamiento de Sandino, no se puede dejar de considerarlo como revolucionario, al ser un reclamo y una embestida, hasta ese momento inéditos, a favor de la inclusión de los excluidos desde la posición de excluido, ya que los liberales que siempre habían proclamado defender al pueblo y liberarlo de la opresión oligárquica, nunca le adjudicaron a éste un papel activo. Éste no es el caso de Sandino quien, al declarar haber salido "del

---

[172] Wünderich, *Sandino*, 100.

[173] Donald Hodges, *Intellectual Foundations of the Nicaraguan Revolution* (Austin: Univesity of Texas Press, 1986), 97-98.

[174] Wünderich, *Sandino*, 100.

[175] Augusto C. Sandino, "Manifiesto 1 de julio de 1927," en *El Pensamiento vivo. Tomo I*, 117.

[176] Ibid.

seno de los oprimidos",[177] desacatar el acuerdo entre Moncada y Stimson e iniciar una guerra en contra de la intervención de los Estados Unidos, se está otorgado a sí mismo y a los estratos bajos el derecho a participar en la política nicaragüense y a determinar cuál debe ser el destino propio y del resto del país. Como escribe Michelle Dospital, sobre los soldados del EDSN, éstos "ya no son actores pasivos sino protagonistas de una lucha que consideran suya".[178] Una expresión más de este empoderamiento efectuado por Sandino y su ejército es el reclutar a sus soldados de manera voluntaria y no forzadamente, como lo hacían los liberales y conservadores. Así, quien se les unía, lo hacía por su identificación con la causa defendida y era consciente de ello. En comparación con los otros políticos de su época, quienes eran ajenos a declarar los intereses de los estratos bajos como objetivos políticos propios para ser defendidos, inclusive, si fuere necesario, con las armas, y a otorgar a sus soldados este papel activo, Sandino y su movimiento resultan ser revolucionarios, puesto que se rigen bajo parámetros diferentes y contrarios al de conservadores y liberales.

Desde el inicio de su rebelión en contra de la intervención de los Estados Unidos, Sandino abogó por un desarrollo económico incluyente para los estratos bajos. Su Manifiesto del 1 de julio de 1927 es una clara muestra. En dicho escrito, demanda invertir el rédito del funcionamiento de un futuro canal por Nicaragua, en el mejoramiento de la infraestructura de transporte del país y en la educación de la población. En la visión de Sandino, el canal nicaragüense debía ser un proyecto mundial con control mayoritario de los países latinoamericanos. De esta manera, creía: "tendríamos suficientes ingresos para cruzar de ferrocarriles todo nuestro territorio y educar a nuestro pueblo en el verdadero ambiente de democracia efectiva".[179] Asimismo, exigió las siguientes reformas para mejorar las condiciones de vida de los estratos bajos: el financiamiento de la educación de los hijos por parte de las empresas que empleaban a sus padres, reducir la jornada laboral a ocho horas, el pago de las horas extras, la entrega de salario en efectivo y no en forma de cupones para ser usados únicamente en las tiendas de la

---

[177] Ibid.

[178] Dospital, *Siempre más allá*, 23.

[179] Sandino, "Manifiesto 1 de julio de 1927," 120.

compañía emisora de éstos, eliminación de las diferencias salariales según el género, la fundación de un ministerio del trabajo, que se legislara en materia de trabajo infantil y el otorgamiento del derecho a fundar sindicatos.[180] En esencia, para Sandino, los empresarios y patrones tenían una "sagrada deuda [...] con el obrero miserable, semidesnudo y minado por el paludismo".[181]

Crucial para generar esta lucha a favor de la inclusión de los estratos bajos es su idea de igualdad, la cual es adversa a la estratificación social imperante en la Nicaragua de aquellos años; para Sandino, percibir a los nicaragüenses como pertenecientes a diferentes estratos ordenados jerárquicamente, no era correcto. En una carta a un conservador de Jinotega, Sandino afirma que todos los nicaragüenses "siempre hemos pertenecido a la clase común", ya que durante la colonia y la conquista de América "nunca vino ningún noble perteneciente a las familias privilegiadas de la Europa".[182] Por lo tanto, no era admisible diferenciar entre personas de la alta sociedad y la masa rústica, siendo todos los nicaragüenses de un mismo estrato social como es "la clase común". Esto igualmente significaba que todos los nicaragüenses tenían los mismos derechos. Por ende, él y los integrantes de su ejército -quienes no procedían de ninguna de las familias de la alta sociedad de Granada o León- estaban facultados a rebelarse en contra de la intervención de los Estados Unidos de Norteamérica en Nicaragua, aceptada complacientemente por los líderes conservadores y liberales.

No obstante, pese a que en sus declaraciones políticas se posicionaba contrarias a concebir a Nicaragua según esquemas jerárquicos, no era totalmente capaz de evitarlas. En una conversación con el periodista español Ramón de Belausteguigoitia, durante la visita de éste al campamento militar del EDSN, salió a relucir la diferente valoración que hacía Sandino entre quienes se encontraban más cerca de ser españoles frente a aquellos cuya fisonomía y cultura eran marcadamente indígenas. Durante este diálogo, se le interrogó

---

[180] Hodges, *Intellectual Foundations of the Nicaraguan Revolution*, 92. Alejandro Bendaña, *Sandino: Mística, Libertad y Socialismo* (Managua: Centro de Estudios Internacionales, 2007), 63.

[181] Augusto C. Sandino, "Nota al capitán Hatfield, 12 de julio de 1927" en *El Pensamiento Vivo. Tomo I*, 121.

[182] Augusto C. Sandino, "Carta a José Hilario Chavarría, 12 de mayo de 1931," en *El Pensamiento Vivo. Tomo II.* (Managua: Editorial Nueva Nicaragua, 1984), 174.

sobre su esposa, ocasión que aprovechó para presentarla al visitante europeo con las siguientes palabras: "Mi señora es de aquí, con un noventa y cinco por ciento de española. Aquí los españoles se mezclaron poco con los indios".[183] Esta celebración y el énfasis que hace de cuán española es su esposa contrastan notoriamente con las palabras usadas para referirse a los soldados indígenas presentes, de quienes afirma -después de someterlos a una demostración de los múltiples idiomas que dominan- que "sí son inteligentes" y añade como ambiciona "llegar con la colonización para levantarlos y hacerlos verdaderos hombres".[184] El señalamiento sobre la inteligencia de los indígenas y la voluntad de transformarlos en "verdaderos hombres" revela la percepción desigual que existe de éstos frente a él y su visitante español. Más bien, el elevarlos a la categoría de hombres para hacerlos iguales es todavía una tarea pendiente; de ahí el señalamiento de la necesidad de realizar este proceso, al cual se alude con el concepto de colonización. A su vez, la constatación de la inteligencia de los indígenas hace referencia a que existen las condiciones necesarias para llevar a cabo este acometido y -sin decirlo explícitamente- demuestra un concepto de los indígenas, vistos como carentes de inteligencia. De lo contrario, no existiría la necesidad de afirmar que la poseen. Simplemente se asumiría como algo presupuesto y no se requeriría afirmarlo.

Otro aspecto en el que Sandino reproduce un elemento del sistema político nicaragüense es su negativa a aceptar la diferencia de criterios. Según su perspectiva, los Estados Unidos se entrometían en Nicaragua con el fin de impedir la realización de "los sinceros impulsos de unificación"[185] de los nicaragüenses. Además, revolvían "hondamente nuestros asuntos pendientes, de manera que se encienda el odio entre nosotros y continuemos desunidos y débiles".[186] De acuerdo con este punto de vista, el conflicto político en Nicaragua no era obra de las diferencias de criterio, aspiraciones e intereses de los nicaragüenses, sino algo introducido decididamente por los Estados Unidos. La consecuencia de este razonamiento es mantener la aspiración a la unidad o unanimidad

---

[183] Ramón de Belausteguigoitia Landaluce, *Con Sandino en Nicaragua: la hora de la paz* (Madrid: Espasa-Calpe, 1934), 192.

[184] Ibid., 193.

[185] Instituto de Estudios del Sandinismo, *Ahora sé que Sandino manda*, 76.

[186] Ibid.

de criterio y, con ello, negar la confrontación de diferentes ideas y aspiraciones contrarias como parte de la política, y la necesidad de acordar medios pacíficos para dirimir el conflicto. Además, el no aceptar la divergencia política deja sin resolver justamente el problema que se le adjudica. En este punto, poco se diferenció Sandino de sus contrapartes, liberales y conservadores, quienes encontraban en la misma falta de unidad de criterio, la causa de los problemas políticos de Nicaragua.

Sin embargo, lo anterior no hace a Sandino y su movimiento menos revolucionario, en comparación con su entorno social y político. El no pretender enriquecerse a costa del Estado nicaragüense es otra demostración de su divergencia y negación de la forma predominante de hacer política en Nicaragua. Este rechazo a hacer del Estado un bien de usufructo personal era un quiebre radical con las nociones patrimonialistas de los políticos nicaragüenses, para quienes, el gobernar les otorgaba el derecho a usufructuar los recursos tanto públicos como privados. El rehusarse a acatar el acuerdo de Tipitapa lo constata. Con su decisión, estaba rechazando el poder ser el jefe político de Jinotega y los 10 córdobas por rifle entregado que se le pagarían.[187] De esta manera, Sandino repudia claudicar a cambio de 8000 córdobas y el poder y estatus social asociados al ser el jefe político de un departamento. Aquí se ve cómo el beneficio personal está supeditado a la obligación moral de lograr los objetivos políticos de la lucha, aun si significa la propia muerte. Así, en una misiva dirigida a Moncada, manifiesta: "Yo no me vendo, ni me rindo: tienen que vencerme. Creo cumplir con mi deber y deseo que mi protesta quede para el futuro escrita con sangre".[188] La negativa a reproducir este tradicional patrimonialismo del sistema político nicaragüense era también importante para legitimar su liderazgo, al cimentarlo en su ejemplo de moral y de fidelidad a los ideales de la rebelión. A la vez, su fidelidad a los ideales políticos está sustentada en una noción del sentido de la política o de estar involucrado en la contienda política, completamente diferente del que le atribuían conservadores y liberales. No se trata de hacer la guerra para controlar el Estado

---

[187] Moncada, *Estados Unidos en Nicaragua*, 6.
[188] Agusto C. Sandino, "A José María Moncada. 24 de mayo de 1927," en *El Pensamiento Vivo. Tomo I*, 111.

de manera monopólica y de usufructuar los recursos públicos para provecho personal. Se hace política y se practica la violencia política con un fin preciso: el de terminar con la intervención de los Estados Unidos y cambiar las condiciones sociales existentes en Nicaragua. Obtener algún rédito para sí mismo, la familia o los amigos y allegados estaba vedado y hubiera mermado la credibilidad de Sandino y del EDSN.

Todo esto era el resultado tanto de la importancia dada a la consecución de los fines patrióticos y sociales de la rebelión, así como del compromiso esperado de sus integrantes con éstos, por encima de las lealtades personales. En la entrevista de Sandino con el poeta Max Grillo, en junio de 1928, se muestra inequívocamente como el hecho de conseguir los fines de la organización está por encima de obtener cualquier provecho privado. En ésta, Sandino afirma haber recibido la propuesta de rendirse a cambio de cincuenta mil dólares y no haberla aceptado, ya que no estaba dispuesto a "traicionar" su "causa".[189] En otras palabras, no está dispuesto a abandonar su lucha en contra del dominio militar y económico de los Estados Unidos sobre Nicaragua, para enriquecerse. Esta convicción y férreo compromiso político eran el resultado de un ideario capaz de movilizar a los integrantes del EDSN, algo que, en el caso de los liberales y conservadores, no existía de forma alguna.

En comparación con los conservadores y liberales, las ideas políticas de Sandino se encuentran más cerca de lo que aquí se entiende por ideología política, en el sentido de que tiene una noción de lo que es la sociedad deseada y una estrategia de cómo llegar a ésta. Para Sandino, la sociedad deseada o ideal es aquella donde no existe la enorme desigualdad social predominante en la Nicaragua de inicios del siglo XX. De ahí que defina el concepto de injusticia como el acaparamiento de los recursos materiales en las manos de unos pocos, es decir, la distribución desigual de la riqueza. En una carta de octubre de 1930, escribe: "la injusticia se enseñoreó sobre la tierra y las grandes existencias de lo necesario para la vida del género humano han estado en manos de unos

---

[189] Max Grillo, "Augusto C. Sandino, héroe de Hispanoamérica, 2 de junio de 1928" en *El Pensamiento Vivo*. Tomo I, 268-269.

pocos señorones".[190] La existencia de la idea de cómo debería ser Nicaragua, que es la negación de la Nicaragua existente, le permitió definir una causa política por la cual luchar y organizar un ejército, en donde las lealtades basadas en las relaciones personales estaban en un segundo plano.

Una clara evidencia de que las lealtades personales se encontraban subordinadas a las metas políticas del movimiento es cómo Sandino define la traición: como un acto en contra del movimiento político, de la Patria, o del pueblo; pero no, contra Sandino. Así por ejemplo, escribe en octubre de 1927: "los cobardes que vendieron la justicia del pueblo para entregarlo inerme a nuestros enemigos, han caído en el más negro crimen de traición".[191] En esta cita, la traición es un acto criminal cometido en contra del pueblo y no en contra de Sandino. Los traidores son aquellos políticos como Emiliano Chamorro, Adolfo Díaz y José María Moncada, que aceptan sumisamente los dictados de los Estados Unidos y que con ello no actúan a favor de los intereses del país.[192] La traición no consiste en romper los vínculos de lealtad estrechados con una persona en particular; más bien, significa tomar decisiones o actuar de manera perjudicial al bienestar del país. Esta despersonificación del concepto de traición es igualmente otro quiebre importante con la forma como operaba el sistema político nicaragüense.

Un elemento crucial para comprender por qué se le otorga tal importancia a la causa, son las nociones religiosas con las que Sandino legitima tanto su lucha, como su liderazgo político. El recurrir a un lenguaje religioso, no solamente obedecía a las propias creencias de Sandino, sino que también contribuyó el entorno social de Sandino en Las Segovias, pues, como señala Wünderich, estaba sumamente marcado por una cosmovisión religiosa compuesta principalmente por las creencias de los diferentes pueblos indígenas de la región y, en menor medida, por la iglesia católica. Dentro de este contexto, un fenómeno recurrente era el surgimiento de líderes políticos y militares a los que se les atribuía estar dotados de

---

[190] Augusto C. Sandino, "Carta al coronel Abraham Rivera, 14 de octubre de 1930," en *El Pensamiento Vivo. Tomo II*, 147.

[191] Augusto C. Sandino, "Carta a Berta Munguía. 22 de octubre de 1927," en *El Pensamiento Vivo. Tomo I*, 168.

[192] Donald Hodges, *Intellectual Foundations of the Nicaraguan Revolution*, 127.

poderes sobrenaturales. De Sandino se decía que era clarividente, y se atestiguaba haberle visto rodeado de un doble arco-iris, como manifestación de su santidad.[193] Sus soldados tenían la creencia de que su líder era "un escogido por el Destino o la Providencia".[194] El mismo Sandino fomentaba esta noción sobre su persona, cuando afirmaba ser "un instrumento de la justicia divina para redimir a este pueblo".[195] Así, el lenguaje religioso del movimiento de Sandino fue un factor decisivo para garantizar la continua movilización de sus integrantes y la adhesión de nuevos.

Un componente central era la "idea redentora",[196] giraba en torno a la noción de liberar al pueblo de la explotación que sufría a diario. Esta redención social impulsada por Sandino permite explicar por qué las lealtades personales eran de menor importancia. Implícita en ella iba la idea de que, al lograr la redención colectiva, se obtenía la liberación individual de la explotación y humillación cotidianas, experimentadas por pertenecer a los estratos bajos.[197] De esta forma, la mejoría de vida de cada seguidor de Sandino no dependía de la cercanía que se tenía con el caudillo (Sandino) ni de la mayor cantidad de favores intercambiados. Al contrario, la realización de la causa común era la que traería el bienestar personal anhelado, no los vínculos personales o la posición ocupada en la jerarquía militar. Por esta razón, las relaciones personales no eran el factor decisivo para lograr una vida mejor, sino el alcanzar los acometidos de la lucha que el EDSN llevaba a cabo. Esto, en el lenguaje religioso del movimiento de Sandino, se llamaba redención. El uso de estas nociones religiosas muestra cómo el movimiento político de Sandino era un híbrido o un entrelazamiento de elementos modernos y tradicionales, pues, aunque justificaba su lucha política y su levantamiento armado con conceptos religiosos, su propósito era absolutamente mundano o, mejor dicho, no era religioso. De esta manera, predominaba una intención política, la de cambiar la situación de Nicaragua, de país ocupado y de exclusión y explotación de los estratos bajos por encima de las nociones

[193] Wünderich, *Sandino*, 118-120.
[194] Belausteguigoitia Landaluce, *Con Sandino en Nicaragua*, 145.
[195] Augusto C. Sandino, "Carta al General Pedro Altamirano, 2 de enero de 1930" en *El Pensamiento Vivo. Tomo II*, 40.
[196] Instituto de Estudios del Sandinismo, *Ahora sé que Sandino manda*, 125.
[197] Wünderich, *Sandino*, 121.

religiosas. Tal como argumenta Wünderich, se puede afirmar que uno de los aportes de Sandino a la política nicaragüense es haberle dado un contenido intra-mundano al lenguaje religioso con el que ésta había sido concebida.[198] De esta manera, politizó la religión al concebirla desde las exigencias de su lucha y proyecto político. En otras palabras, tomó conceptos religiosos para adjudicarles un nuevo significado, relacionado con su lucha política concreta, contrario a la forma de interpretar el conflicto político de acuerdo con esquemas religiosos cuyo referente era la vida en el más allá.

Otra ruptura con la manera de operar del sistema político nicaragüense es la aceptación voluntaria de Sandino de limitar el poder arbitrario de su liderazgo carismático por medio de un reglamento.[199] En este escrito, se establecen primero los objetivos o la razón de ser del "Ejército Defensor de la Soberanía Nacional de Nicaragua" (EDSN), dedicarse: "a la defensa de nuestra Soberanía y al mantenimiento de los derechos del Partido Liberal".[200] Se prohíbe recibir "sueldo diario" y "hostilizar a los campesinos, así como lanzar préstamos forzosos a menos que sea autorizado por el Jefe Supremo, y en tal caso, se deberá comprobar debidamente las cantidades que emplee en proveer a las fuerzas a su mando".[201] El documento se cierra con el juramento, tanto de Sandino como de sus seguidores, de "no tener compromisos políticos con nadie y, por lo tanto, sus actos se ajustan al más elevado patriotismo, asumiendo la responsabilidad de ellos ante la Patria y la Historia".[202] Según el biógrafo de Sandino, Wünderich, este reglamento no estaba destinado al público en general, sino únicamente a los miembros EDSN.[203] De ahí que no puede ser catalogado como un documento de propaganda para legitimarse ante la opinión pública nicaragüense y mundial. Más bien, se trataba de una normativa destinada a regular el comportamiento de los integrantes de este ejército. Nuevamente se nota la importancia dada a los fines patrióticos de esta lucha político-militar y la veda a usar las armas para lograr

---

[198] Wünderich, *Sandino*, 135.

[199] Wünderich, *Sandino*, 89.

[200] Pautas para la organización del Ejército Defensor de la Soberanía Nacional de Nicaragua. 2 de septiembre de 1927," citado en Sandino, *El Pensamiento Vivo. Tomo I*, 141.

[201] Ibid., 143.

[202] Ibid, 143.

[203] Wünderich, *Sandino*, 89.

beneficios personales, como lucrarse saqueando a los campesinos, regla que aplica especialmente a Sandino, al ser el líder principal del movimiento y basar este liderazgo en el ejemplo proyectado, tanto para sus seguidores como para el resto de Nicaragua. Lo anterior no significa que el EDSN no haya llevado a cabo asaltos para obtener los recursos necesarios para saciar las necesidades de los soldados y continuar con sus actividades bélicas. Sin embargo, este tipo de flagelos no se infringía de manera arbitraria; estaban eximidos los campesinos, razón por la cual se recurría a la expropiación de comerciantes, terratenientes y empresas de capital extranjero.[204] Y cuando un miembro del EDSN cometía un atropello, se le castigaba severamente, como fue el caso del coronel Antonio Galeano quien, por ingerir alcohol y violar a una mujer, fue rápidamente fusilado.[205]

En resumen, Sandino y su movimiento armado son, en mayor medida, un ataque a la estratificación social promovida y reproducida por los estratos altos y medios de Nicaragua, aun cuando también presentan nociones sociales y religiosas que tienden a reproducirla. Ello no demerita su carácter divergente y por ende revolucionario, reflejado en su empeño de combatir la exclusión de los estratos bajos, demandar mayor justicia social y un desarrollo económico incluyente. Su negativa a reproducir el patrimonialismo y personalismo del sistema político nicaragüense, así como su fidelidad a sus principios de lucha, lo reafirman. La reproducción de ciertos elementos que configuran su entorno social y político sólo revela cómo Sandino y el EDSN no estaban exentos de contradicciones. Por esta razón, el pensamiento político de Sandino resulta en algunos aspectos divergente de la forma de operar del sistema político nicaragüense, pero en otros, la reproduce. No obstante, en el balance, prima lo divergente por sobre la reproducción de los esquemas constitutivos de su entorno.

---

[204] Wünderich, *Sandino*, 96-97.
[205] Emigdio Maraboto, "Sandino ante el Coloso: La Grandiosa Epopeya de Sandino" en *Augusto C. Sandino: Entrevistas-Reportajes*, Augusto César Sandino et. al. (Managua: Aldilá, 2010), 37.

CONCLUSIONES

CONCLUSIONS

La historia de Nicaragua, de la independencia a la rebelión de Sandino, muestra cómo la poca importancia de las diferencias ideológicas en el conflicto político nicaragüense se debía a la continuidad simultánea y de mutuo condicionamiento de varios factores durante todo el período estudiado. En primer lugar, se puede señalar la permanencia -con diferentes matices- de la estratificación social, heredada del colonialismo español. La característica central de este tipo de diferenciación social es concebir el orden social como una jerarquía dividida en estratos desiguales. En consecuencia, se genera un acceso restringido a una pequeña minoría al sistema político. La situación de América Central, antes y después de la independencia, lo evidencia. Una expresión de esta desigualdad fue la exclusión de los criollos de los puestos políticos más importantes dentro de la burocracia colonial, y la prohibición para los mestizos de poseer tierras. Tal desigualdad y exclusión eran producidas por el carácter estratificado del sistema de dominio colonial que, igualmente, generaba la no diferenciación entre religión y política. Tal falta de diferenciación puede observarse en el lenguaje religioso utilizado por los adversarios de la independencia para atacar a sus enemigos y la no separación entre el Estado y la iglesia. Por ello, muchos miembros del clero católico, en su calidad de religiosos, ocuparon posiciones políticas importantes, realizaron tareas -consideradas en la actualidad- propias del Estado y desempeñaron un papel muy activo en impulsar u oponerse a la independencia, en otras palabras, en el quehacer político.

Una vez lograda la independencia de España, la estratificación social se mantuvo. Una razón se encuentra en el hecho que la independencia no fue el resultado de una lucha en pro de la transformación social de Centroamérica y de descartar la concepción jerárquica del orden social. Por el contrario, la independencia centroamericana fue una medida adoptada para impedir esta alteración. El objetivo era mantener intacto el orden social jerárquico. Por eso, el único cambio acontecido fue el mejoramiento de la posición de los criollos y mestizos, quienes tuvieron la posibilidad de desmontar la exclusión política y económica sufrida durante la colonia. Esto aplicó en mayor medida a los criollos y en menor a los mestizos/mulatos. Para los indígenas, no se dio cambio significativo alguno, al mantenerse la concepción jerárquica del orden social que los situaba en el estrato más bajo de la pirámide social. La percepción del estrato superior (los criollos) respecto de ellos y de los artesanos (mestizos y mulatos), como moral y naturalmente inferiores, permaneció en pie y continuó legitimando la diferenciación social jerárquica. Por lo tanto, se puede decir que después de la independencia, la estratificación continuó siendo la forma de diferenciación social vigente en Centroamérica, tal como lo había sido durante la dominación colonial española.

Ello condicionó severamente las posibilidades de la Federación Centroamericana de llegar a ser una Nación y un Estado, pues no existía la idea de que una persona -a partir de cierta edad- era un ciudadano, independientemente de sus ingresos económicos y su posición social. En consecuencia, la mayoría de la población no era incluida dentro del sistema político. Así, la Federación Centroamericana no podía ser ni llegar a ser una Nación. La idea misma de Nación resulta contraria a un orden social jerárquico y no se puede concebir sin superar la noción jerárquica del orden social, es decir, la diferenciación entre quienes pertenecen a la "primera sociedad", "las ilustres familias" y "los de abajo". Establecer una Nación implica otorgar el mismo derecho a participar en política a todos los miembros de esta "comunidad imaginada" y que, por ende, todo individuo tiene las mismas posibilidades de ejercerlo. Del mismo modo, significa que todo adulto se considera miembro de la Nación y pertenece a esta comunidad política con los mismos derechos y obligaciones. La Nación es ante todo un concepto que genera una inclusión horizontal de la población adulta en el sistema político; supone una pertenencia en igualdad de condiciones a la comunidad política. Esta forma de pertenencia produce el sentido de lealtad y compromiso con la Nación. Pero en donde la desigualdad regula el acceso a la participación política, este sentido de pertenencia no existe y prevalecen otros tipos de lealtad y compromisos políticos, como el clientelismo. Así se explica por qué, en el caso de la Federación Centroamericana y en la historia posterior de Nicaragua, las lealtades personales o locales fueron más fuertes.

Otro factor que impidió la consolidación de la Federación Centroamericana como un Estado soberano fueron las continuas guerras civiles, tanto dentro de los Estados miembros, como contra el Gobierno Federal. Estas guerras eran producto de la combinación de los reclamos de soberanías locales en pugna y la comprensión antitética de la confrontación política. Ambos factores, en conjunto con un ejercicio despótico del gobierno, contribuyeron a instigar los enfrentamientos bélicos. Así, el Estado Federal Centroamericano estaba atrapado en un círculo vicioso. Para imponerse como Estado, requería de pacificar su territorio. Sin embargo, esto sólo era posible hacerlo, si contaba con los recursos financieros adecuados, los cuales no se podían recaudar debido a la difícil situación económica provocada por las guerras. Bajo estas circunstancias, la Federación Centroamericana nunca pudo llegar a ser un Estado viable, e imponerse como autoridad y centro del poder político. El resultado fue el desmoronamiento de la Federación de Centroamericana. Esta situación paradójica deja claro cómo la estabilización y la viabilidad de la Federación Centroamericana como Estado y como Nación no dependía principalmente de la existencia de la base económica adecuada. De igual importancia fue la idea de soberanía ejercida por instituciones locales y la visión dicotómica de la política como una lucha entre buenos y malos. Estos dos factores contribuyeron a considerar el enfrentamiento bélico como la única forma posible de dirimir el conflicto político. En este contexto, el surgimiento de partidos políticos modernos, con claros perfiles ideológicos, era simplemente imposible. La política se limitaba a ganar guerras y asegurar la exclusión política del adversario. Las diferencias ideológicas eran secundarias y estaban subordinadas a las luchas inmediatas por el poder y a lealtades políticas basadas en criterios personales.

Después de que Nicaragua abandonora la Federación Centroamericana, la política nicaragüense continuó centrada en la disputa por obtener el control del Estado. La situación perpetua de guerra civil en el que se sumergió el país a partir de la separación de la Federación no cesó hasta 1858, cuando se logró vencer al filibustero William Walker. A partir de esta fecha, las facciones armadas del estrato superior dejaron a un lado su lucha sangrienta por el poder y se logró mantener cierto grado de estabilidad política. Como lo demuestra el desarrollo posterior del país, lo anterior fue una condición propicia para fomentar el crecimiento del Estado y de la economía. En este sentido, la experiencia traumática de la guerra contra Walker y su ejército filibustero propició la ocurrencia en Nicaragua de un período prolongado de paz y estabilidad política. Fue a partir de este episodio que se tomó en cuenta el efecto negativo que el enfrentamiento armado entre León y Granada tenía para el país. A la vez, esta situación de estabilidad política fue una condición favorable para el crecimiento del Estado. Lo anterior no produjo el fin de los problemas políticos y sociales. Como lo demostró más tarde la llegada a la presidencia de José Santos Zelaya, tal estabilidad política era extremadamente precaria. El éxito de su revuelta liberal dejó patente que el gobierno conservador no logró construir un Estado lo suficientemente fuerte para garantizar la centralización del poder e impedir la ocurrencia de levantamientos armados. Igualmente, las lealtades políticas continuaron ligadas a las comunidades locales y a las redes clientelistas. El sistema político se encontraba fuertemente marcado por el uso -por parte de los políticos en el poder- de los recursos estatales para enriquecerse y una visión sumamente personalizada de la política y del liderazgo político. Un factor importante que contribuyó a mantener esta situación fue la falta de diferenciación entre lo público y privado.

Esta forma de funcionar del sistema político nicaragüense, en conjunto con la estratificación social, hizo que la idea de Nicaragua como una nación no fuera una realidad. Como en el pasado, la estratificación social continuaba moldeando la política y el orden social, de ahí que únicamente los notables y patriarcas dominaran el quehacer político. En general, la mayoría de la población masculina y femenina no tenía acceso al proceso de toma de decisiones políticas. La única forma de oponerse a las decisiones adoptadas por los hombres pertenecientes al estrato superior era con rebeliones violentas y esporádicas. Esta exclusión, igualmente, se reflejaba en cómo estaban organizadas las facciones políticas y en el funcionamiento de la esfera pública. En este ámbito, la única institución existente eran las "tertulias", las cuales eran reuniones sociales de los hombres pertenecientes a las familias del estrato alto, realizadas en algún local privado, como la residencia de una de estas familias. Los hombres que pertenecían a los estratos bajos o inferiores, como por ejemplo los artesanos, tenían igualmente sus reuniones públicas; sin embargo, resulta difícil saber hasta qué punto las opiniones difundidas en estas reuniones tenían alguna influencia sobre las futuras decisiones políticas. No obstante, tomando en cuenta las implicaciones que tenía la estratificación social para la inclusión en el sistema político, se puede sostener que la misma fue extremadamente baja o casi nula. Otra consecuencia de condiciones sociales como las de Nicaragua durante el Siglo XIX, en donde la política es un asunto reservado a una pequeña minoría, es que los partidos y las ideologías políticas resultaban ser innecesarios. La naturaleza oligárquica de inclusión y exclusión política hacía que la formación de las lealtades necesarias para llegar al poder e imponer las decisiones adoptadas, se basara principalmente en las interacciones cara a cara y no en ideas abstractas como son: la nación, el bien común o la justicia social. En otras palabras, el carácter sumamente personalista de la política nicaragüense, combinado con la estratificación social, tornaba a las disputas ideológicas y a los partidos políticos en algo cuya existencia era improbable e innecesaria.

La llegada al gobierno de José Santos Zelaya no alteró esta situación. En estos años, se dieron algunos cambios formales en el carácter excluyente de la política nicaragüense; pero las estructuras sociales causantes de esta exclusión permanecieron intactas. Probablemente, el logro más importante fue la neutralización de la rivalidad entre las ciudades de León y Granada, al convertirse Managua definitivamente en el centro político del país. Una tarea que quedó pendiente fue lograr modernizar el sistema político y económico. Así, aunque se dieron avances importantes en la expansión del aparato estatal y de la infraestructura tecnológica, acompañados de crecimiento económico, Nicaragua continuó siendo un país marcado por la estratificación social y sus repercusiones. El trabajo forzado al que estaban sujetos los estratos bajos era su manifestación más evidente. Tal fue la situación de Nicaragua en el paso del siglo XIX al XX.

El período que inicia con la caída del presidente José Santos Zelaya y su sucesor José Madriz, se puede considerar como la primera fase de la crisis que conduce al fin del dominio exclusivo de la oligarquía criolla sobre la política nicaragüense. La llegada de Bartolomé Martínez es la culminación exitosa de la lucha de los advenedizos por alcanzar la cima del poder. A partir de este momento, la cúspide del Estado ya no estuvo dominada principalmente por las antiguas familias criollas, especialmente las de Granada. El declive en el que entró el Partido Conservador después del golpe de estado liderado por Emiliano Chamorro, conocido como El Lomazo, lo demuestra. A partir de este momento, el conservadurismo en Nicaragua inicia una paulatina caída que culmina en su actual irrelevancia política. Dicho declive político estaba ligado a que su principal función -aunque no única- fue representar los intereses de la oligarquía granadina. Esta pérdida de poder e importancia política se enfatizó sobre todo en la segunda fase de la intervención militar de los Estados Unidos en Nicaragua, cuando las figuras más relevantes del conflicto político eran individuos que no pertenecían al viejo patriciado criollo. Así, el proyecto político de la oligarquía criolla de restablecer su posición privilegiada con base en conceptos coloniales de jerarquización social fracasó. No obstante, no es posible constatar el surgimiento de un sistema político menos excluyente y no jerárquico.

El éxito de quienes habían ascendido socialmente, como Luis Mena, Benjamín Zeledón y Bartolomé Martínez, no necesariamente significó la superación de la estratificación social y de sus mecanismos de exclusión. La persistencia de la exclusión de las mujeres a partir de una concepción de la feminidad como algo opuesto a la política, la no realización de elecciones competitivas y la inclusión netamente clientelista, es decir jerárquica y desigual en el quehacer político de los estratos bajos, evidencian cómo la mayoría de la población adulta continuaba siendo excluida del proceso de toma de decisiones políticas. En consecuencia, se mantuvo la violencia como único mecanismo para alcanzar la alternabilidad en el gobierno y no se logró superar la lógica de mutua exclusión en base a la cual funcionaba la confrontación de los bandos políticos. Tal exclusión mutua se produjo gracias a la visión del conflicto político como una confrontación entre amigos y enemigos o buenos y malos. En consecuencia, se fomentó la polarización política y la violencia, al mismo tiempo que se fortificó la noción personalista de la política. La personalización, a su vez, reforzó la representación política en base a estructuras clientelistas jerárquicas y las lealtades personales y, con todo esto, se fortificó el ascenso desigual al sistema político.

La persistencia de la estratificación social también se evidenció en la falta de diferenciación interna del sistema político. Una de sus manifestaciones se encontraba en la fusión de liderazgo político con el desempeño de tareas militares y policiales en un solo cargo. Tanto la estratificación social como la lucha violenta que ésta les obligaba realizar a los advenedizos, propiciaron la producción en el sistema político de la lógica de mutua exclusión, generadora de la incapacidad de formular un mínimo consenso sobre el funcionamiento del sistema político y el futuro del país. O mejor dicho, el consenso mínimo y no explícito existente era que el cambio de gobierno se daba únicamente por medio de la violencia armada.

Dentro del contexto histórico nicaragüense de las primeras tres décadas del siglo XX, la intervención militar de los Estados Unidos de Norteamérica fue también un importante factor que propició la violencia política, al desmontar el régimen de Zelaya y proscribir a los liberales de toda instancia de poder dentro del Estado. La causa principal -aunque no la única- de esta inestabilidad era la falta del monopolio de la fuerza del Estado nicaragüense, debido a la ausencia de un aparato coercitivo eficiente para garantizarlo. Simultáneamente, tal incapacidad era una condición favorable para que la alternabilidad en el gobierno se pudiera lograr por medio de la violencia. Aquí radica la importancia y necesidad de estacionar en Nicaragua, a partir de la Guerra de 1912, a un contingente de soldados estadounidenses cuya función era garantizar -aunque de forma más simbólica que real- este monopolio de la violencia y con ello la paz. Dicha incapacidad del Estado de pacificar el país fue el problema central del sistema político nicaragüense y el principal objetivo perseguido por la intervención de los Estados Unidos, el cual se logró únicamente tras la eliminación física de Sandino. El problema de la ausencia de un Estado capaz de ejercer y atribuirse efectivamente el monopolio de la violencia dentro de su territorio a inicios del siglo XX en Nicaragua plantea la necesidad -para futuras investigaciones- de estudiar: ¿Cómo influyó en el establecimiento de la dictadura de Anastasio Somoza

García la falta de este monopolio y las recurrentes guerras civiles características de estos años de intervención y ocupación militar y financiera de los Estados Unidos?

Igualmente, queda pendiente identificar los factores que facilitaron la permanencia de la estratificación social en Nicaragua durante el siglo XIX e inicios del siglo XX. Asimismo, sería importante responder las siguientes interrogantes: ¿Cuáles fueron las condiciones favorables a la continuidad de la estratificación social?, ¿Hasta qué punto en el resto del siglo XX continúa la estratificación social? o ¿Ésta se va superando gradualmente? Y, de ser cierto este último caso: ¿A qué se debe? De gran interés sería analizar las condiciones sociales e históricas que propiciaron la continuidad o superación de la estratificación social, pues la presente investigación logra señalar cómo la estructura social jerárquica en Nicaragua condiciona la forma de operar del sistema político nicaragüense. Sin embargo, a futuras investigaciones les corresponde ofrecer una explicación de su persistencia histórica. En ese acometido, un tópico central es la idea de nación emergente en la década de 1930. Aquí resulta provechoso dilucidar si tal conceptualización de la nación nicaragüense contribuyó a superar o mantener la estratificación social. En otras palabras, se debe responder la pregunta: ¿Logró esta idea de nación forjar una noción de Nicaragua como una comunidad política de iguales? Y si éste fue el caso: ¿Qué costo tuvo? ¿Cómo estuvo el proceso de imposición de la Nicaragua Mestiza ligado a la creación de dicha idea de Nación? ¿Hasta qué punto la idea de Nicaragua como una nación de mestizos logró superar la estratificación social y fundar una comunidad horizontal de iguales? Un matiz adicional de este nacionalismo a considerar es la equiparación del concepto de pueblo con los estratos bajos y cómo contribuyó a mantener la forma excluyente de operar del sistema político.

Para el presente, este estudio histórico de la política nicaragüense sugiere la necesidad de replantear la cuestión de forjar un proyecto de Nación. Pues si Nicaragua todavía no es una Nación, debido a la permanencia de la estratificación social y del conflicto político marcado por la exclusión mutua de los partidos en pugna, tampoco se podría demandar la existencia de un proyecto de Nación. Donde no hay Nación, no puede haber proyecto nacional. Si la inclusión en la comunidad política continúa restringida al estrato alto (a una pequeña minoría), todo proyecto nacional es pensado en función de sus intereses. Por ello, para poder formular un proyecto político nacional, o varios desde diferentes corrientes ideológicas a favor del bienestar de todos los nicaragüenses y no solamente de quienes se encuentran en la cúspide de la pirámide social, se necesita primero edificar la Nación, entendiéndola como la inclusión no jerárquica en el sistema político de todos los nicaragüenses.

BIBLIOGRAFÍA

Fuentes de Archivo

Banco Central de Nicaragua (BCN)

Instituto de Historia de Nicaragua y Centroamérica (IHNCA): Fondo Adolfo Díaz

United States National Archives and Records Administration, United States Department of State (USDS) 817.00/4954: Stimson Papers.

United States National Archives and Records Administration, Record Group 127, Entry 38, box 26.

Periódicos

The Milwaukee Sentinel, 12 de marzo de 1927.

Mentor Nicaragüense, 6 de noviembre de 1841.

The New York Times, 10 de Septiembre de 1912.

Publicaciones Gubernamentales

Bureau of the American Republics. *Hand Book of Nicaragua. Bulletin No 51.* Washington, DC: Government Printing Office, 1892.

Consejo Nacional de Elecciones. *La Verdad Electoral en 1936.* Managua: Talleres Nacionales, 1938.

The Departement of State. *The United States and Nicaragua: a Survey of the Relations from 1909-1932.* Washington D.C.: Unites States Government Printing Office, 1932.

Dirección General de Estadísticas. *Censo de 1920.* Managua: La Oficina Central, 1920.

Nicaraguan Mixed Claims Commission. *Report of the Nicaraguan Mixed Claims Commission transmitted with report of its president to the Secretary of State of the United States.* Washington, DC: s.e.,1915.

United States Department of State. Papers relating to the foreign relations of the United States, 1927. Vol. 3. U.S. Washington D.C.: Government Printing Office, 1927.

United States Department of State. Papers relating to the foreign relations of the United States, 1926. Vol. 3. U.S. Washington D.C.: Government Printing Office, 1926.

United States Department of State. Papers relating to the foreign relations of the United States, 1925. Vol. 2. U.S. Washington D.C.: Government Printing Office, 1925.

United States Department of State. Papers relating to the foreign relations of the United States, 1920. Vol. 3. U.S. Washington D.C.: Government Printing Office, 1920.

United States Department of State. Papers relating to the Foreign Affairs of the United States with the annual message of the president transmitted to Congress December 3, 1912. U.S. Washington D.C.: Government Printing Office, 1912.

United States Department of State. Papers relating to the Foreign Affairs of the United States with the annual message of the president transmitted to Congress December 7, 1911. Washington D.C.: Government Printing Office, 1911.

United States Department of State. Papers relating to the Foreign Affairs of the United States with the annual message of the president transmitted to Congress December 6, 1910. Washington D.C.: Government Printing Office, 1910.

United States Department of State. Papers relating to the foreign relations of the United States with the annual message of the president transmitted to Congress December 7, 1909. Washington D.C.: Government Printing Office, 1909.

Libros y otras fuentes

Acuña Ortega, Víctor Hugo. La formación del Estado en Nicaragua y Costa Rica en a perspectiva comparada: siglos XIX-XX, disponible online en: https://www.american.edu/clals/upload/264n-del-Estado-en-Nicaragua-y-Costa-Rica-en-perspectiva-comparada.pdf (visitado el 19 de junio del 2014).

Acuña Ortega, Víctor Hugo. "Las concepciones de la comunidad política en Centroamérica en tiempos de la independencia, 1820-1823."

En *Relatos de nación: La construcción de las identidades nacionales en el mundo hispánico, Tomo I,* editado por Francisco Colom González, 251-273. Madrid: Iberoamericana/Vervuert, 2005.

Acuña Ortega, Víctor Hugo. "Autoritarismo y democracia en Centroamérica: la larga duración -siglos XIX y XX-." En Ilusiones y dilemas: la democracia en Centroamérica. Compilado por Klaus D. Tangermann, 63-97. San José, CR: FLACSO, 1995.

Alda Mejías, Sonia. "El debate entre liberales y conservadores en Centroamérica. Distintos medios para un objetivo común, la construcción de ciudadanos: 1821-1900." *Espacio, Tiempo y Forma, Serie V, Historia contemporánea,* N° 13, (Enero 2000): s.p. http://revistas.uned.es/index.php/ETFV/article/view/3034/2894 (visitada 6.07.2015)

Álvarez Lejarza, Emilio. «Recorrido Histórico de las principales figuras de la Familia Chamorro.» *Revista Conservadora del Pensamiento Centroamericano,* N° 91 (abril 1968): 2-8.

Álvarez Lejarza, Emilio. *Las constituciones de Nicaragua: exposición, crítica y textos.* Madrid: Editorial Cultura Hispánica, 1958.

Alvarez Sánchez, Adriana. "Los letrados en la sociedad guatemalteca del siglo XVII." *Boletín AFEHC,* N° 51, (diciembre 2011). http://www.afehc-historia-centroamericana.org/index.php?action=fi_aff&id=3011 (visitada 6.07.2015).

Archer, Christon I. "Plan of Iguala." En *Encyclopedia of Latin American History and Culture.* Vol 4. editada por Barbara A. Tenenbaum, 420-421. New York: Simon & Schuster Macmillan, 1996.

Arlinghaus, Franz-Josef. "Mittelalterliche Ritual in systemtheoretischer Perspektive: Übergansriten als basale Kommunikationsform in einer stratifikatorisch-segmentären Gesellschaft." En *Geschichte und Systemtheorie: Exemplarische Fallstudien,* editado por Frank Becker, 108-156. Frankfurt am Main: Campus Verlag, 2004.

Arellano, Jorge Eduardo. *La Paz Americana en Nicaragua: 1910-1932.* Managua: Fondo Editorial Cira, 2004.

Arellano, Jorge Eduardo. *Emilio Bernard Doudé (1840-1879) y su época.* Managua: s.e., 2001.

Arellano, Jorge Eduardo. *El Doctor David Arellano: 1872-1928*. Managua: s.e., 1993.

Arellano, Jorge Eduardo. *Breve historia de la iglesia en Nicaragua: 1523-1979*. Managua: s.e., 1979.

Avendaño Rojas, Xiomara. *Elecciones indirectas y disputa del poder en Nicaragua: el lento camino hacia la modernidad*. Managua: Lea Grupo Editorial, 2007.

Avendaño Rojas, Xiomara. "El pactismo: el mecanismo de ascenso de los notables 1858-1893." *Revista de Historia*, No. 7. (Primer Semestre 1996): 26- 41.

Ayala Benítez, Luis Ernesto. *La Iglesia y la Independencia de Centro América: El Caso de el Estado de El Salvador (1808-1833)*. Roma: Gregorian University Press, 2007.

Ayerdis, Miguel. *Publicaciones periódicas formas de sociabilidad y procesos culturales en Nicaragua 1884-1926*. Managua: Banco Central de Nicaragua, 2005.

Ayón, Tomás. "Apuntes sobre los acontecimientos políticos de Nicaragua (1811-1824)." *Revista Conservadora del Pensamiento Centroamericano* 32, N° 154 (enero- marzo 1977): 86-115.

Ayón, Tomas. *Historia de Nicaragua desde los tiempos más remotos hasta el año de 1852*. Madrid: La Escuela Profesional de Artes Gráficas, 1956.

Baldovinos, R. R. edit. "Enciclopedia de El Salvador", Vol 1. (Barcelona: 2000): 207. Citado en Luis Ernesto Ayala Benítez, *La Iglesia y la Independencia de Centro América: El Caso de el Estado de El Salvador (1808-1833)*. Roma: Gregorian University Press, 2007.

Balmori, Diana, et. al. edit. *Notable Family Networks in Latin America*. Chicago: University of Chicago Press, 1984.

Barahona, Amaru. "El Gobierno de José Santos Zelaya y la fase inicial del proceso de acumulación originaria en Nicaragua". *Revista de Historia*, N° 1, (enero-junio 1990).

Barahona, Amaru. *Estudio sobre la historia de Nicaragua: del auge cafetalero al triunfo de la revolución*. Managua: Editorial INIES, 1989.

Becker, Frank, edit. *Geschichte und Systemtheorie: Exemplarische Fallstudien*. Frankfurt am Main: Campus Verlag, 2004.

Belausteguigoitia Landaluce, Ramón de. *Con Sandino en Nicaragua: la hora de la paz*. Madrid: Espasa-Calpe, 1934.

Belli, Humberto. "Un ensayo de interpretación sobre las luchas políticas nicaragüenses: de la independencia a la Revolución Cubana." En *Revista del pensamiento centroamericano* 32, N° 157, (octubre-diciembre 1977): 50-59.

Bendaña, Alejandro. *Sandino: Mística, Libertad y Socialismo*. Managua: Centro de Estudios Internacionales, 2007.

Bendel, Petra. *Parteiensysteme in Zentralamerika. Typologien und Erklärungsfaktoren*. Opladen: Leske & Budrich, 1996.

Benedict, Anderson. *Imagined Communities: Reflections on the Origin and Spread of Nationalism*. London: Verso, 1991.

Bermann, Karl. *Under the Big Stick: Nicaragua and the United States since 1848*. Boston: South End Press, 1986.

Bernecker, Walther L. y Tobler, Hans Werner. "Staat, Wirtschaft, Gesellschaft und Aussenberziehungen Lateinamerikas im 20. Jahrhundert." En *Handbuch der geschichte Lateinamerikas. Band 3*, editado por Bernecker, Walther L. et.al. 3-227. Stuttgart: Klett-Cotta, 1996.

Berríos, Francisco. *Réplica al Folleto Conservador*. León, Nic: Tipografía La Patria, 1924.

Bolaños, Pío. *Génesis de la intervención norteamericana en Nicaragua*. Managua: Editorial Nueva Nicaragua, 1985.

Bonilla-Bonilla, Adolfo. *Ideas económicas en la Centroamérica ilustrada 1793-1838*. San Salvador: FLACSO El Salvador, 1999.

Borgen, José Francisco. *Una vida a la orilla de la historia: Memorias*. Managua: DILESA, 1979.

Buchenau, Jürgen. *In the shadow of the giant: the making of Mexico's Central American policy, 1876 – 1930*. Tuscaloosa, Ala: University of Alabama Press, 1996.

Burns, E. Bradford. *Patriarch and Folk: the emergence of Nicaragua 1798-1858*. Cambridge, Mass: Havard University Press, 1991.

Byam, George. *Wild Life in the Interior of Central America*. London: Parker, 1849.

Becker, Frank. "Einleitung Geschichte und Systemtheorie - ein Annäherungsversuch." En *Geschichte und Systemtheorie: Exemplarische Fallstudien*, editado por Franz Becker, 7-28. Frankfurt am Main: Campus Verlag, 2004.

Cardenal Tellería, Marco A. *Nicaragua y su historia: 1502-1936: cronología del acontecer histórico y construcción de la nación nicaragüense*. Managua: Banco Mercantil, 2000.

Carreras, Sandra. "Zwischen sozialreform, Wohltätigkeit und Selbstinszenierung: Weibliches Engagement und ,soziale Frage' in Buenos Aires im späten 19. und frühen 20. Jahrhundert." En *Von fernen Frauen: Beiträge zur lateinamerikanischen Frauen- und Geschlechtergeschichte*, editado por Delia González de Reufels, 229-251. Sttugart: Verlag Hans-Dieter Heinz, 2009.

Casanova Fuertes, Rafael. "Orden o Anarquía. Los intentos de regulación protoestatal en Nicaragua (Década de 1840)." En *Nicaragua en busca de su identidad*, editado por Frances Kinloch Tijerino, 277- 294. Managua: IHNCA-UCA, 1995.

Casáus Arzú, Marta Elena. "Das Überleben der Macheliten in Zentralamerika vom 16 bis zum 20 Jahrhundert." En *Zentralamerika heute. Politik, Wirtschaft, Kultur*, editado por Sabine Kurtenbach et. al., 147-166. Frankfurt am Main: Vervuert Verlag, 2008.

Casáus, Marta Elena. "La pervivencia de las redes familiares en la configuración de la élite de poder centroamericana: el caso de la familia Díaz Durán." *Anuario de Estudios Centroamericanos* 20, Nº 2, (1994): 41- 69.

Castro, Pedro. "Álvaro Obregón: el último caudillo." *Polis: Investigación y Análisis sociopolítico y psicosocial* 2, Nº 3 (2003): 209-229.

Cerutti, Franco, et al. "El Asunto Guzmán-Selva." *Anuario de Estudios Centroamericanos*, Nº 2 (1976): 141-230.

Chamorro, Diego Manuel. *Discursos, 1901-1921*. Managua: Tipografía y Encuadernación Nacionales, 1923.

Chamorro, Emiliano. *El último caudillo: Autobiografía*. Managua: Ed. del Partido Conservador Demócrata, 1983.

Chamorro, Emiliano. "Autobiografía." En *Revista Conservadora del Pensamiento Centroamericano*, Nº 6, (enero 1961): 39-55.

Chamorro, Emiliano. *Manifiesto del presidente electo en el solemne acto de toma de posesión. Managua 1° de enero de 1917*. Managua: Tipografía Nacional, 1917.

Chamorro, José Antonio. "Proclama del Cura y Vicario de Granada, Don José Antonio Chamorro, Á LOS VASALLOS FIELES DE FERNANDO VII. ENERO DE 1812." En *Taller de Historia 8. La Independencia: de la Colonia a la República*, editado por Frances Kinloch Tijerino, 27-28. Managua: IHNCA-UCA, 2002.

Chamorro, Pedro Joaquín. *Entre dos Filos: Novela Nicaragüense*. Managua: Talleres de la Imprenta Nacional, 1927.

Chevalier, François. "The Roots of Caudillismo." En *Caudillos: Dictators in Spanish America*, editado por Hugh M. Hamill, 27-41. Norman: University of Oklahoma Press, 1992.

Coronel Urtecho, José. "Alrededor de la independencia." *Revista Conservadora del Pensamiento Centroamericano* 17, N° 84-87 (Septiembre-Octubre 1967): 8-15.

Crowther, Samuel. *The Romance and rise of the American tropics*. Garden City, NY: Doubleday, Doran & Company, 1929.

Crutti, Franco, et. al. El Asunto Guzman-Selva. *Anuario de Estudios Centroamericanos*, No 2 (1976): 141-230.

Cruz, Arturo J. *Nicaraguan's Conservative Republic, 1858-93*. London: St. Anthony's Oxford, 2002.

Cuadra Pasos, Carlos. *Obras*. Vol. 1. Managua: Colección Cultural Banco de América: 1976.

Cuadra Downing, Orlando. "Zepeda. Rector político nicaragüense 1876-1946. Ambientación Biográfica Centroamericana. 2ª parte". *Revista Conservadora del Pensamiento Centroamericano* 26, N° 169 (Abril 1972).

Darío, Rubén. *Escritos Políticos*. Managua: Banco Central de Nicaragua, 2010.

Darío, Rubén. "El fin de Nicaragua." En *Escritos dispersos de Rubén Darío. Recogidos de periódicos de Buenos Aires. Tomo I*, editado por Pedro Luis Barcia, 261-264. La Plata: Universidad Nacional de la Plata, 1968.

Dennis, Lawrence. "Nicaragua: In Again, out Again." *Foreign Affairs* 9, N° 2 (January 1931): 496-500.

Denny, Harold N. *Dollars for Bullets: The Story of American rule in Nicaragua.* New York: The Dial Press, 1929.

Díaz Arias, David y Soto Quirós, Ronald. "Mestizaje, indígenas e identidad nacional en Centroámerica: de la Colonia a las Repúblicas Liberales." Cuadernos de Ciencias Sociales, No 143. San José, CR: FLACSO. 2007.

Díaz Díaz, Fernando. *Caudillos y caciques: Antonio López de Santa Anna y Juan Álvarez.* México, D.F: El Colegio de México, 1972.

Díaz Lacayo, Adolfo. *Nicaragua: Gobiernos, Gobernantes y Genealogías.* Managua: s.e., 2010.

Díaz Lacayo, Aldo. *Gobernantes de Nicaragua: 1821-1979. Guía para el estudio de sus biografías políticas.* Managua: Aldilá Editor, 2002.

Dietl, Ralph. *USA und Mittelamerika: Die Außenpolitik von William J. Bryan 1913-1915.* Stuttgart: Franz Steiner Verlag, 1996.

Dodds, H.W. "The United States and Nicaragua." En *Annals of the American Academy of Political and Social Science* 132, (Julio 1927): 134-141.

Dospital, Michelle. *Siempre más allá... El Movimiento Sandinista en Nicaragua, 1927 – 1934.* Managua: IHN/CEMCA, 1996.

Dore, Elizabeth. *Myths of modernity: Peonage and Patriarchy in Nicaragua.* Durham: Duke University Press, 2006.

Dore, Elizabeth y Molyneux, Maxine, edits. *Hidden histories of gender and the State in Latin America.* Durham, NC: Duke University Press, 2000.

Dore, Elizabeth. "The Holy Family: Imagined houselds in Latin American History". En *Gender Politics in Latin America: Debates in Theory and Practice,* editado por Elizabeth Dore, 101-117. New York: Monthly Review Press, 1997.

Dore, Elizabeth. "Property, Households and Public Regulation of Domestic Life: Diriomo, Nicaragua 1840-1900." *Journal of Latin American Studies* 29, N° 23 (octubre 1997): 591-611.

Dore, Elizabeth. "La producción cafetalera nicaragüense, 1860-1960: transformaciones estructurales." En Tierra, café y sociedad: ensayos sobre la historia agraria de Centroamérica, editado por Pérez, Brignoli y Samper, Mario, 397-398. San José, CR: FLACSO.

Dym, Jordana. *From Sovereing Villages to National States. City, State, and Federation in Central America, 1759-1839*. Albuquerque: University of New Mexico Press, 2006.

Elizondo, Arturo. "El pensamiento político de Diego Manuel Chamorro." *Revista Conservadora del Pensamiento Centroamericano* 19, N° 92, (mayo 1968): 12-21.

Erdmann, Gero y Engel, Ulf. "Neopatrimonialism Revisited- Beyond a Catch-All Concept." GIGA Working Papers, No 16. Hamburg: GIGA, 2006.

Esgueva Gómez, Antonio. *Elecciones, reelecciones y conflictos en Nicaragua: 1821-1963. Tomo II*. Managua: IHNCA, 2011.

Esgueva Gómez, Antonio. *Taller de Historia. Nicaragua en los documentos. Tomo I. 1523-1857*. Managua: IHNCA, 2006.

Esgueva Gómez, Antonio, edit. *Las constituciones políticas y sus reformas en la historia de Nicaragua. Tomo I*. Managua: IHNCA-UCA, 2000.

Esgueva Gómez, Antonio, edit. *Las Leyes Electorales en la Historia de Nicaragua. Tomo II*. Managua: Editorial El Amanecer, 1995.

Esgueva Gómez, Antonio. "Contexto histórico de las constituciones y sus reformas en Nicaragua." Documento presentado en el encuentro "I jornada de Derecho Constitucional: La Reforma Constitucional", León Nicaragua, el 24 y 25 de Agosto 2005.

Foster, Lynn V. *A Brief History of Central America*, 2ª ed. New York: Facts On File, 2007.

Fry, Michael F. "Molina, Pedro," en *Encyclopedia of Latin American History and Culture*, 2ª ed, editado por Jay Kinsbruner y Erick D. Langer, 654-655. Detroit: Gale, 2008.

Gámez, José D. El Canal anglo-japonés por Nicaragua. *Revista de Temas Nicaragüenses*, N° 4 (Agosto 2008): 46-52.

Gibson, Charles. "Indian societies under Spanish rule." En *The Cambridge History of Latin America. Vol II. Colonial Latin America*, editado por Leslie Bethell, 381-419. London: Cambridge University Press, 1984.

Gobat, Michel. *Confronting the American Dream: Nicaragua under U.S. Imperial Rule*. Durham: Duke University Press, 2005.

González de Reufels, Delia. *Siedler und Filibuster in Sonora: Eine mexikanische Region im Interesse ausländischer Abenteuer und Mächte, 1821-1860.* Köln: Böhlau Verlag, 2005.

González-Rivera, Victoria. Before the revolution: women's rights and right-wing politics in Nicaragua, 1821-19179. University Park, PA: Pennsylvania State Univ. Press, 2011.

Gould, Jeffrey L. *To Die in This Way: Nicaraguan Indians and the Myth of Mestizaje, 1880-1965.* Durham: Duke Univ. Press, 1998.

Gould, Jeffrey L. *El Mito de "La Nicaragua mestiza" y la resistencia indígena, 1880-1980.* San José, CR: Editorial de la Universidad de Costa Rica, 1997.

Gould, Jeffrey. "La Supresión de la Comunidad Indígena Nicaragua, 1980-1940." En *Nicaragua en busca de su identidad,* editado por Frances Kinloch Tijerino, 459-480. Managua: IHN-UCA, 1995.

Greer, Virginia L. "State Department Policy in Regard to the Nicaraguan Election of 1924." *The Hispanic American Historical Review* 34, N° 4 (noviembre 1954): 445-467.

Gutiérrez, Pedro Rafael. *Partes de guerra del General Zeledón.* Managua: Ediciones Lena, 1977.

Hall, Carolyn Hall y Pérez Brignoli, Hector. *Historical Atlas of Central America.* Norma: Univ. of Oklahoma Press, 2003.

Hill, Rascoe H. "Los Marinos en Nicaragua 1912-1925." *Revista Conservadora del Pensamiento Centroamericano* 27, N° 135, (diciembre 1971): 2-11.

Hill, Roscoe R. *Fiscal Intervention in Nicaragua.* New York: Columbia University, 1933.

Hodges, Donald. *Intellectual Foundations of the Nicaraguan Revolution.* Austin: Univesity of Texas Press, 1986.

Hooker, Juliet. "Race and the Space of Citizensship: The Mosquito Coast and the Place of Blackness and Indigeneity in Nicaragua." En *Blacks & Blackness in Central America: Between Race and Place,* editado por Lowell Gudmundson y Justin Wolfe, 246- 277. Durham: Duke University Press, 2010.

Huezo, Francisco. "La Caída de un Presidente." *Revista Conservadora del pensamiento centroamericano,* N° 86 (Noviembre 1967): 1- 49.

Kamman, William. *A search for Stability:United States Diplomacy toward Nicaragua 1925-1933*. Notre Dame, Ind: 1968.

Kerevel, Yann. "Re-examining the Politics of U.S. Intervention in Early 20th Century Nicaragua: José Madriz and the Conservative Restoration." *LAII Research Paper Series* N°. 43 (November 2006), 1- 46.

Kinloch Tijerino, Frances. El primer encuentro con los filibusteros: Antecedentes y contexto. En *A 150 años de la Guerra Nacional. Revista de Historia,* N° 20-21 (Primer y Segundo Semestre 2006): 23-43.

Kinloch Tijerino, Frances. Bajo la bota del imperio: 1910-1933. En *Enciclopedia de Nicaragua.* Vol. 1 (Barcelona: Editorial Océano, 2004): 129-137.

Kinloch Tijerino, Frances. *Nicaragua: Identidad y cultura política, 1821-1858.* Managua: Fondo Editorial Banco Central de Nicaragua, 1999.

Kinloch Tijerino, Frances. "Cleto Ordoñez: boceto biográfico de un caudillo popular." *Revista de Historia,* No 1 (enero-junio 1990): 63-77.

Klein, Herbert S. *Parties and political change in Bolivia 1880-1952*. Cambridge: University Press, 1969.

Knight, Franklin W. "Slavery in the Americas." En *A companion to Latin American History,* editado por Thomas H. Holloway, 146-161. Malden, MA: Blackwell, 2008.

Knight, Franklin. The Haitian Revolution. *The American Historical Review* 105, No 1. (febrero 2000): 103-115.

Knox, Philander C. "Secretary Knox's Note to the Nicaraguan Charge D'Affaires, December 1, 1909." *American Journal of International Law* 4, No. 3, Supplement: Official Documents (Julio 1910): 249-252.

König, Hans-Joachim. *Kleine Geschichte Lateinamerikas.* Stuttgart: Reclam, 2009.

LaPalombara, J y M. Weiner. "The Origin and Development of Political Parties." En *Political Parties and Political Development,.* Princeton: Princenton Univ. Press. 1966.

Lavrin, Asunción. "Women in Spanish America Colonial Society." En *The Cambridge History of Latin America. Vol II. Colonial Latin America,* editado por Leslie Bethell, 321-355. London: Cambridge University Press, 1984.

Leonard, Thomas M. *Central America and the United States: The Search for Stability*. Athens, GA: University of Georgia Press, 1991.

Levaggi, Abelardo. "República de Indios y República de Españoles en los Reinos de Indias." *Revista de Estudios histórico-jurídicos*, No 23, (2001): 419-428.

Levine, Robert M. *Race and Ethnic Relations in Latin America and the Caribbean: An Historical Dictionary and Bibliography*. London: The Scarecrow Press, 1980.

Lockhart, James. "Social Organization and social change in colonial spanish america." En *The Cambridge History of Latin America. Vol II. Colonial Latin America*, editado por Leslie Bethell, 265-319. London: Cambridge University Press, 1984.

Lockhart, James & Schwartz, Stuart B. *Early Latin America: A history of colonial Spanish America and Brazil*. Cambridge, UK: University Press, 1999.

Luhmann, Niklas. "Der politische Code »Konservative« und »progressiv« in systemtheoretischer Sicht". En *Soziologische Aufklärung 3: Soziales System, Gesellschaft, Organisation. 4 Auflage*. Wiesbaden: VS Verlag, 2005.

Luhmann, Niklas. *Die Politik der Gesellschaft*. Frankfurt am Main: Suhrkamp, 2000.

Luhmann, Niklas. *Die Gesellschaft der Gesellschaft*. Frankfurt am Main: Suhrkamp Verlag, 1998.

Luhmann, Niklas. *Die Gesellschaft der Gesellschaft 2*. Frankfurt am Main: Shurkamp Verlag, 1997.

Luhmann, Niklas. "Society, Meaning, Religion: Based on Self-Reference." *Sociological Analysis* 46, N° 1 (primavera 1985): 5-20.

Luhmann, Niklas. "Differentiation of Society." *The Canadian Journal of Sociology/ Cahiers canadiens de sociologie* 2, N° 1 (invierno 1977): 29-53.

Lindo-Fuentes, Hector. "Consecuencias Económicas de la independencia en Centroamérica." En *La independencia americana: consecuencias económicas*, editado por Leandro Prados de la Escosura y Samuel Amaral, 54-79. Madrid: Alianza Editorial 1993.

Lynch, John. *Caudillos in Spanish America 1800-1850*. Oxford: Clarendon Press, 1992.

Lynch, John. "Bolívar and the Caudillos." *The Hispanic Historical Review* 63, N° 1 (Febrero 1983): 3-35.

Maraboto, Emigdio. "Sandino ante el Coloso: La Grandiosa Epopeya de Sandino." En *Augusto C. Sandino: Entrevistas-Reportajes, 9-62.* Managua: Aldilá, 2010.

Martínez López, Víctor Hugo. "Partidos políticos: un ejercicio de clasificación teórica." *Perfiles Latinoamericanos*, N° 33 (enero-junio 2009): 39-63.

Martínez Peláez, Severo. *La Patria del Criollo: Ensayo de interpretación de la realidad colonial guatemalteca.* México, D.F.: Fondo de Cultura Económica, 1998.

Marure, Alejandro. *Bosquejo Histórico de las revoluciones de Centro-América. Desde 1811 hasta 1834.* Vol. 2. San Salvador: Editorial Lis, 2000.

Marure, Alejandro. *Bosquejo Histórico de las Revoluciones de Centroamérica desde 1811 hasta 1834. Tomo I.* Guatemala: Tipografía de „El Progreso", 1877.

Marure, Alejandro. *Bosquejo Histórico de las Revoluciones de Centroamérica desde 1811 hasta 1834. Tomo II.* Guatemala: Tipografía de „El Progreso", 1877.

Mauléon Isla, Mercedes. *La población de Nicaragua, 1748-1867: de la época final de la colonia hasta las primeras décadas del período independiente.* Managua: Fundación Uno, 2007.

Maurer, Michael. "Frühe Neuzeit. 16-18. Jahrhundert." En *Aufriß der Historichen Wissenschaften. Band 1. Epochen*, editado por Michael, Maurer, 281. Stuttgart: Reclam, 2005.

Mena, Luis. "Carta Abierta al Presidente Woodrow Wilson." *Revista de la Academia de Geografía e Historia de Nicaragua*, N° 72 (Abril 2012): 95-100.

Mena Solórzano, Luis. "Los Arquitectos de la victoria liberal." *Revista Conservador del Pensamiento Centroamericano* 26, N° 126, (marzo 1971): 79- 100.

Mendieta, Salvador. *La enfermedad de Centro-América: Descripción del sujeto y síntomas de la enfermedad. Tomo I.* Barcelona: Tip Maucci, 1936.

Mercado, Gustavo. *José María Moncada: Vivir Haciendo Historia.* Managua: Fondo Editorial CIRA, 2002.

Millett, Richard. *Searching for stability: the U.S. development of constabulary forces in Latin America and the Philippines*. Fort Leavenworth, Kan: US Army Combined Arms Center, Combat Studies Institute, 2010.

Millett, Richard L. "The History of the Guardia Nacional de Nicaragua, 1925-1965." PhD diss, University of New Mexico, 1966.

Miranda, Alejandro. *Una Odisea Centroamericana, 1861-1937*. Schuylerville NY: Full Quart Press, 2005.

Miranda Casij, Enrique. "»La guerra olvidada« o la »guerra de los indios de 1881«." *Revista Conservadora del Pensamiento Centroamericano* 29, N° 144 (Septiembre 1972): 75-94.

Miranda, Francisco G. "La prostitución a través de los tiempos." Conferencia leída por su autor ante la sociedad de artesanos "UNION", Granada, 9 de abril de 1916.

Molina, Pedro. *Escritos del Doctor Pedro Molina. Tomo Segundo*. 2ª ed. Guatemala: Editorial «José Pineda Ibarra», 1969.

Molina, Pedro. *Escritos del Doctor Pedro Molina: El editor Constitucional. Tomo Primero*. Guatemala: Editorial del Ministerio de Educación Pública, 1954.

Moncada, J. M. "Bajo El Espino Negro." En *El verdadero Sandino o el calvario de Las Segovias*. 2da., A. Somoza, 28-29. Managua: Edit. y Lito. San José, S.A, 1976.

Moncada, José María. *El Gran ideal*. Managua: Imprenta Nacional, 1929.

Moncada, José M. *Monografía histórica: El Presidente Moncada explica al pueblo nicaragüense sus ideas*. Managua: Imprenta Nacional, 1932.

Montalván, José H. *Hace medio. Monografía Histórica*. León, Nic: Imp. El Centro-Americano, s.f.

Montufar y Coronado, Manuel. *Memorias para la historia de la revolución de Centroamérica (Memorias de Jalapa) Recuerdos y Anécdotas*. Vol. 2. Guatemala: Ministerio de Educación Pública, 1963.

Morse, Richard M. "Political Theory and the Caudillo." En *Caudillos: Dictators in Spanish America*, editado por Hugh M. Hamill, 72-86. Norman: University of Oklahoma Press, 1992.

Munro, Dana Gardner. *A Studen in Central America, 1914-1916*. New Orleans: Middle American Research Institute, 1983.

Munro, Dana G. *The United States and the Caribbean Republics 1921-1931*. Princenton: Princenton University Press, 1974.

Munro, Dana G. *Intervention and Dollar Diplomacy in the Caribbean 1900-1921*. New Jersey: Princenton University Press, 1964.

Munro, Dana. Dollar Diplomacy in Nicaragua, 1909-1913. *The Hispanic American Historical Review* 38, N° 2, (Mayo 1958): 209-234.

Munro, Dana G. *The United States and the Caribbean Area*. Boston: World Peace Foundation, 1934.

Munro, Dana G. "The Establishment of Peace in Nicaragua." *Foreign Affairs* 11, N° 4 (July 1933): 696-705.

Munro, Dana G. *The five republics of Central America: their political and economic development and their relation with the United States*. New York: Oxford University Press, 1918.

Nalty, Bernard C. *The United States Marines in Nicaragua*. Washington: Government Printing Office, 1962.

Nearing, Scott y Freeman, Joseph. *La diplomacia del dólar: Un estudio acerca del imperialismo americano*. México, D.F: Soc. De Ed. y Libr. Franco Americana, 1927.

Oertzen, Eleonore von, Rossbach, Lioba y Wünderich, Volker. *The Nicaraguan Mosquitia in Historical Documents 1844-1927: The dynamics of ethnic and regional history*. Berlin: Dietrich Reimer Verlag, 1990.

Ortega Arancibia, Francisco. *Cuarenta años (1838-1878) de historia de Nicaragua: guerras civiles, vida íntima de grandes personajes políticos, formación de la república*. Managua: Fondo de Promoción Cultural, 1974.

Peña Torres, Ligia Ma. "El período de los Treinta Años Conservadores." Documento presentado en el VII Congreso de Historia Centroamericana, Antigua, Guatemala, 10 al 14 de Julio 2006.

Peña Torres, Ligia María. "La situación de las Cofradías en Nicaragua entre 1750-1810." *Revista de Historia: Comunidades y Pueblos Indígenas de Nicaragua*, No 14 (Mayo 2002): 25-36.

Pérez-Baltodano, Andrés. *Entre el Estado Conquistador y el Estado Nación: Providencialismo, pensamiento político y estructuras de poder en el desarrollo histórico de Nicaragua*. Managua: IHNCA/Fundación Friedrich Ebert, 2003.

Perez-Brignoli, Héctor. *Breve Historia de Centroamérica*. Madrid: Alianza Editorial, 1985.

Pérez, Brignoli y Samper, Mario, edits. *Tierra, café y sociedad: ensayos sobre la historia agraria de Centroamérica*. San José, CR: FLACSO, 1994.

Pinto Soria, Julio César. "La independencia y la Federación 1821-c.1870." *Historia General de Centroamérica: de la ilustración al liberalismo*. Vol. 3. editado por Héctor Pérez Brignoli, 73-140. San José, CR: FLACSO, 1994.

Playter, Harold. *Nicaragua: A Commerical and Economic Survey*. Washington, D.C.: U.S. Goverment Printing Office, 1927.

Potthast, Barbara. *Von Müttern und Machos: Eine Geschichte der Frauen Lateinamerikas*. Wuppertal: Peter Hammer Verlag, 2003.

Prados de la Escosura, Leandro y Amaral, Samuel, edits. *La independencia americana: consecuencias económicas*. Madrid: Alianza Editorial 1993.

Puhle, Hans-Jürgen. "Zwischen Diktatur und Demokratie: Stufen der politischen Entwicklung in Lateinamerika im 20. Jahrhundert." En *Lateinamerika: Geschichte und Gesellschaft im 19. und 20. Jahrhundert*, editado por Martina Kaller-Dietrich, et. al., 27-43. Wien: Promedia, 2004.

Quijano, Carlos. *Nicaragua: ensayo sobre el imperialismo de los Estados Unidos (1909-1927)*. Managua: Editorial Vanguardia, 1987.

Ramírez, Sergio. *Tambor olvidado*. San José, CR: Aguilar, 2008.

Ramírez, Sergio. *Sandino y los Partidos Políticos: Lección inaugural del curso académico 1984*. Managua: Consejo Nacional de la Educación Superior/ Universidad Nacional Autónoma de Nicaragua, 1984.

Reséndez Fuentes, Andrés. "Battleground Women: Soldaderas and Female Soldiers in the Mexican Revolution." *The Americas* 51, N° 4 (Abril 1995): 525-553.

Richmond, William E. *Nine Months on a Cruise and Experiences in Nicaragua*. San Diego: U.S.S. California, 1912.

Rivas Novoa, Gonzalo. *General Pancho Cabuya y otras aventuras centroamericanas*. Managua: Editorial Zorrillo, 1994.

Roberts, Orlando W. *Narrative of Voyages and excursions on the East Coast and the Interior of Central America*. Edinburgh: Constable, 1827.

Rodríguez Rosales, Isolda. *Historia de la educación en Nicaragua: Restauración conservadora, 1910-1930*. Managua: Editorial Hispamer, 2005.

Rodríguez Rosales, Isolda. "La Restauración Conservadora y la creación de colegios religiosos." *Encuentro* 37, N° 71, 2005: 119-135.

Rodríguez Rosales, Isolda. "Proyectos Educativos en el Período Formativo del Estado-Nación, Siglo XIX." En *Nicaragua en busca de su identidad*, editado por Frances Kinloch Tijerino, 381-40. Managua: IHNCA-UCA, 1995.

Roldán Vera, Eugenia. "Pueblo: México." En *Diccionario político y social del mundo iberoamericano: la era de las revoluciones, 1750-1850*, dirigido por Javier Fernández Sebastián, 12012-1217. Madrid: Fundación Carolina, 2009.

Romero Vargas, Germán. "Las Estructuras sociales de Nicaragua en el siglo XVIII." *Boletín Americanista*, N° 41, (1991): 67-77.

Samper K, Mario. *Producción cafetalera y poder político en Centroamérica*. San José, CR: EDUCA, 1998.

Sandino, Augusto C. *El Pensamiento vivo. Tomo I*. Managua: Editorial Nueva Nicaragua, 1984.

Sandino, Augusto C. *El Pensamiento Vivo. Tomo II*. Managua: Editorial Nueva Nicaragua, 1984.

Sartori, Giovanni. *The Theory of Democracy Revisited. Part Two: The Classical Issues*. Chatham, NJ: Chatham House Publishers, 1987.

Schoenrich, Otto. "The Nicaraguan Mixed Claims Commission." *The American Journal of Interantional Law* 9, N° 4 (octubre 1915): 858-869.

Schnoonover, Thomas. *Germany in Central America: Competitive Imperialism, 1821- 1929*. Tuscaloosa, Ala: University of Alabama Press, 1998.

Schoonover, Thomas D. *The United States in Central America, 1860-1911: Episodes of Social Imperialism and Imperial Rivalry in the World System*. Durham: Duke University Press, 1991.

Schroeder, Michael J. "Horse Thieves to Rebels to Dogs: Political Gang Violence and the State in the Western Segovias, Nicaragua, in the Times of Sandino, 1926-1934." *Journal of Latin American Studies* 28, N° 2 (Mayo 1996): 430-432.

Scherzer, Carl. *Travels in the Free States of Central America: Nicaragua, Honduras, and San Salvador*. London: Longma, Brown, Green, Longmans & Roberts, 1857.

Selser, Gregorio. *Sandino: General de Hombres Libres*. Managua: Aldilá editor, 2004.

Selser, Gregorio. *La Restauración Conservadora y la Gesta de Benjamín Zeledón: Nicaragua-USA, 1909-1916*. Managua: Aldilá Editor, 2001.

Selva, Carlos. "El modo de ser político en Nicaragua." *Revista Conservadora del Pensamiento Centroamericano* 16, N° 80, (mayo 1967): 14-22.

Selva, Carlos. "Nicaragua: un poco de historia de cuando se luchaba contra Zelaya." Revista Conservadora del Pensamiento Centroamericano, N° 80, (mayo 1967): 41- 86.

Serrano, Juan Carlos. *Acusaciones ante la Historia: El Partido Liberal al General Luis Mena, Ministro de la Guerra*. Masaya: Tip. Colón, 1912.

Silva, Federico. *Jacinta*. Managua: Tipografía Pérez, 1927.

Solórzano F, Juan Carlos. "Centroamérica a finales de la dominación Hispánica, 1750-1821: Transformación, Desarrollo y crisis de la sociedad colonial." *Revista de Historia*, No 1 (enero-junio 1990): 37- 62.

Smith, Roberth S. "Financing the Central American Federation, 1821-1838". *Hispanic American Historical Review* 43, N° 4 (1963): 483-510.

Stansifer, Charles L. "Una Nueva Interpretación de José Santos Zelaya Dictador de Nicaragua, 1893-1909." *Anuario de Estudios Centroamericanos*, N° 1, (1974): 47-59.

Stimson, Henry L. *Henry Lewis Stimson Diaries*. New Haven Connecticut: Yale University Library, 1971. Microfilm.

Stimson, Henry L. *American Policy in Nicaragua*. New York: Charles Scribner's Sons; 1927.

Tarrecena Ariola, Arturo. Guatemala: del mestizaje a la ladinización, 1524-1964, disponible online en: http://lanic.utexas.edu/project/etext/llilas/vrp/arriola.html (visitado 7.03.2012).

Teplitz, Benjamin I. "The political and Economic Foundations of Modernization in Nicaragua: The Administration of José Santos Zelaya, 1893-1909". PhD diss., Howard University, 1973.

Tijerino, Toribio. "Reminiscencias históricas." *Revista Conservadora* 7, N° 40 (Enero 1964): 6-54.

Tillman, Ellen D. Imperialism revised: Military, society, and U.S. occupation in the Dominican Republic, 1880-1924. PhD diss. University of Illinois, 2010.

Torres-Rivas, Edelberto. *Interpretación del desarrollo social centroamericano: procesos y estructuras de una sociedad dependiente*. San José, CR: EDUCA, 1971.

Vargas, Oscar René. *Historia del Siglo XX. Tomo II: Nicaragua 1910-1925, La intervención norteamericana*. Managua: CEREN/ CEDOH, 2000.

Vargas, Oscar-René. *Historia del Siglo XX. Tomo III: Nicaragua 1926-1939, La Crisis y Sandino*. Managua: CEREN/ CEDOH, 2000.

Vargas, Oscar-René. *Elecciones en Nicaragua: (análisis socio-político)*. Managua: Fundación Manolo Morales, 1989.

Vega Bolaños, Andrés. *Gobernantes de Nicaragua: Notas y documentos. Tomo I*. Managua: s.e., 1944.

Velázquez Bonilla, María Carmela. "Los cambios políticos-administrativos en la diócesis de Nicaragua y Costa Rica: de las Reformas Borbónicas a la Independencia." *Hispana Sacra* 63, N° 128, (julio-diciembre 2011): 569-59.

Vivas Benard, Pedro Pablo. "Familia Bernard: Antecedentes e Historia." *Revista Conservadora del Pensamiento Centroamericano* 17, No 82. (Julio 1967), 36-44.

Vogl Baldizón, Alberto. *Managua de mis recuerdos*. Managua: PAVSA, 2008.

Walker, William. "El Nicaragüense, No 47, September 27 1856." Reproducido en Antonio Esgueva, *Taller de Historia No 10: Nicaragua en los Documentos, 1523-1857*. Managua: IHNCA, 2006.

Walz, Rainer. "Theorien sozialer Evolution und Geschichte" en *Geschichte und Systemtheorie: Exemplarische Fallstudien*, editado por Frank Becker, 29-75. Frankfurt am Main: Campus Verlag, 2004.

Wasserman, Fabio. "El concepto de nación y las transformaciones del orden político en Iberoamérica, 1750-1850." En *Jahrbuch für Geschichte Lateinamerikas* 45, N° 1 (diciembre 2008): 197-220.

Webre, Stephen. "Audiencia of Guatemala." En *Encycolpedia of Latin American History and Culture*. Vol. 3., editado por Barbara A. Tenenbaum, 129-132. New York: Simon & Schuster. 1996.

Webre, Stephen. "Central America." En *Latin American Military History: An Annotated Bibliography*, editado por David G. LaFrance y Errol D. Jones, 557-586. New York: Garland, 1992.

Weber, Max. *Grundriss der Sozialökonomik III: Abteilung Wirtschaft und Gesellschaft.* Tübingen: Verlag von J.C.B. Mohr, 1922.

Weiß, Ulrich. "Revolution/Revolutionstheorien." En *Lexikon der Politikwissenschaft: Theorien, Methoden, Begriffe. Band 2: N-Z,* editado por Dieter Nohlen y Rainer-Olaf Schultze, 869. Munich: C.H. Beck, 2002.

Weitzel, George T. *AMERICAN POLICY IN NICARAGUA: Memorandum on the convention between the United States and Nicaragua relative to an interoceanic canal and a naval station in the Gulf of Fonseca, signed at Managua, Nicaragua, on February 8, 1913.* Washington, D.C: Government Printing Office, 1916.

Wheelock Román, Jaime. *Imperialismo y dictadura.* Managua: Editorial Nueva Nicaragua, 1985.

Wheelock Roman, Jaime. *Imperialismo y Dictadura.* México D.F.: litográfica ingramex, 1979.

Wheelock, Jaime. *Imperialismo y dictadura: crisis de una formación social.* México: Siglo 21, 1975.

Wimmer, Hannes. *Die Modernisierung politischer Systeme. Staat, Parteien, Öffentlichkeit.* Wien: Böhlau Verlag, 2000.

Wimmer, Hannes. *Evolution der Politik: von der Stammesgesellschaft zur modernen Demokratie.* Wien: WUV-Universitätsverlag. 1996.

Wolfe, Justin. "»The Cruel Whip«: Race and Place in Nineteenth-Century Nicaragua." En Blacks & Blackness in Central America: Between Race and Place, editado por Gudmundson, Lowell y Wolfe, Justin. Durham: Duke University Press, 2010: 177-208.

Wolfe, Justin. *The Every Day Nation-State: Community & Ethnicity in Nineteenth-Century Nicaragua.* Lincoln: University of Nenbraska Press, 2007.

Woodward, Jr, R.L. "The aftermath of independence 1821- c. 1870." En *Central America since Independence,* editado por Leslie Bethell, 1- 36. New York: Cambridge University Press, 1991.

Wortman, Miles L. *Government and Society in Central America, 1680-1840*. New York: Columbia University Press, 1982.

Wünderich, Volker. "La unificación nacional que dejó una nación dividida: el gobierno del presidente Zelaya y la "reincorporación" de la Mosquitia a Nicaragua en 1894." En *Revista de Historia*, N° 34 (1996): 9-44.

Wünderich, Volker. *Sandino:eine politische Biographie*. Wuppertal: Hammer, 1995.

Yankelevich, Pablo. "Diplomáticos, periodistas, espías y publicistas: la cruzada mexicana-bolchevique en América Latina." *Historia (São Paulo)* 28, N° 2 (2009): 496-497.

Zavala, Silvio A. *La Encomienda Indiana. Junta para Ampliación de Estudios e Investigaciones Científicas*. Madrid: Imprenta Helénica, 1935.

Zelaya, Chester. *Nicaragua en la Independencia*. San José, CR: Educa, 1971.

ÍNDICE

INTRODUCCIÓN../9

CAPÍTULO I
EL LEGADO DEL PASADO: LA POLÍTICA Y LA ESTRUCTURA SOCIAL EN CENTROAMÉRICA ANTES Y DESPUÉS DE LA INDEPENDENCIA/...................../33
La independencia de Centroamérica y el pasado colonial../35
La estratificación social de Centroamérica antes de la independencia../39
La no diferenciación entre religión y política: antes y después de la independencia.../45
La iglesia católica y la independencia de América Central.../50
El lenguaje religioso y la lucha por la Independencia.............../52
Centroamérica después de la independencia: el cambio sin cambio.../54
El fracaso de la Federación Centroamericana como Nación y Estado../59
La breve anexión a México y el nacimiento de la Federación Centroamericana.../59

El concepto de ciudadanía en la Federación
Centroamericana.../65
"Serviles" y "Fiebres": la negación del pluralismo
político y sus consecuencias../66
La guerra y el fracaso de la Federación
Centroamericana.../75

CAPÍTULO II
LA POLÍTICA EN NICARAGUA DURANTE EL SIGLO XIX: DE "LA ANARQUÍA SOCIAL" AL LIBERALISMO SIN LIBERTAD (1838-1909)............................/81

"Timbucos" y "Calandracas": las ciudades en guerra.............../85
William Walker en Nicaragua: 1855-1858................................./90
"La República Conservadora": 1858-1893................................/94
El Estado nicaragüense durante el gobierno
conservador../104
El fin de la "República Conservadora"..................................../108
El liberalismo sin libertad: el gobierno autocrático de
José Santos Zelaya (1893-1909).../109

CAPÍTULO III
EL RETORNO DE LOS CONSERVADORES AL PODER: EXCLUSIÓN POLÍTICA Y ESTRATIFICACIÓN SOCIAL.................................../115

Los primeros años de la intervención: Los Pactos
Dawson y sus consecuencias políticas....................................../117

La Restauración Conservadora: Inestabilidad,
Estado laico y feminidad apolítica..................................../131
Camino a la guerra civil.../148
"La Guerra de Mena" o "la Guerra a Mena":
la oligarquía criolla bajo ataque../154
El retorno a los treinta años: el proyecto político
de la descendencia criolla y el concepto de pueblo............../165
Los ataques y las torturas de los miembros de
"la oligarquía" en La Guerra de 1912................................./172
El "orgullo de sangre": conflictos y divisiones en
el Partido Conservador.../180
Las elecciones fraudulentas de 1920: la no
competitividad electoral../188
"Al indio es mejor matarlo que resentirlo":
Bartolomé Martínez asciende a la presidencia...................../191

CAPÍTULO IV
DEL LOMAZO A LA REBELIÓN DE SANDINO:
EL SISTEMA POLÍTICO NICARAGÜENSE
Y SU NEGACIÓN../197

La elección de 1924 y las viejas prácticas: la
alternabilidad en el poder por medio de la guerra................./201
La Guardia Constabularia y el sistema político
nicaragüenses: el ejército moderno que no fue...................../207
La Guerra Constitucionalista o la oligarquía contra
los herejes bolcheviques: la exclusión y el
personalismo del sistema político nicaragüense..................../220

El Acuerdo de Tipitapa: el fin de La Guerra
Constitucionalista../234
"Tiene ideas muy diferentes": el carácter
revolucionario de Sandino y el sistema político
de Nicaragua.../241

CONCLUSIONES../253
BIBLIOGRAFÍA.../265

**CONFLICTO POLÍTICO
E IDEOLOGÍA EN NICARAGUA
(1821-1933)**

www.ingramcontent.com/pod-product-compliance
Lightning Source LLC
Chambersburg PA
CBHW032149080426
42735CB00008B/642